정원에서 철학을 만나다

• 지은이 **데이먼 영**Damon Young

1975년생. 철학자, 작가, 논평가이자 오스트레일리아 멜버른 대학 철학과의 명예 연구원이다. 『에이지The Age』, 『시드니 모닝 헤럴드The Sydney Morning Herald』, 『오스트레일리언 The Australian』 등의 언론에 논설과 비평을 싣고 있으며 라디오 방송 게스트로도 자주 출연하고 있다. 2013년에는 대중적인 글쓰기로 오스트레일리아 철학협회Australian Association of Philosophy에서 주는 미디어 프라이즈Media Prize를 수상했다. 지은 책으로는 단행본 『기분전환Distraction』, 『운동에 대한 생각How to Think about Exercise』, 『읽기의 기술The Art of Reading』 외에, 어린이 그림책 『닌자 할머니My Nanna is a Ninja』, 『아빠는 해적My Pop is a Pirate』, 『누나는 슈퍼히어로My Sister is a Superhero』 등이 있다.

• 옮긴이 **서정아**

사람과 문화, 자연과 우주에 대한 호기심으로 가득한 번역가이자 치과 의사이다. 여행이 좋아 외국어를, 책이 좋아 번역을 공부했으며, 현재 펍헙번역그룹에서 전문번역가로 활동하고 있다. 좋은 글을 정직하게 전달하기 위한 자발적 고민을 즐기며 책과 언어와 삶을 사랑하는 행복한 번역가가 되기를 꿈꾼다. 옮긴 책으로는 『맹그로브의 눈물』, 『마흔아홉, 몽블랑 둘레길을 걷다』가 있다.

정원에서 철학을 만나다

지은이 데이먼 영 | 옮긴이 서정아 | 그림 123RF.COM, 김현수 | 처음 찍은날 2016년 8월 10일 | 처음 펴낸날 2016년 8월 17일 | 펴낸곳 이론과실천 | 펴낸이 최금옥 | 등록 제10-1291호 | 주소 (121-822) 서울시 마포구 포은로8길 32 (망원동, 국일빌딩) 201호 | 전화 02-714-9800 | 팩시밀리 02-702-6655

ISBN 978-89-313-6068-4 03160

• 값 14,000원
• 잘못된 책은 바꾸어 드립니다.

이 도서의 국립중앙도서관 출판예정도서목록(CIP)은 서지정보유통지원시스템 홈페이지(http://seoji.nl.go.kr)와 국가자료공동목록시스템(http://www.nl.go.kr/kolisnet)에서 이용하실 수 있습니다.(CIP제어번호: CIP2016018949)

PHILOSOPHY IN THE GARDEN

정원에서 철학을 만나다

데이먼 영 지음 | 서정아 옮김

열한 명의 위대한 철학자,
그들에게 영감의 원천이 된 정원 이야기

이론과실천

차례

철학은 문밖에서

자연의 모든 영역은 경이롭다…….

—아리스토텔레스, 『동물의 부분에 관하여Περι ζώων μορίων』에서

아리스토텔레스는 이름난 멋쟁이였다. 고대의 전기 작가 디오게네스 라에르티오스에 따르면 이 과학적 철학의 아버지는 혀 짧은 소리를 멋들어지게 구사했고 관능적인 의상과 장신구를 걸치기로도 유명했다. 마케도니아 왕족들과의 친분 덕에 그에게는 화려함을 즐기는 쾌활한 도시인이라는 인상까지 더해졌다. 이는 역사적으로 그럴듯한 이야기다. 아리스토텔레스 자신이 언급했듯이 철학은 부유한 대도시, 즉 읽기와 쓰기가 가능한 상류층에게 대화와 글쓰기에 필요한 여가를 제공하는 장소를 배경으로 탄생하게 마련이니까. 하지만 아리스토텔레스의 학교가 있

던 자리는 마케도니아의 궁궐이 아니었다. 아테네 교외에 위치한 케라메이코스 같은 부촌도 아니었고, 북적거리는 시장인 *아고라*도 아니었다. 철학자 아리스토텔레스는 자신의 명강의를 펼칠 장소로 어느 공원을 택했다.

리케이온이라는 학교 명칭은 아리스토텔레스가 빌린 건물이 자리한 동명의 그늘진 숲에서 따온 것으로, 그 이름에는 제우스의 아들 아폴론을 기리는 의미가 담겨 있다. 리케이오스는 아폴론이 '늑대의 신' 모습을 하고 있을 때의 별칭이니까. 리케이온은 아테네 성벽 동쪽에 위치했으며, 산책로와 경주로에 탈의실과 레슬링 교실, 신전은 물론, *스토아*—태양과 비를 가리는 주랑柱廊—까지 갖추고 있었다. 종교의식과 군대 열병식이 치러질 정도로 리케이온은 스포츠와 종교, 정치를 아우르는 그야말로 다목적 공간이었다. 그리고 철학이 있었다. 아리스토텔레스는 리케이온의 회랑 사이를 거닐며 제자들을 가르쳤고, 이는 '페리파토스학파'라는 이름의 기원이 되었다[페리파토스는 그리스어로 '회랑'이라는 뜻이고, 페리파토스학파는 소요逍遙학파, 즉 아리스토텔레스학파의 다른 이름이다—옮긴이]. 또한 리케이온은 (짐작건대 마케도니아 제국의 재정적 지원에 힘입어) 최초의 식물원도 갖추고 있었다. 아리스토텔레스의 소실된 저서『식물에 관하여Περί Φυτών』는 틀림없이 그 식물원을 기반으로 쓰였으리라.

이런 면에서 아리스토텔레스는 스승 플라톤의 발자취를 따르고 있었다. 플라톤의 아카데메이아[플라톤이 철학을 가르치던 곳으로, 6세기까지 계속된 플라톤학파의 이름이기도 하다—옮긴이]도 신성한 숲에 자리했고, 아리스토텔레스처럼 플라톤도 거닐면서 가르쳤다(극작가 알렉시스는, "플라톤처럼 나도 이리저리 서성이며 오랫동안 고심해봤지만 결국에는 다리만 아프더라"며, 그를 조롱했었다). 이처럼 고대 그리스 철학에는 정원에 대한 각별한 애정이 깃들어 있다. 아리스토텔레스의 제자이자 후계자 테오프라스토스는 식물학에 관한 최초의 체계적 논문을 작성한 인물로, 리케이온의 정원을 동료들에게 물려주면서 "철학과 문학 연구가 그곳에서……친교와 우정을 나누는 가운데 이뤄졌으면" 하는 바람을 드러냈다. 리케이온과 아카데메이아는 두 세기에 걸쳐 지중해 연안 사람들의 지적인 삶에 지대한 영향을 끼쳤다. 플라톤과 아리스토텔레스에 관한 헬레니즘 시대의 위대한 비평가 중 한 명인 에피쿠로스는 인생의 진정한 평온을 (그리고 어쩌면 신 포도를) 찾아 아테네에 있는 자신의 소유지로 물러났다. 그는 자신의 학교를 '정원'이라고 불렀다. 정원은 그에게 자립의 상징이자 그것을 깨닫는 수단이었다. 포르피리우스의 인용에 따르면 에피쿠로스는 "자연을 따르는 사람은 어떤 상황에서도 혼자 힘으로 살아갈 수 있다"고 말했다. 학식 있는 로마인들에게도 정원은 학문과 대화의 장이었다. 정원에서 그들은 마치 그리스의 선학들을 전부 이해한다는 듯이 고개를 끄덕이고는 했다. 키케로는 관직에서 밀려난 뒤 투스쿨룸에 위치한 자신의 빌라에 '아카데메이아'를 열었고 그 일을 글로 남겼다. 키케로와 그의 학생들은 야외에서 걸으며 학문을 연마했다. 또한 키케로는 식물의 성장을 바라볼 때 느껴지는 특별한 즐거움에 대해서도 언급했다. 키케로의 에세이 「노년에 관하여De Senectute」에서 카토[B.C. 234~B.C. 149, 투스쿨룸

출신의 로마 정치가이자 장군, 문인이며 대大카토라 불리기도 한다—옮긴이]는 이렇게 말했다. "이토록 다양한 식물을 만들어낸 자연의 힘을 관찰하고 그 과정을 추적하는 일이야말로 내게는 최고의 기쁨이다." 고대가 막을 내리고, 아리스토텔레스가 학교를 연 날로부터 700여 년이 지났을 무렵 플라톤주의 신학자 아우구스티누스는 어느 정원에서 기독교로 개종했다. "나는 무화과나무 아래로 뛰어 들어가 한없이 눈물을 흘렸다." 아우구스티누스는 자신의 저서『고백록』에 그렇게 썼다. 철학은 대개 문밖에 있었다.

여기에는 다양한 이유가 존재한다. 가장 명백한 이유부터 들자면, 정원은 정신적 혼란으로부터 우리를 보호한다. 철학은 사교적인 활동이며 사회의 불안을 토대로 번창한다. 그러나 과도한 자극은 명상이 아닌 광기를 불러일으킨다. 고대와 헬레니즘 시대에도 그리스의 도시는 시끄러웠고 분주했고 방해요소가 넘쳐났다. 아테네의 좁고 구불구불한 거리거리에는 밤낮없이 주민들이 오갔고, 개중에는 연회 후 술에 취해 비틀거리며 귀가하는 이들도 적지 않았다. 사륜마차들은 온종일 덜컥거리고 삐걱거렸으며, 극작가 아리스토파네스의 말이 사실이라면, 도로는 대소변을 해결하는 오물처리장처럼 돼버리는 경우가 비일비재했다. 하지만 집에 간다고 해도 아테네 시민들은 거리의 혼돈에서 달아날 수 없었다. 당나귀와 염소를 비롯한 가축과 동거하는 가구가 부지기수였기 때문이다. 리케이온 덕분에 아리스토텔레스와 그의 제자들은 도시 생활의 소란에서 벗어나 논리학과 형이상학이라는 보다 세련된 문제에 집중할 수 있었다.

또한 고대 그리스인들은 신체 활동을 중요시했다. 그들에게 공부란, 의자에 앉아 지내는 생활과는 다른 의미였다. 그리스 최초의 학교 김나지움은 단거리 달리기나 레슬링 같은 운동을 목적으로 설립되었다. 공원은 미끈한 근육을 과시하며 산책하는 장소였다. 정원 가꾸기는 그 자체로 하나의 운동이었다. 소크라테스의 생각도 이와 같았다. 크세노폰의 저서 『오이코노미코스Οικονομικός』[가정 관리와 농업에 관한 소크라테스의 대화를 바탕으로 소크라테스의 제자 크세노폰이 저술한 책—옮긴이]에 따르면, 소크라테스는 "신분이 높고 힘 있는 사람들은 농업과 동떨어져 살기가 어렵다"며, 농업은 "어떤 고급스러운 안목을 사유지를 경작하여 가치를 상승시키는 데서 얻는 만족감과 결합시킬 뿐더러, 한 사람의 시민으로서 역할을 수행하기 적합하도록 신체의 기운을 단련시킨다"고 말했다.

아리스토텔레스는 자신의 수많은 제자들과 마찬가지로 실증적인 철학자였다. 다시 말해 이론만으로는 그를 만족시킬 수 없었다. 그는 강력한 증거를 원했다. 저서 『생성과 소멸에 관하여Περί γενέσεως και φθοράς』에 그는 "추상적인 토론에 열중한 나머지 사실들을 소홀히 한 사람들은 몇 번의 관찰만을 근거로 성급하게 독단적인 결론을 내린다"고 썼다. 그가 식물원을 가꾸고 외국에 나가서 공부한 이유도 바로 거기에 있다. 생물의 분류에 관한 그의 연구는 세심하고도 엄격했으며 1000년이 지나도록 독보적인 지위를 유지했다. 오죽하면 찰스 다윈이 저 위대한 분류학자 린네Carl von Linné와 퀴비에Georges Cuvier를 일컬어 "거장 아리스토텔레스에 비하면 한낱 어린 학생"에 불과하다고 평했겠는가! 철학자 아리스토텔레스에게 리케이온의 정원이란, 해체와 분석, 종합, 강연을 위한 철학적 자료의 마르지 않는 샘이나 다름없었다. 현지 조사와 실험적 증명이 그곳에서는 모두 가능했으니까.

자연과 제2의 자연

하지만 철학의 전통적 무대가 주로 바깥인 데에는 보다 지적인 이유들이 존재한다. 정원은 한낱 은신처나 운동 장소가 아니다. 본질적으로 정원은 지적인 자극을 유발한다. 정원에서 철학의 두 기본 요소가 결합하기 때문이다. 그 두 요소란 바로 인간과 자연이다. 정원을 가리키는 영단어 'garden'에는 그러한 뜻이 숨어 있다. 독일어나 로망스어[라틴어에서 유래한 언어, 즉 프랑스어, 스페인어, 이탈리아어, 포르투갈어 등이 이에 속한다—옮긴이] 중에서 어원이 같은 'garten', 'jardin', 'giardino'[각각 독일어, 프랑스어, 이탈리아어로 정원이라는 뜻—옮긴이] 등의 단어도 마찬가지다. 영어의 '마당yard'처럼 위 단어들에도 울타리를 두른다는 의미가 담겨 있다. 그리고 울타리를 두르려면 외부로부터 차단되는 *무언가*와 외부로부터 차단하는 *누군가*가 필요하다. 다시 말해 자연과 인간이 필요한 것이다. 리케이온처럼 신성한 숲을 비롯해 모든 정원은 하나같이 인간에 의해 분리되고 경계 지어지고 변형된 자연이라는 공통점을 지닌다.

정원의 특별함은 자연과 인간의 결합이 *명백하게* 드러난다는 데 있다. 자연은 인간에 의해 정기적으로 그리고 근본적으로 변형된다. 아리스토텔레스도 지적했듯이 이는, 자연 스스로는 실현할 수 없는 가능성을 실현한다는 점에서 공예의 정의와 일맥상통한다. 그러나 예술과 제조업에서는 자연과 인간의 연합과 공헌이 겉으로 드러나지 않는 경우가 다반사다. 가령 나무는 목재가 된다. 광석은 금속이 되고, 동물성 플랑크톤과 조류藻類는 기름이 되었다가 플라스틱이 된다. 기원은 자연이지만 더 이상은 '자연'이 아닌 게 되는 것이다. 자연은 황무지나 질병, 비전秘傳의 상징처럼, 즉 동떨어진 '타자他者'처럼 인식된다. 한편 인간의 노동도 비가시적이기는 매한가지다. 제품과 서비스는 눈에 보이지만 그것을 생산한 사람들까지 반드시 보이지는 않는다. 정원은 인간과 자연이 겪는 과정을 함께 보여줌으로써 그러한 이중적 소외를 극복한다. 식물과 돌은, 식물과 돌이라는 본질은 명백히 유지하면서도, 예술적으로 배치되고 재배되고 손질된다. 이런 과정을 통해 인간과 자연의 특수한 관계, 즉 우리 인간이 육체적, 지적 능력으로 자연에서 무엇을 *만들어내는지*가 여실히 드러난다. 보통은 감춰지거나 잊히게 마련인 현실이 정원에서는 눈앞에서 똑똑히 펼쳐지는 것이다. 마치 공연이나 전시회, 설명회처럼. 정원이야말로 아리스토텔레스가 말한 근원적 관계, 즉 인간과 자연이 육체적으로, 그리고 정신적으로 맺고 있는 상호의존적 관계를 명백히 구현하고 설명하기에 매우 적합한 장소다. 정원에서 우리는 인간에게 최적화된 우주를 눈으로 확인하며 이해한다. 인간과 자연의 결합을 보고 느끼고 생각하는 것이다.

또한 이 두 기본 요소, 인간과 자연은 철학적 자극을 유발한다. 끊임없는 사색을 권유하는 것이다. 그도 그럴 것이, 인간과 자연 어느 쪽도 최종적이고 확고한 정의를 내리기가 불가능하다.

가령 '자연'이라는 단어는 언뜻 평범해 보이지만 그런 익숙함 뒤에는 다의성과 모호성이 숨어 있다. 자연은 현실세계 전반을, 말하자면 물체와 원소, 생명체를 비롯해 인간에게 편안하고 관습적인 것들을 가리킨다. 하지만 실은 일반적인 상황에서조차도 자연은 규정하기가 까다롭고 근본적으로 변덕스럽다. 아리스토텔레스가 태어나기 1세기 전의 철학자 헤라클레이토스는 "*피시스physis*는 스스로를 감추기를 좋아한다"고 말했다. 피시스란, 생장하는 자연을 뜻하는 그리스어로, 오늘날 물리학이라는 뜻의 'physics'나 신체적이라는 뜻의 'physical', 내과의라는 뜻의 'physician' 같은 단어에 그 흔적이 남아 있다. 자연은 '스스로를 감춘다'. 인간은 의미를 지닌 피조물이지만 우주에는 말 그대로 의미가 없다. '법칙'에 관한 논의는 오해의 소지가 다분하다. 법칙에는 우주의 특정한 입법자들이 만물의 작동 방식을 해석하고 재해석한다는 의미가 담겨 있기 때문이다. 자연에는 양식과 리듬과 규칙이 있다. 이에 대해 철학자 앨프리드 노스 화이트헤드Alfred North Whitehead는 자연의 '일시적인 습관들'이라고 일컬었다. 하지만 자연에는 법칙도 입법자도 없다. 자연은 그저 존재한다. 반면에 인간은 '그저 존재한다는 것'에 대해 의식적으로든 무의식적으로든 의미를 부여하려 들게 마련이다. 예를 들어 아리스토텔레스는 자연을 성장과 움직임이 활발한 유기체의 일종으로 보았다. 플라톤에게 자연은 거룩한 청사진이었고 에피쿠로스에게는 원자들의 임의적 충돌이었다. 이렇듯 자연은 다양한 해석을 흡수하는 철학적 스펀지다. 하지만 흡수력이 완벽하지는 않다. 왜냐하면 각각의 해석은 부분적이고 파생적이기 때문이다. 게다가 우리의 개념적 해석을 넘어서는 *그 이상*의 무언가가 언제나 존재한다. 피시스에 관한 헤라클레이토스의 말에서 부분적으로 영감을 받은 독일의 철학자 마르틴 하이데거Martin Heidegger는 인간의 현실세계를 리히퉁Lichtung, 즉 '숲 속의 빈터'에 빗대었다. 현대적인 것을 끔찍이도 싫어했다는 철학자답게 하이데거는 전원적인 은유를 선택했다. 하지만 그 은유는 적절했다. 피시스, 곧 자연은 마치 어두운 숲 속의 환한 빈터처럼 우리 앞에 모습을 드러내기 때문이다. 하지만 어둠은 사라지지 않고 항상 남아 있다. 자연은 대개 인식과 정의를 피해 뒤로 물러나기 때문이다. 현실에서는 일련의 정확한 인식이나 계산보다 원초적인 설왕설래가 빈번하다. 자연은 드러났는가 하면 감춰지고, 만났는가 하면 잊히며, 창조되었는가 하면 소멸된다. 자연, 즉 '그저 존재한다는 것'을 규정하는 최종적 단어는 존재하지 않는다.

정확히 같은 이유로 인류 역시 하나의 수수께끼다. 우리는 불가사의한 존재다. 왜냐하면 인간의 본성은 보편적이지도, 영원하지도 않기 때문이다. 우리에게는 본성뿐 아니라 제2의 본성까지 존재한다. 전자는 주어지는 것이고 후자는 형성하는 것이다. 그러나 인간 스스로가 형성하는 본성은 종종 불분명하며 예측이 불가능하다. 이는 스핑크스의 수수께끼가 전하는 무언의 메시지이기도 하다. 아테네 최고의 비극 작품 중 하나인 소포클레스의 비극 『오이디푸스 왕Οἰδίπους τύραννος』에서 스핑크스는 다음과 같은 질문을 던진다. "아침에는 네 발, 점심에는 두 발, 저녁에는 세 발로 걸으면서도 목소리는 변하지 않는 것은 무엇인가?" 답은 '인간'이다. 하지만 이 단순해 보이는 대답에 함정이 있다. 인간이라는 종은 세대를 거듭하는 가운데 끊임없이 변화한다. 개인적으로, 또 사회적으로 우리 인간은 수시로 관점과 궤도를 달리해가며 완성을 향해 나아가는 작품이다. 게다가 그 작품을 완벽하게 이해하기란 요원하기 그지없다. 가엾은 오이디푸스는 누구보다 지혜로웠지만 안타깝게도 자기 자신에 관해서는 무지했다. 로베르트 칼라소Roberto Calasso의 에세이 『카드모스와 하르모니아의 결혼Le nozze di Cadmo e Armonia』에는 이런 구절이 나온다. "스핑크스는, 모호하고 다채롭다고밖에는 달리 정의할 수 없는, 인간이라는 모호하고 다채로운 존재의 난해한 본성에 관해 암시한다. 오이디푸스는 스핑크스에게 이끌렸고 스핑크스의 수수께끼를 풀었지만 정작 자신이 수수께끼가 되었다." 니체와 하이데거, 사르트르의 말마따나 이는 다분히 현대적인 결론이다. 하지만 그런 식의 의심은 아리스토텔레스 이전에도 있었고 철학보다는 그리스 연극 속에서 보다 강렬하게 표출되었다. 다시 말해 인간은 꼬리에 꼬리를 무는 질문이지 정해진 답이 아니라는 얘기다.

자연과 인간이라는 두 수수께끼는 정원에서 서로 결합한다. 바로 그런 이유로 정원에는 그곳만의 사상적 흐름이 존재한다. 그 흐름은 우주론적이고 실존주의적인 개념의 발판이 되어줄 수도 있고, 역사적인 가치관이나 정치적인 사상, 주기적인 가사 활동의 색채를 띨 수도 있다. 정원은 인간화된 자연이다. 하지만 그와 동시에 정원은 인간을 넘어선 무언가를 보여준다. 의식의 손길이 닿지 않는, 인간적이지도 사색적이지도 않은 우주를 희미하게 암시하는 것이다. 정원은, 아리스토텔레스가 한 치의 흔들림도 없이 적었듯 인간의 외부에, 식물들의 '감춰진 삶' 속에 존재한다. 하지만 그와 동시에 정원은 인간의 내부에도 존재한다. 본능과 습관이라는 어둡고도 맹목적인 힘이 인간의 정신에 자연의 필연성을 가미하는 것이다. 그에 못지않게 중요한 것은, 정원이 이를 친밀하게, 또 공감각적으로 드러낸다는 점이다. 사색의 세계를 숱하게 유영하면서도 아리스토텔레스는 인간이 육체를 가진 피조물이라는 사실을 늘 염두에 두었다. 인간의 발상은 대개 육체를 통해 영감을 얻어 표현된다는 것이다. 이러한 경향은 식물이나 바위처럼 유기적이거나 원시적인 형태를 지닌 무언가가 주어질 때 곱절로 강해진다. 정원은 기본적 개념들에 생생한 활력이나 농밀한 엄숙성을 불어넣는다.

이처럼 지성과 감각을 아우르는 풍요로움 덕분에 정원은 여전히 인간에게 신성한 아우라를 발산한다. '늑대의 신'을 모시는 리케이온의 신전부터 불교의 사원과 중세의 성당에 이르기까지 종교적 건물에는 대개 정원이 딸려 있거나 가까이 있다. 하지만 그러한 정원들은 단지 더 두드러지는 예일 뿐이다. 엄밀히 말해 정원은 신앙이나 영성에서 비롯된 것이 아니다. 정원의 뿌리는 보다 근본적인 충동에 있다. 땅의 일부를 다듬어 그곳을 여느 장소들보다 돋보이게 하려는 충동. 이는 '신성하다sacred'라는 단어의 기원과도 일맥상통한다. 인도유럽어 '삭sak'에는 분리하고 경계를 표시하고 나눈다는 뜻이 담겨 있다. 신성함은 평범함에서 떨어져 나온 것이며, '신성함'의 반대말은 '세속적임'이 아니라 '평범함'이다. 이런 시각에서 볼 때 정원은 신성한 장소의 원형 중 하나다. 앞서 리케이온과 같은 숲처럼 정원은 순수하게 자연적이거나 순수하게 인간적인 활동과는 거리가 있지만 그 둘을 명백하게 결합시킨다. 완벽하게 세속적이면서도 벽이나 담장, 수로, 산울타리가 있어 '상식'에서 분리된 세상을 상징하기도 한다. 그렇게 정원은 철학의 세계로 우리를 초대한다.

경건한 갈등

초대를 받은 사람은 직업적 철학자들에만 국한되지 않는다—성찰이 종신직 교수들만의 사적 전유물이라면 또 모르겠지만. 그리스를 시작으로 철학은 비단 철학 세미나뿐 아니라 시와 문학, 미술 속에서도 그에 못지않은 번영을 누리며 오랜 세월 아마추어적 전통을 간직해왔다. 철학은 대학을 필요로 하지 않는다. 대학보다는 대학이 최적의 상태에서 제공하는 교제와 고립 간의 균형을 필요로 한다. 아리스토텔레스의 리케이온처럼 정원은 정신적 삶의 동반자다. 미학적으로 정원은 다양한 취향을 만족시킨다. 화려한 정원이 있는가 하면 수수한 정원도 있고, 기하학적인 정원이 있는가 하면 나선형인 정원도 있으며, 울창한 정원이 있는가 하면 여백의 미가 있는 정원도 있다. 하지만 정원의 보다 중요한 가치는, 가속도와 과도한 자극, 훼방이 난무하는 시대에 속도를 늦추고 신중하게 주위를 살피며 대범하게 생각하는 계기가 되어준다는 데 있다. 이를테면 정신적 혼란에 대한 해독제인 셈이다. 아리스토텔레스는 저서 『형이상학Τα μετά τα φυσικά』에서 "인류는 '예술과 추론'으로 산다"고 말했다. 2000년이 넘는 세월 동안 정원은 바로 그 예술과 추론의 몇 안 되는 안식처로 남아 있다.

정원은—이따금 가슴이 벅차오를 만큼—아름다울 수 있고, 위안과 안식, 행복을 줄 수도 있다. 하지만 정원은 혼란과 자극도 유발하는데, 이러한 특징은 종종 정원에 철학적 가치를 부여한다. 정원 하면 떠오르는 보편적인 주제들—질서와 무질서, 성장과 쇠퇴, 의식과 무의식, 정체와 활기—을 고려해볼 때 정원은 갈등을, 즉 모든 문명과 문명화된 정신의 내부에서 일어나는 관념적 충돌을 고스란히 드러낸다. 바로 그런 이유로 이 책의 정원 이야기에는 삐걱거리는 감성을 소유한 여러 인물이 등장한다. 제인 오스틴은 시골집의 정원에서 더할 나위 없는 안락함을 기대했다. 반면에 레너드 울프는 얼어붙은 사과나무들 사이에서 세상의 위태로운 야만성을 맛보았다. 퀴퀴하고 고릿한 침실에 갇힌 마르셀 프루스트에게 분재 세 그루는 잃어버린 시간을 찾아가는 여정을 상징했다. 병약한 철학자 프리드리히 니체에게 이탈리아의 생각 나무는 과거를 잊고 창조와 파괴를 이어나갈 힘과 용기를 불어넣었다. 프랑스의 자유분방한 작가 콜레트는 장미꽃에서 명상적인 평화를 발견했다. 그녀의 조국이자 카페의 나라 프랑스의 다음 세대 사상가 장폴 사르트르는 어느 밤나무가 유발하는 욕지기에 대해 묘사했고, 그의 실존주의적인 외침은 한 세대를 풍미했다. 이렇듯 정원은 철학적 불협화음의 진실을 감지하기는 더 쉽게, 지나치기는 더 어렵게 만든다. 아리스토텔레스의 저서 『니코마코스 윤리학Ηθικά Νικομάχεια』에는 이런 구절이 나온다. "경건한 사람은 우정보다 진실을 존중한다." 그런 맥락에서 이 책은 '위대한 땅들'이 아니라 위대한 지성들과 그들이 사랑했던 (그리고 가끔은 혐오했던) 정원들을 돌아보는 여행이다. 철학을 논하는 서적이 아니라 철학적 삶을 그리는 초상화다. 그 여정을 통해 우리는 정원이라는, 자연과 인간 본성이 신비롭게 결합하는 장소에 보다 가까이 다가갈 수 있을 것이다.

제인 오스틴은 정원이 없을 때에는 글쓰기에 어려움을 겪었다. 그녀는 책을 읽거나 한담을 나누는 대신 초턴 코티지의 과일 나무들과 잘 깎은 잔디, 이국적인 식물들에 둘러싸인 채 짤막한 휴식을 취하며 원기를 회복했다.

Jane Austen

제인 오스틴:
초턴 코티지, 작은 시골집의 위로

고모는 건강히, 아주 잘 지내고 있단다. 정원을 돌보는 일에 정성을 들이는 중이야.

—제인 오스틴, 1814년 7월, 조카 애나 오스틴에게 보낸 편지에서

자, 그럼 침묵이라는 사치를 누려볼까요?

—에드먼드 버트럼, 제인 오스틴의『맨스필드 파크』에서

1811년 5월 아침 이스트햄프셔East Hampshire. 제인 오스틴Jane Austen의 오를레앙 자두나무가 싹을 틔운다. 그녀의 편지들과 친지들의 회상에 근거해 나는 마음속으로 작가의 초상화를 그려본다. 그녀가 좋아하던 자리, 초턴 코티지Chawton Cottage[제인 오스틴이 인생의 마지막 8년을 보낸 영국 햄프

셔 주 초턴의 시골집으로 현재는 제인 오스틴 박물관으로 운영 중이다—옮긴이]의 현관 옆에 놓인 십이각형의 작은 호두나무 탁자 앞에 앉아 제인 오스틴은 조그만 종이 위에 글을 써내려갔으리라. 현관문이 삐걱거리는 소리에 종잇장들이 자취를 감춘다. 그날 가족들은 정적까지는 아니더라도 그녀에게 고립을 선사한다. 한 장 또 한 장이 그녀의 깨알 같은 글씨로 채워져간다. 펜촉을 담근다. 주저한다. 끼적거린다. 줄을 긋는다. 긁어낸다. 그리고 다시, 펜촉을 담근다. 그녀는 재빨리 손을 놀린다. 그도 그럴 것이 그녀에게는 자유로운 시간, 오롯이 집중할 시간이 턱없이 부족하다. 혼자만의 조용한 서재가 없기 때문이다. 가끔은 깃펜을 내려놓고 패니 프라이스가 난봉꾼 헨리 크로퍼드를 걱정하거나 극장 측의 계략에 마음 졸이는 장면을 머릿속으로 그려본다. 그러고는 다시 펜을 들어 작업을 이어나간다. 이윽고 요리와 청소, 이야기 소리가 인내의 한계를 넘어선다. 소설의 크고 작은 줄거리들이 벽에 부딪친다. 냄비들의 철컥거림과 하인들의 재잘거림은 신경을 거스르고 두 눈은 아파온다. 그만! 제인 오스틴은 펜을 잉크에 담그고는 초턴 코티지의 정원 속으로 걸어간다.

갑갑한 응접실에서 해방되는 순간이다. 공기는 더 상쾌하고 햇빛은 더욱 눈부시다. 비로소 숨통이 트인다. 그녀의 편지들에서처럼 제인 오스틴은 고광나무의 대담하리만치 새하얀 꽃잎과 진하고 달콤한 향기에 관심을 기울인다. 얼마 전 아시아에서 들여온 모란은 다시금 꽃을 피웠다. 또한 그녀는 보이지 않는 것들에 기대를 머금는다. 패랭이꽃과 수염패랭이꽃, 매발톱꽃과 실한 자두를 보게 될 날을 가만히 그려보는 것이다. 그녀는 느리게 걷고 찬찬히 살피며 깊숙이 숨을 들이쉰다. 하지만 마냥 그럴 수만은 없다. 오후의 자질구레한 일상이 그녀를 기다린다. 응접실에서는 미완의 원고가 그녀를 재촉한다. 하지만 특유의 사무적인 걸음으로 다시 집안에 들어설 무렵이면 그녀 안에는 이미 정원의 좋은 기운이 충만하다. 상쾌한 기분으로 제인 오스틴은 자신의 작은 작업의자에 돌아가 앉는다. 책을 읽거나 한담을 나누는 (방법도 충분히 가능하지만) 대신 그녀는 초턴 코티지의 과일 나무들과 잘 깎은 잔디, 이국적인 식물들에 둘러싸인 채 짤막한 휴식을 취하는 것으로 원기를 회복한다.

이러한 작업 습관을 고수하며 제인 오스틴은 약 4년에 걸쳐 자신의 마지막 소설 세 권을 써내려갔다. 영국 문학 사상 가장 사랑받는 소설로 꼽히는 『맨스필드 파크Mansfield Park』와 『에마Emma』, 『설득Persuasion』이 바로 그 작품들이다. 병마와 집안일, 가족이라는 달콤하고도 씁쓰름한 구속에도 불구하고 제인 오스틴은 자신의 작은 탁자 앞에 앉아 꾸준히 펜을 놀렸고 그러는 가운데 그녀만의 독보적 인물들을 탄생시켰다.

백색의 섬광

제인 오스틴이 항상 다작을 했던 건 아니다. 정원이 없을 때에는 글쓰기에 어려움을 겪었다. 스물다섯 살이 되던 1800년 12월부터 제인 오스틴은 사실상 10년 동안 글쓰기를 중단했다. 물론 편지는 썼다. 어림잡아

수천 통은 되었을 것이다. 비록 현재는 극히 일부만이 남아 있지만. 그럼에도 그녀의 소설들은 대부분 훼손되지 않은 채 남았다. 그녀는 어느 출판사에 『수전Susan』을 팔았지만 그 안목 없는 출판사는 (10파운드의 몸값을 지불하고는) 소설을 선반 위에 묵혀두었다. 새로운 소설 『왓슨 가족The Watsons』을 써보기도 했지만 그 우울하고 쓰디쓴 이야기를 원하는 곳은 한 군데도 없었다. 1800년에서 1809년까지 제인 오스틴의 책들은 공식적인 기록과 사적인 기록에서 동시에 자취를 감추었다. 문학평론가 프랭크 리비스F. R. Leavis가 '가장 위대한 현대 소설가'라 일컬은 그녀는 어느덧 글쓰기에서 멀어져 있었다.

제인 오스틴의 침묵의 밑바탕에는 배스Bath라는 두 글자가 자리한다. 1800년 12월 조지 오스틴 목사 부부는 은퇴를 선언했고, 그들의 결혼하지 않은 두 딸 커샌드라와 제인은 연로한 부모를 따라 서부 해안도시 배스로 거처를 옮겼다. 한때 로마의 휴양지였다가 영국령이 된 배스는 조지 왕조 시대에 새롭게 떠오르는 휴식과 온천의 도시였다. 귀족과 부유층은 배스에서 휴가를 보내며 바다와 온천에 몸을 담근 채 광천수를 홀짝이며 한담을 나눴다. 건축학적으로나 고고학적으로나 배스는 흥미로운 도시였다. 새롭게 들어선 대형 호텔과 상점 들이 배스산産 석재를 깎아 만든 로마시대의 유적들 혹은 유물들과 나란히 서 있었고 배스의 도시적인 편의시설들은 시골지방의 전원적인 매력과 적절한 조화를 이루었다. 가령 프라이어 파크Prior Park에 가면 작은 동굴과 팔라디오풍風 다리, 광활한 자연을 한꺼번에 즐길 수 있었다. 존슨 박사[새뮤얼 존슨Samuel Johnson, 1709~1784, 영국의 시인, 평론가. 방대한 영어사전 편찬 등 문학적 업적을 인정받아 '존슨 박사'라 불렸다—옮긴이]의 전기 작가이고 주색잡기에 능했다는 제임스 보즈웰James Boswell이 남긴 글에 따르면 "배스는 수고나 노력을 기울이지 않고 사교와 산책을 즐기기에 세계에서 제일가는 장소"였다. 많은 이들에게 배스는 런던의 오염과 중구난방식 비대함에서 벗어나 현대적인 편안함과 오락거리를 즐길 수 있는 발랄하고 아름다운 도시였다.

제인 오스틴도 방문객이었다면 배스를 즐겼을지 모른다. 하지만 거주민이었던 그녀는 배스를 증오했다. 햇살 속에서도 그녀는 배스를 추하다고 느꼈다. "화창한 배스의 첫인상은 나의 기대를 저버렸어. 빗속에서 바라보는 풍경이 더 뚜렷하던걸." 그 신도시로 이사한 첫해에 언니에게 보낸 편지에 제인 오스틴은 그렇게 적었다. 끊임없는 무도회와 파티, 들뜬 분위기, (소설 『설득』에서 그녀가 '하얀 섬광White Glare'이라고 이름 붙인) 특유의 석재까지, 어느 것 하나 마음에 들지 않았다.

설령 배스가 정숙하고 조용한 도시였다 해도 유감스럽지만 끝까지 충족시킬 수 없는 한 가지가 있었다. 배스는 *그녀의* 정원이 있던 햄프셔 지방의 작은 마을 스티븐턴Steventon이 아니었다. 제인 오스틴은 스티븐턴에서 나고 자랐고, 그곳에서 첫 소설 세 권을 집필했으며, 학교 공부를 위해 감행한 두 번의 짧고도 슬픈 떠남을 제외하면 그곳에서 사반세기를, 다시 말해 살아온 인생의 전부를 보낸 터였다. 스티븐턴은 농지로 둘러싸인 작은 마을로, 대략 삼십 가구가 닭과 소, 말, 양, 돼지 들을 각자 필요한 만큼 기르며 살고 있었다. 그녀의 아버지 조지 오스틴은 교구 주임 목사이자 학교 선생으로 (제인의 남자 형제 다섯을 비롯해) 마을의 수많은 소년들을 가르쳤었다. 물론 서부로 이주하면서 벌어진 '소동'과 바닷가 생활에 대한 기대로 들떴을 수는 있지만 제인 오스틴은 여전히 상실감을 느꼈다.

햄프셔 지방은 아르카디아[고대 그리스 오지의 전원적 이상향—옮긴이]가 아니었다. 보기에 따라 춥고 쓸쓸하고 따분할 수도 있는 지역이었다. 그 작고 고립된 마을은 분명 제인 오스틴의 풍부한 상상력을 이따금 옥죄었으리라. 떠나기 전 커샌드라에게 쓴 편지에서 그녀는 마을이 점점 지겨워진다고 토로했었다. 하지만 이는 진심에서 우러난 불평이라기보다는 오히려 역설이나 과장으로 읽힌다. 스티븐턴은 그녀에게 집이자 고상하고 우아한 삶의 전형이었다. 마을 특유의 친밀하고 유쾌하고 가정적인 분위기는 그녀에게 행복의 필수요소였다. "반복되는 일상과 매일의 정원 산책……반복되는 소리와 침묵, 이 모든 반복은 그녀가 상상력을 발휘하기에 안정적인 환경을 조성했다." 제인 오스틴의 전기 작가 클레어 토멀린Claire Tomalin은 그렇게 적었다.

따라서 제인 오스틴의 침묵은 갑작스럽고 무기력하게 안정감을 상실한 데서 오는 충격과 당연히 관련이 있었다. 그녀는 변화에 익숙한 사람이었다. 여행과 삶의 예기치 않은 슬픔, 부모의 경제적 불안을 제인 오스틴은 남다른 인내력으로 버텨냈다. 하지만 스티븐턴은 유일하게 한결같은, 실체적이고도 친숙한 존재였다. 숱한 여행 후 집을 떠올릴 때 갖게 되는 기대감이 그곳에는 있었다. 풍경과 이웃과 날씨라든지 익숙한 산책과 방문과 대화, 지역을 하나로 엮는 정체성의 복잡한 매듭 같은 것들을, 정중하고 현대적인 배스에서는 기대하기가 어려웠다. 새로 이사한 테라스 하우스는 크고 안락했으며 요란한 도심과도 떨어져 있었지만 그곳은 햄프셔의 시골 목사관이 아니었다. 안식처로 삼을 만한 익숙한 정원도 그곳에는 없었다.

배스에서 여행과 사교모임, 해수욕을 다니고, '고모 제인'으로서 의무를 다하는 동안 제인 오스틴은 자신의 목소리를 잃어버렸다. 그녀의 목소리는 스티븐턴에 남겨졌고 오래지 않아 그곳에는 그녀의 오빠 제임스와 그의 두 번째 아내(였고, 제인 오스틴이 싫어했던) 메리가 살게 되었다. 한때 생기발랄했던 편지들 속에서 제인 오스틴은, 꼭 우울해하지는 않았더라도, 풀이 죽어 있는 것만은 확실했다.

사우샘프턴의 들정향나무

정원을 다시 갖게 되면서 제인 오스틴은 예의 그 에너지와 생산성을 되찾았다. 1806년 그녀는 홀로된 어머니와 언니 커샌드라와 함께 햄프셔 해안의 사우샘프턴Southampton에 위치한 캐슬 스퀘어Castle Square의 새 집으로 이사했다. 이후 제인 오스틴이 쓴 몇몇 편지들은 사소한 일화들과 더불어 풍경에 대한 예찬으로 반짝거린다. 그녀는 홈그라운드로 복귀했다. 감상적이고 까칠한 성격은 여전했지만, 익숙한 땅에 보다 가까워진 것이다.

이듬해 2월 그녀는 커샌드라에게 장문의 서한을 보냈다. 편지가 재미있게 읽히기를 바랐던 그녀는 말미에 이렇게 적었다. "내 자랑 같지만 소재가 빈약하다는 걸 감안하면 이번 편지는 제법 괜찮게 써낸 것 같아. 사실보다는 관념에 치중했다는 생각이 들기는 하지만. 경애하는 존슨 박사님처럼 말이지." 물론 그 편지의 대부분은 제인 오스틴의 불평으로 채워져 있다. 그녀는 커샌드라가 사우샘프턴을 너무 오래 떠나 있다며 투정을 부렸고, 자신을 뺀 *나머지* 사람들은 애인이나 아이가 생겼다고 알렸으며, 신발 밑창에 대해 (혹은 시장에 신발 밑창이 없었던 일에 대해) 투덜거렸다. 또한 그녀는 잉글랜드에서 수줍음이 사라지고 그 자리를 자신감이 꿰찼다며 애석해했다. 편지 속에서 제인 오스틴의 말투는 어딘지 통통 튀는 구석이 있어서, 금방이라도 편지에서 튀어나와 이렇게 소리칠 것만 같았다. "생선을 먹었다고? 사치스럽네. 우린 석탄에 소금을 뿌려놓고 그걸 대구라고 불러야 할 지경이었는데."

하지만 불평과 투정이 전부는 아니었다. 사랑스러운 부분도 있었다. 우선 배스에서 보낸 수많은 편지에는 없던 조용한 활기가 그 편지에는 있었다. 냉소나 차가움에 물들지 않은 장난기는 그녀의 기분에 진정한 변화가 일었음을 암시한다. 특히 캐슬 스퀘어의 정원을 묘사하는 대목은 제인 오스틴의 내적인 삶이 엿보여 흥미를 더한다. 이쯤 해서 그 (자칭) '여류작가'의 글을 상세히 인용해도 좋겠다.

이번 정원 관리인은 굉장히 서글서글하고 안색이 아주 좋은 사람이야. 먼젓번 관리인보다 바라는 것도 적고. 아무튼 그 사람 말이, 자갈 산책길 옆으로 자라는 관목들은 전부 들장미와 장미인데, 장미는 품종이 평범하대. 그래서 우린 더 좋은 품종을 좀 들여놓기로 했어. 그 관리인이 들정향나무도 몇 그루 구해다 줄 거야. 내가 특별히 부탁했거든. 들정향나무는 꼭 있어야 해. 쿠퍼의 시구에도 나오잖아? 금사슬나무에 대해서도 얘기 중이야. 테라스 벽 둘레에는 지금 하는 정리가 끝나는 대로 까치밥나무랑 구스베리 덤불을 심을 거야. 라즈베리를 심기에 아주 적당한 자리도 찾아냈어.

이 글에서 정원을 대하는 제인 오스틴의 순수하고 진심 어린 열정은 사랑스럽기 그지없다. 특유의 역설이나 날 선 비판이 여기서는 보이지 않는다. 들정향나무나 고광나무를 이야기하며 그녀는 자기만의 뒷마당을 가꾸는 즐거움을 윌리엄 쿠퍼William Cowper의 시와 자연스럽게 접목시킨다("금사슬나무, 흐르는 금빛의 풍요/ 들정향나무, 상아의 순수"). 단순하면서도 유쾌한 결합이다. 캐슬 스퀘어에서 "마을 최고의 정원"이라는 평판을 얻었다는 대목에서 그녀의 자부심은 손에 잡힐 듯 생생하다.

이처럼 편안하고 유쾌한 말투는 이후의 편지들에도 등장한다. 그 무렵 제인 오스틴은 자신의 마지막 집인 초턴 코티지에 머물며 후기작들을 집필 중이었다. 초턴 코티지에 정착하기 전 그녀는 오빠에게 편지를 보내 (자신이 아직 보지 못한) 그 집의 땅에 대해 물었었다. "텃밭은 어떻게 생겼어?" 이렇게 물으며 그녀는 집안 살림과 개인적 관심사를 연결시켰다. 이사를 가기 전 잔디를 "바짝 다듬는" 문제에 관해서도 이야기했다. 1811년 늦은 봄 그 집에 정착한 뒤에는, 켄트에 있는 커샌드라에게 편지를 보내 햄프셔살이에 대해 시시콜콜 늘어놓았다. 갓난아기, 질병, 떠들썩한 결혼식, 날씨 소식에 이어 그녀는 정원에서 관찰한 변화를 스케치하듯 들려주었다. 꽃들은 잘 피어나고 있었다. 하지만 커샌드라가 켄트에서 들여온 목서초는 "몰골이 비참"했다(제인 오스틴은 종종 언니 커샌드라를 비교 대상으로 삼곤 했는데, 언니에 대한 그리움 때문이기도 했지만 자신의 원예 능력에 대한 자부심도 어느 정도 작용한 것으로 보인다). 자두나무는 열매가 맺혔고 쿠퍼의 들정향나무—알다시피 사우샘프턴뿐 아니라 초턴 코티지에서도 그녀는 들정향나무를 심었다—는 꽃피울 준비를 마쳤다. 제인 오스틴은 영국식 코티지 정원의 봄을 매혹적으로 그려냈다. "전나무 발치에 심은 어린 모란은 갓 꽃을 피워 외양이 제법 근사해졌어. 관목 울타리에는 매발톱꽃이 활짝 피었는데 좀 있으면 패랭이꽃과 수염패랭이꽃이 피어나 전체적으로 더 화사해질 거야." 이어서 그녀는 가족 여행과 건강, 봄 폭풍으로 화제를 되돌렸다.

3년 후 오빠 헨리의 런던 집에 머무는 동안에도 제인 오스틴은 정원에 애정을 쏟았다. 1813년에 한스 플레이스Hans Place는 런던 교외의 시골이었다. 사실 완전히 시골은 아니었다. 커다란 집들이며 훌륭한 학교, 멋들어진 정원들이 모두 런던 시내와 도보로 왕래할 만한 거리에 있었다(제인 오스틴은 런던 시내까지 슬슬 걸어 나가 쇼핑을 하곤 했다). 헨리 오스틴의 집은 비록 대토지가 딸린 성은 아니었지만 제법 규모가 있었다. 그도 그럴 것이 당시 헨리는 잘나가는 은행가였다. 제인 오스틴은 그 집이 넓고 안락하다고 칭찬한 뒤에 다음과 같이 짧게 덧붙였다. "정원이 정말 사랑스럽네."

여기서 우리는, 제인 오스틴의 사사로운 삶에서 보다 근원적이고 인간적인 기쁨과 환희를 준 것이 무엇인지를 미약하게나마 감지할 수 있다. 배스를 떠나며—그곳에서 그녀는 차라리 *없었다고* 보는 편이 옳겠지만—그녀가 얼마나 들떠 있었는지를 가늠하기는 어렵다. 다만 한 사람의 독자로서 마음이 놓이는 것은, 제인 오스틴이 그토록 솔직하게 행복감을 드러냈다는 점이다. 이런저런 부침 속에서도 인간은 감정을 느끼며 살아간다. 이야기의 주제와 말투에는 그 시절에 느낀 감정의 색채가 고스란히 묻어난다. 배스에서 머무는 동안 제인 오스틴의 감정은 어린 시절의 기숙학교에서처럼 체념적 불만에 가까웠다. 하지만 캐슬 스퀘어와 한스 플레이스, 초턴 코티지의 정원 곁에 머무는 동안 제인 오스틴은, 자신의 감각적이고 창의적인 기쁨을 억압하는 것들에 더 이상은 굴복하지 않겠다는 듯, 소박한 열정을 숨김없이 드러냈다.

초턴 코티지의 고광나무와 금사슬나무에 관한 이야기가 돋보이는 이유도 바로 거기에 있다. 일상적인 절망과 집안 대소사를 전하는 가운데서도 그 대목에 가면 필치에 쾌활한 자신감이 묻어난다. 언니의 얼어붙은 화분을 포근한 식당으로 옮겼다고 이야기하는 대목에서는 조용하고도 가정적인 즐거움, 매일의 삶을 수놓는 운율과 몸짓이 감지된다. 그리고 이토록 아늑하고도 식물 친화적인 삶의 방식을 제인 오스틴은 자신의 첫사랑인 글쓰기에 자연스럽게 녹여냈다. 이는 제인 오스틴이 인생에서 무엇을 우선시했는지 보여주는 아주 중요한 단서다. 그녀는 습작을 무척이나 좋아했지만 정원 역시 그녀에게는 행복의 필수요소였다. 정원은 그녀의 영혼을 고무시켰고 그녀로 하여금 그토록 많은 작품을 쓰게 해준 원동력이었다. 그렇다면 정원은 어떻게 제인 오스틴의 영혼을 뒤흔든 것일까?

두근거리는 마음

우선 그녀의 소설에서 출발하는 것이 좋겠다. 하지만 미리 일러두자면, 제인 오스틴의 작품 속 여주인공들은, 작가 자신이 *아니었다*. 월터 스콧 경이 그녀들에게서 보았던 '젊은 숙녀'가 아니었다는 얘기다[월터 스콧 경은 『오만과 편견』을 읽고 제인 오스틴을 '젊은 숙녀'라고 부르며 그녀의 재능을 칭찬하고 이른 죽음을 안타까워했다—옮긴이]. 작가와 등장인물을 연관 짓기란 간단하다. 그 둘이 미혼에 똑똑하며, 지방의 가난한 집안에서 태어난 상류층 여성일 때는 더욱 그렇다. 하지만 사는 동안 여섯 권의 소설을 발표한 제인 오스틴은 그중 단 한 명의 여주인공과도 쉽사리 동일시되지 않는다. 제인 오스틴은 엘리자베스의 신랄한 혀는 갖췄지만 사람들 앞에서의 대담함은 갖추지 못했다. 엘리너의 지성은 갖췄지만 무기력한 조심성은 작가의 것이 아니었다. 캐서린처럼 문학을 사랑했지만 그녀처럼 고딕 양식을 좋아하지는 않았다. 패니처럼 도덕관념이 투철했지만 그녀처럼 젠체하는 성격은 아니었다. 에마처럼 중매에 흥미를 느꼈지만 그녀처럼 오만한 특권의식을 드러내지는 않았다. 앤처럼 외로웠지만 그녀처럼 뒤늦은 로맨스를 경험하지는 못했다[엘리자베스는 『오만과 편견』, 엘리너는 『이성과 감성』, 캐서린은 『노생거 수도원』, 패니는 『맨스필드 파크』, 에마는 『에마』, 앤은 『설득』의 여주인공이다—옮긴이]. 요컨대 제인 오스틴은 『오만과 편견Pride and Prejudice』이나 『설득』 속에 작가 자신을 담아내지 않았다. 마치 자신의 자아가 단순하고도 흔하디흔한 문장이나 단락에 지나지 않는다는 듯이.

그러나 이 인물들은 분명 *어딘가로부터*, 이미 완성된 원형 그대로의 삶이 아니라 채굴과 제련, 연마를 기다리는 원석과도 같은 삶으로부터 비롯되었다. 제인 오스틴은 앤 엘리엇이 아니었다. 허영기 있는 준남작 아버지도, 무미건조한 언니도 제인에겐 없었다. 하지만 그녀는 억압과 실망, 오만과 권태에 대해 충분히 알았고 덕분에 앤의 삶을 상상해낼 수 있었다. 다른 소설들 속에도 제인 오스틴은 자신의 경험을 솜씨 있게 변주해 담아냈다. 이는 고무적이다. 왜냐하면 덕분에 우리는 한 은둔적 작가의 삶을, 자신의 수많은 편지를 태워버린 어느 여류작가의 삶을 그녀의 허구 작품을 통해 조금이나마 엿볼 수 있기 때문이다. 제인 오스틴의 소설을 통해 우리는 그녀의 작품 활동과 인생에—그리고 초턴 코티지 정원을 향한 애정에—영향을 미친 관념들을 간접적으로나마 파악할 수 있다.

그녀의 소설 중 세계적으로 가장 사랑받는 작품인 『오만과 편견』이 그 좋은 예다. 제인 오스틴은 『첫인상』[초고를 쓸 당시 『오만과 편견』의 제목—옮긴이]의 초고를 스물두 살에 완성했다. 당시 그녀가 그 원고에 대해 어떻게 생각했는지는 알려져 있지 않다. 그녀가 자신감에 차 있었다는 건 확실하지만 그 사실만으로 그녀의 생각을 읽는 데는 한계가 있다. 그로부터 15년 이상이 흐른 1813년 1월에 토머스 에거턴Thomas Egerton이 『오만과 편견』을 출간한 후 제인 오스틴은 복잡한 감정에 휩싸였다. 대개의 제인 오스틴 추종자들과 마찬가지로 제인 오스틴 역시 여주인공 엘리자베스 베넷을 좋아했다. 책이 출간되던 그 달에 언니 커샌드라에게 보낸 편지에서 제인 오스틴은 이렇게 말했다. "*내* 생각에 엘리자베스는 출판 역사상 가장 호감 가는 등장인물이야. 과연 *그녀를* 좋아하지 않는 사람이 있을까? 만약 있다면 그런 사람을 내가 어떻게 용납할 수 있겠어?" 하지만 작품 자체에 대해서는 그 정도로 낙관적이지 않았다. 작품이 활기차고 매력적이라는 점은 인정했지만, 진지한 맛이 없고 대립구도가 부족하다고 제인 오스틴은 생각했다. "뭔가 지나치게 가볍고, 밝고, 튀는 감이 있다"고 그녀는 언니에게 말했었다. 하지만 책으로 출간할 가치는 있다고 확신한 듯하다—비록 책에 본명을 밝히기는 꺼려(해서 '어느 숙녀'라는 필명으로 출간)했지만, 『오만과 편견』은 오롯이 *제인 오스틴의* 작품이었고, 결함마저도 온전히 그녀의 것이었다.

이제 갓 원고를 출간한 20대의 풋내기 작가 제인 오스틴이 몰랐던 것은 바로 『오만과 편견』이 영어권 소설 중에 가장 인기 있는 소설의 대열에 합류하게 되리라는 사실이었다. 유네스코가 세계 도서의 날에 맞춰 실시한 '당신이 살아가는 데 없어서는 안 되는 책'이란 주제의 설문에서 『오만과 편견』은 1위를 차지했다. 출판사들의 입장에서도 『오만과 편견』은 믿을 만한 수입원이다(2002년에 제인 오스틴은 존 그리셤John Grisham의 판매부수를 넘어섰다). 1901년 미국 작가 윌리엄 딘 하월스William Dean Howells가 『하퍼스 바자Harper's Bazaar』에 기고한 다음의 글은 오늘날에도 유효하다. "『오만과 편견』 속 이야기는 지속적으로……증가하는 숭배자들 사이에서 최근 입소문을 타기 시작했다. 제인 오스틴의 경우, 독자보다 추종자의 수가 압도적으로 많다. 확실히 그녀는, 종교까지는 아니더라도, 열정과 신념의 대상이다.” (리처드 도킨스의 표현을 빌려 ‘만들어진 오스틴’쯤으로 일컬어도 무방하겠다.[영국의 생태학자이자 생물학자이며 『이기적인 유전자』의 저자로 잘 알려진 리처드 도킨스의 2006년 작 『만들어진 신The God Delusion』을 두고 하는 이야기이다—옮긴이])

이 소설이 시선을 잡아끄는 이유는 여러 가지이다. 재치 있고 지적인 매력을 풍기는 여주인공과 풍자적이고 희극적인 요소가 가미된 인물들, 유려한 산문체, 엘리자베스 베넷과 피츠윌리엄 다시의 갈등과 좌절과 열정—더불어 오늘날까지도 뭇사람을 설레게 하는 실크 모자와 텁수룩한 구레나룻에, 하이웨이스트 드레스까지. 『오만과 편견』은 비록 심리적 색채는 부족할지라도 한 편의 풍자극이나 러브 스토리, 혹은 사회적 풍속에 대한 신랄한 초상으로서는 단연 눈에 띄는 소설이다.

『오만과 편견』의 탁월함은 무대 구성에서도 빛을 발한다. 공들여 연출한 장면들은 이야기에 극적인 전환점을 제공하는데, 메리턴에서의 무도회라든지 다시 씨의 첫 번째 청혼, 엘리자베스 베넷과 캐서린 드 버그 부인의 대립을 그린 장면이 그러한 전환점의 좋은 예다. 특히 엘리자베스 베넷이 다시 가문의 저택인 펨벌리를 방문하는 에피소드는 가장 인상적인 장면으로 꼽기에 손색이 없다(문명화된 세계에서 펨벌리는 배우 콜린 퍼스Colin Firth가 물에 젖은 셔츠 차림으로 등장했던 저택으로도 유명하다[BBC TV 드라마 〈오만과 편견〉에는 엘리자베스가 펨벌리를 방문한 그날 다시 역을 맡은 배우 콜린 퍼스가 저택 앞 연못에 뛰어들었다 나오는 바람에 물에 젖은 흰 셔츠 차림으로 엘리자베스와 마주치는 장면이 첨가되었다—옮긴이]). 리지[엘리자베스의 애칭—옮긴이]의 숙모 가디너 부인은 펨벌리의 정원을 '호감 가는' 곳으로 묘사했는데, 그 정원이 리지에게는 자신의 생각을 점검하는 특별한 계기가 되었다.

제인 오스틴의 팬에게는 익숙한 내용이지만 세세히 되새겨보아도 좋을 듯하다. 더비셔의 화창한 오후, 엘리자베스 베넷은 들떠 있지만 한편으로는 걱정이 앞섰다. 시골에 사는 이 젊은 아가씨는 가디너 삼촌 부부와 함께 지붕 없는 마차를 타고 펨벌리로, 그러니까 다시 가문의 널따란 사유지로 향하는 길이었다. 가는 내내 그녀는 짐짓 무심한 태도를 가장했다. 다시가 엘리자베스에게 서툴게 청혼했다 거절당한 사실을 아직 아무도 몰랐던 터라 가디너 부부는 조카딸의 '두근거리는 마음'을 알아채지 못했다. 엘리자베스는 엘리자베스대로 되도록 냉정해지려고 애썼다. 다시 씨는 부자였고 똑똑했으며 잘생긴 데다 귀족이었다. 하지만 그의 오만함, 리지의 가족을 우습게 보는 그의 태도는 당연하게도 그녀를 격분케 했다. 그는 리지의 외모를 얕보았고, 청혼할 때는 자만심에 휩싸인 나머지 그녀를 모욕했다. 다시는 씩씩대며 말했었다. "당신 집안이 열등하다는 사실을 설마 제가 즐기리라고 기대했습니까?" 더 큰 문제는 그녀가 사랑해 마지않는 언니 제인의 행복이 그의 개입으로 인해 위태로워졌다는 사실이었다. 리지와 그녀의 가족에게는 지체 높은 다시 씨가 한낱 거만하고 고루한 인물에 지나지 않았다.

하지만 시나브로 엘리자베스의 결심은 흔들리고 있었다. 다시의 '오만과 무례'를 저주하면서도 그녀는 서서히 다시에게 이끌렸다. 그는 정직하고 숨김이 없었으며—얼마 후 리지가 알게 된 것처럼—진정으로 따뜻한 사람이었다. 두 사람 다 날카로운 재치와 말솜씨를 보유했고, 천박함을 경멸했다. 불안해하면서도 리지는 호기심을 느꼈다. 그렇지만 관광객처럼 다시의 사유지를 어슬렁거리다 그와 마주치고 싶지는 않았다. "생각만으로도 얼굴이 화끈거렸다." 하지만 다시는 사업 문제로 출타 중이었고 이는 곧 그녀가 그와의 당혹스러운 만남을 걱정할 필요 없이 마음껏 평화롭게 거닐 수 있다는 뜻이었다. 적어도 그녀는 그렇게 생각했다. 펨벌리에 가까워질수록 리지는 숨을 죽였고 그들을 태운 마차는 서서히 숲으로 들어가고 있었다.

언덕을 오르는 그들의 머리 위로 참나무와 느릅나무 가지가 아치를 이루었다. 수백 살은 되었을 나무들과 잎이 풍성하게 달린 굵은 가지들을 나는 상상한다. ("드넓게 펼쳐진 아름다운 숲.") 햇살은 나뭇잎 새로 스며들어 서늘한 숲 속을 비추었으리라. 이따금 나무들은 다른 무대장치에, 그러니까 상큼하게 어우러진 잔디라든지 물, 또는 신고전주의 교회당에 기꺼이 자리를 내주었다. 한참을 달린 끝에 마차는 녹음이 우거진 오르막의 꼭대기에 이르렀고 세 사람은 어느 빈터에서 쉬어 가기로 했다. 숨 막히게 아름다운 풍경이었다. 그곳에서 엘리자베스는 (그녀의 숙모가 그랬던 것처럼) '호감'을 느꼈다. 펨벌리 저택은 넓은 개울 건너편 고지대에서 울창한 구릉지대를 마주한 채 서 있었다. 연못에서는 물고기가 노닐었고 백조들은 수면을 장식했다. 대지는 완만한 곡선을 이루어 풍경에 자연스러운 인상을 더하면서도 예술적이고 고상하고 고즈넉한 아름다움까지 겸비했다. 제인 오스틴의 표현을 그대로 옮기자면, "이런 곳은 처음이었다. 이곳보다 자연의 손길이 더 많이 가미된 곳, 혹은 자연의 아름다움이 괴상한 취향 탓에 훼손된 부분이 거의 없다시피 한 곳을 리지는 여태껏 본 적이 없었다." 이러한 인상은 리지가 다시에 대한 생각을 달리하게 되는 데 다소 영향을 미쳤다. 펨벌리의 정원에서 그녀는 다시의 영혼을, 드넓고 다채로우면서도 평화로운 영혼을 보았다. 하지만 정원의 아름다움과 갑작스런 감정의 소용돌이에 들뜬 가운데서도 우리의 여주인공은 침착함과 냉철함을 유지했다. 저울추는 기울었다. 제인 오스틴의 표현을 빌리자면, "그 순간 리지는 느꼈다. 펨벌리의 안주인이 된다는 건 어쩌면 아주 특별한 일일지도 모른다고!"

이 잘 짜인 이야기에서 제인 오스틴은 극적인 긴장감을 영민하게 조절하며 빼어난 글솜씨를 선보인다. 하지만 더욱 눈여겨보아야 할 부분은, 작가가 이 장면에서 묘사하지 *않은* 것들이다. 리지처럼 성격이 솔직하고 분명한 여주인공이라면 한 번쯤은 독백을 하지 않았을까? 가령 펨벌리의 매력에 대해 조지 왕조풍의 유려하고 꼼꼼한 찬사를 늘어놓지 않았을까? 물론 제인 오스틴처럼 리지 역시 로맨틱한 사람은 아니었다. 하지만 그 장면은 엘리자베스 베넷과 펨벌리의 역사적인 첫 만남이었다—약간의 찬사 정도는 괜찮지 않았을까?

천만의 말씀. 그토록 '두근거리는 마음'을 안고도 리지는, 제인 오스틴의 표현대로, 입을 꾹 다물었다. 이 같은 침묵은 작가의 일시적 변덕에서 비롯된 것이 아니었다. 다시 말해 사소한 소설적 우연이 아니라는 뜻이다. 이는 『오만과 편견』의 공식적 얼간이 콜린스 씨의 성격을 묘사하는 대목에서 더욱 명백하게 드러난다. 엘리자베스의, 말만 번지르르한 사촌 콜린스 씨 역시 정원을 사랑했다. 신혼인 이 교구 목사는 목사관에 대한 자부심이 상당해서 그곳이 자신의 후견인 캐서린 드 버그 부인의 사유지와 격이 맞게 말끔히 관리된 땅이라고 자신했다. 하지만 콜린스 씨는 조용히 즐기는 쪽보다 시끄럽고 장황하게 젠체하는 쪽을 택했다. 그는 좀처럼 입을 다물려 들지 않았다. 나무의 수를 세고 산책로의 길이를 재는가 하면 원예학적 세부사항을 시시콜콜하고 장황하게 늘어놓았다. "모든 경관을 세세하게 언급하면서도 아름다움에 대해서는 완전히 뒷전이었다"라고 제인 오스틴은 묘사했다. 콜린스는 사람들이 그의 정원을, 그가 숱한 나날을 보냈고 "그가 자랑스러워해 마지않는" 그 장소를 칭찬해주기를 간절히 바랐다. 이 장면에서 콜린스의 정원은 콜린스 자신을, 그의 야망과 기대를 반영한다. 또한 제인 오스틴의 표현을 빌리자면 그 정원은 실제로도 굉장히 "크고 잘 설계된" 곳이었다. 하지만 콜린스가 지껄여대는 바람에 정원 본연의 아름다움은 흐릿해지고 말았다. 그의 허영과 아첨이 목사로서 그가 지닌 더 나은 자질들을 가려버린 것처럼. 일류 대학에서 교육받은 경력과 사회적 지위에도 불구하고 콜린스의 장황함은 그의 식물학적 성취를 깎아내렸고 그에게 멍청이의 이미지를 덧씌웠다.

이처럼 여주인공의 침묵과 교구 주임 목사의 수다라는 소설적 대비를 통해 제인 오스틴은 작가 자신이 정원에서 품었던 철학적 관심을 흥미롭게 암시한다. 캐슬 스퀘어와 초턴 코티지에서 꽃을 향해 허리를 숙이거나 정성스레 화분을 옮기며, 혹은 쿠퍼의 금사슬나무를 주문하거나 까치밥나무 열매와 구스베리를 따며, 그녀는 조용히 사색을 즐겼으리라. 이는 수다를 떨며 허드렛일이나 하는 사람이 아니라 묵묵히 일하며 공상을 즐기는 사람의 특징에 가깝다. 확신컨대 제인 오스틴은 이와 같은 침묵의 가치를 소중히 여기는 사람이었다.

포프, 완전무결한 단 한 사람

펨벌리에서 리지가 침묵한 까닭을 이해하기 위해서는, 제인 오스틴의 철학적 관점에 대해, 그러니까 그녀에게 영감을 주었던 관념이라든가 지적인 움직임에 대해 좀 더 알아보는 편이 좋겠다. 소설가 제인 오스틴은 결코 학자나 논문 저자가 아니었다. 하지만 그녀는 굉장한 독서가였다. 그저 그런 '여류작가'로 취급받았고 그로 인해 비평가들에 의해 종종 로맨스 작가로 폄하됐지만 그녀는 다양한 학술서적에 정통했다. 제인 오스틴이 로버트 헨리Robert Henry의 저서 『잉글랜드의 역사The History of England』를 자신의 작품에 인용하지 않았다는 이유만으로 그녀를 그쪽 분야에 문외한이라고 단정 지을 순 없다(그녀는 25세에 그 책을 읽고는 언니 커샌드라에게 다음번에 만나면 "지성 한 보따리"를 풀어놓겠노라고 장담했었다). 그녀는 존슨 박사와 그의 전기 작가 제임스 보즈웰을 즐겨 읽은 것도 모자라 존슨 박사의 재기 발랄하고 허영기 있는 맞수 올리버 골드스미스Oliver Goldsmith의 연작 『잉글랜드 역사History of England』까지 섭렵했다. 설교집도 읽었다. 토머스 셜록Thomas Sherlock 주교의 설교에 대해서는 언니에게 찬사를 늘어놓았다. 놀라기엔 아직 이르다. 1813년에는 파슬리Charles Pasley 대위가 쓴 「대영제국 헌병대와 제도에 관한 에세이An Essay on the Military Police and Institutions of the British Empire」의 유쾌하고 힘 있는 필치에 관해 언급하기도 했다. 제인 오스틴이 초턴 코티지에서 커샌드라에게 보낸 편지에 따르면 파슬리 대위는 "그녀가 생애 처음으로 마음을 빼앗긴 군인"이었다. 확실히 제인 오스틴은 역사와 철학, 신학에서부터 사회와 군대 문제에 이르기까지 폭넓은 독서 취향을 드러냈다.

철학자 길버트 라일Gilbert Ryle은 제인 오스틴이 섀프츠베리 4대 백작the Fourth Earl of Shaftesbury의 영향도 받았으리라고 추측했다. 섀프츠베리는 계몽사상의 권위자 토머스 로크Thomas Locke의 후원자이자 학생으로서 수많은 철학자의 사상을 받아들였지만, 그중에서도 특히 아리스토텔레스에게서 지대한 영향을 받았다. 또한 제인 오스틴의 작품에 등장하는—선과 악이 복잡하고도 미묘하게 조합된—인물들은, 동시대에 횡행하던 칼뱅파 신학자들 특유의 이분법적 도덕률(길버트 라일의 표현을 빌리자면 '양극적'인 도덕 심리학)보다는, 확실히 아리스토텔레스의 도덕률을 상기시킨다. 제인 오스틴의 작품 속에 등장하는 악역들은, 윌러비처럼 흠은 있을지나 악마적이지는 않다—『이성과 감성Sense and Sensibility』에 등장하는 그 젊고 잘생긴 바람둥이는 유약하고 정직하지 못한 데다 변덕스럽지만, 사악하지는 않다. 비현실적인 악당은 그녀의 소설에 등장하지 않는다. 제인 오스틴의 여주인공들도 마찬가지다. 그녀들은 단점도 실수도 없는 완벽한 생명체가 아니다. 리지 베넷의 편견부터 에마의 자만까지, 제인 오스틴은 자신이 만든 여성 캐릭터에 인간 본연의 다양성과 색채를 불어넣었다. 제인 오스틴의 작품 속에는 다양한 도덕적 '유형'이 등장한다. 단순히 두 부류—구원받은 자와 지옥에 떨어진 자, 선한 자와 악한 자, 거룩한 자와 악마적인 자—로 나뉘지는 않는다는 뜻이다. 이는 아리스토텔레스에게서 시작해 섀프츠베리에게로 이어진 관점이라고, 길버트 라일은 주장한다. 그의 글에 따르면, "섀프츠베리는 창을 열었고, 그 창을 통해 18세기의 비교적 소수의 인물들만이 아리스토텔레스적인 철학이라는 산소가 담긴 공기를 들이마셨다. 제인 오스틴도 그들 중 하나였다." 요컨대 제인 오스틴의 겉보기에 단순한 소설들은 동시대의 가장 정제된 지성으로 꼽을 만한 여러 철학자와 수필가, 전기 작가, 역사가의 사상을 품고 있다.

시인들의 영향도 그에 못지않았다. 옳고 선한 행실에 관한 제인 오스틴의 인상은 비단 체계적인 사상가들뿐 아니라 시를 통해서도 상당 부분 완성되었다. 라일의 글에 따르면 "'도덕주의자'라는 용어 안에는 프랜시스 허치슨Francis Hutcheson이나 데이비드 흄David Hume뿐만 아니라 올리버 골드스미스나 알렉산더 포프Alexander Pope까지 포함된다." 알렉산더 포프의 경우 특히 그렇다. 그는 18세기의 가장 위대한—누가 뭐래도 가장 많이 인용되는—영국 시인이다. 그의 작품은 요즘 덜 읽히는 추세이지만 그의 문장들 중에는 "얕은 배움은 위험한 것이다", "인간은 실수하고 신은 용서한다", "어리석은 자들은 천사들이 발을 들이기 두려워하는 곳으로 뛰어든다"와 같이, 오늘날에도 친숙한 격언이 적지 않다. 서로 간에 신경전이 오가는 가운데서도 프랑스의 명석한 극작가이자 선동가인 볼테르Voltaire는 포프의 글을 칭송했었다. 관대하게도 그는 어느 기자와의 인터뷰에서 포프를 "잉글랜드 최고의 시인이자 현존하는 세계 최고의 시인"이라고 치켜세웠다. 포프로부터 무시와 경멸을 당했다고 느끼던 한 남자가 그 포프를 극찬한 것이다. 포프의 시적 발상은 때로 진부했을지 모르나 표현만큼은 신선하고 산뜻하고 통렬했다. 과연 포프는, 다음의 시구에서 보듯 '재치'에 관해 자신만의 정의를 고수했다. "치장에 유리한 기질/ 종종 생각되지만, 결코 잘 표현되지는 않는 것." 포프에게 시인의 일이란, 평범한 시각에 새롭고 기억할 만한 표현을 부여하는 작업이었다.

그런 면에서 포프는 제인 오스틴을 비롯한 18세기의 영어 사용자들이 지닌 사상을 치장했다고 해도 과언이 아니다. 섀프츠베리나 제인 오스틴과 마찬가지로 알렉산더 포프도 아리스토텔레스학파의 전통을 따랐다. 칼뱅주의자들이 영혼을 두고 공방전을 벌이는 동안 포프는 인간의 다양성에 관심을 기울였다. 포프는 인간의 기질을 미묘하고 다양하고 변덕스럽다고 봤다. 사람에게는 저마다 '으뜸 관심사'가 있지만 결국 다 변하게 마련이라는 것이다. 코범Cobham 경에게 보낸 편지에 그는 "예절은 재산에 따라, 기분은 지방에 따라, 주의主義는 책에 따라, 원칙은 시간에 따라 달라진다"고 썼다. 그런 이유로 제인 오스틴은 자신의 소설『노생거 수도원Northanger Abbey』과『이성과 감성』에 포프의 글을 두 차례 인용했다. 또한 커샌드라에게 쓴 편지에서 그녀는 농담조로 포프를 (그가 천주교도임을 감안할 때 아이러니하게도) "세상에서 완전무결한 단 하나의 교황Pope"이라고 말했다. 같은 편지에서 제인 오스틴은 포프의 시구를 빌려 그녀만의 금욕적인 철학을 설명하기도 했는데, "존재하는 모든 것은 최선이다"라는 구절은 포프의 교훈시「인간론An Essay on Man」[원문의 시구는 "존재하는 모든 것은 옳다"이다—옮긴이]의 매우 적절한 변주였다.

또한 포프의 각종 '논論, essay'은 제인 오스틴 특유의 모호한 (하지만 결코 불분명하지는 않은) 철학적 세계관에 윤곽을 그려 넣었다. 제인 오스틴처럼 포프의 출발점도 단순했다. 그 출발점이란 바로 '인간의 무지'였다. 포프에게 무지란, 단지 오보나 오류만을 의미하지 않았다. 그런 종류의 무지는 사실 확인이나 조사 작업을 통해 극복이 가능했다. 그보다 포프는 인간의 지각력과 지식의 기본적 한계에 관해 논하고자 했다. 신이 모든 것을 보고 아는 상황에서 인간은 평생 (우주는 고사하고) 이 작디작은 세상의 오직 작디작은 일부만을 알 수 있을 뿐이라고 그는 주장했다. 다시 말해 인간은 사소하고 작고 연약하며 쉽게 혼란에 빠지는 피조물이었다. 신은 전체를 위엄 있게 움켜쥔 반면, 인간은 일부에, 즉 세상의 작은 조각에, 심지어는 영혼의 더 작은 편린에 가까스로 매달린 채 버둥거렸다.

특히 포프는 이러한 우주에 의문을 품는 행위를 거의 무의미하다고 보았다. 첫째, 그는 인간의 무지가 그 어떤 완전한 답변도 불가능하게 만든다고 주장했다. 인간은 기껏해야 황소가 농부의 농사계획을 이해하는 수준으로만 우주를 이해한다는 것이다—농사가 황소의 소관이 아니듯 우주는 그저 인간의 소관이 아닐 뿐이다. 둘째, 설령 인간이 우주의 전반을 기적적으로 이해하도록 *예정돼 있다* 해도 무언가 바뀌기를 기대하는 건 어리석고 부질없는 짓이었다. "무한히 지혜로우신 그분께서 가능한 모든 체계 중 최선의 체계를 형성하시지 않았을 리 만무하다"고 포프는 썼다. 요컨대 우리 인간은 인간이 가질 수 있는 가장 훌륭한 우주를 가진 상태다. 우리의 제한된 시야에서는 만물이 추하고 부당하고 불합리하게 *보일* 수 있다. 하지만 사실 그 안에는 조화롭고 균형 잡힌 체계가 숨어 있다. 하느님의 신성한 결말을 완성해가는 한없이 정밀한 수단인 것이다. 모든 종種은, 진드기든 조류든 포유류든, 이 우주라는 교향시를 구성하는 악기들이다. 그러나 지휘자를 제외하고는 아무도 그 위대한 대단원을 알지 못한다. 하물며 파트 변경은 인간의 섣부르고 위험한 욕심이다. 더 이상 미미할 수 없는 불협화음이나 박자불안만으로도 그 곡은 망쳐질 테니까. 이 우주를 정교하고 섬세한 오르골이라고, 셀 수 없이 많은 기어와 휠과 스프링을 장착한 음악상자라고 상상해보라. 사소하기 짝이 없는 손상이 노래를 멈춘다. "자연이라는 사슬의 아무 연결부위나 내리쳐보라. 열 번을 내리치든 만 번을 내리치든 사슬이 끊어지기는 결국 매한가지다." 포프는 그렇게 썼다. 이렇듯 그에게 자연은, 완벽하고 통일적이며 합리적인 하모니였다. 포프의 세계에서 만물은 각자에게 마땅한 자리에, *반드시* 있어야 할 자리에 존재한다.

시인 포프에게 이는 분명한 도덕적 교훈이었다. 사색과 애도는 그만하면 됐으니 각자 삶에나 집중하라는 교훈. 물론 우리 인간은 궁핍을 저주하거나 모욕에 분개할 수도 있고, 놓친 기회를 안타까워하거나 미래를 두려워할 수도 있다. 하지만 어찌됐건 인간은 자신에게 마땅한 권력과 위신, 역량을 정확히 갖추었다. 또한 세상의 모든 힘들은 안정적이고 질서정연한 우주를 생성하기 위해 경쟁하고 충돌한다. 인간은 그 과정에 개입할 수 없다. 우주의 청사진에서 단 한 자, 단 한 줄도 인간의 힘으로는 바꿀 수 없다. 그 모든 과정은 보편적이며 영원하다. 우주에 관한 자만심일랑 묻어두고, 인생이라는 사업에, 하루하루의 이런저런 승리와 패배에 전념하는 편이 낫다. 이는 제인 오스틴이 커샌드라에게 보낸 편지에서 살짝 바꿔 인용한 포프의 시구 "오만에도 불구하고, 잘못된 추론에도 불구하고, 한 가지 진실만은 분명하니, 존재하는 모든 것은 그 자체로 옳다"의 근원이자 참뜻이다. 제인 오스틴이 포프를 통해 확립한 신조는 단순하지만 힘이 있다. "천상에서는 모든 것이 형통하니 이곳 지상에서는 기운을 아낄지어다."

신학적 색채가 마음에 걸리기는 하지만 포프의 우주론에는 몇 가지 대담한 관념이 담겨 있다. 그리고 그 관념들은 제인 오스틴의 도덕적 세계관과 공명한다. 무엇보다 포프는 물리학적이거나 생물학적인 사실들을 문제 삼거나 우주라는 숭고한 '수수께끼'에 관해 고민해봐야 아무런 의미도 없으니 그럴 시간에 가족을 돌보고 우정에 충실하게 살다가 죽을 때 아름답고 유용한 무언가를 남기는 편이 낫다는 의견을 내비쳤다. 보다 정확하게 말하자면, 포프는 인생이 그 범위와 규모 면에서 살아볼 만한 가치가 있다고 주장했다. 인간에게는 각자에게 배당된 권력과 잠재력이 있고, 그 힘들이야말로 아름다운 전체의 소중한 일부라는 것이다.

이렇듯 알렉산더 포프와 제인 오스틴은 둘 다 세속적인 가치에 열광하는 가운데, 신앙에서 조용한 위로를 얻었다. 포프처럼 오스틴도 굉장한 독서가였고 디테일과 문체에 민감했다. 하지만 제인 오스틴은 형이상학적 이론가가 아니었다. 독일의 철학자 라이프니츠Gottfried Wilhelm Leibniz가 말한 '가능한 모든 세계 중 최선의 세계'가 지닌 고상한 복잡성은 이해의 여부를 떠나서 그녀의 관심권 밖이었다. 제인 오스틴은 우주의 질서를 믿었고, 우주를 캐내거나 정복할 마음은 추호도 없었다. 클레어 토멀린이 재기 발랄하게 쓴 제인 오스틴 전기에는 이런 구절이 나온다. "그녀에게 종교란, 인생이라는 조각보에서 없어서는 안 될 소중한 조각이었다. 종교는 결코 질문이나 탐색의 대상이 아니었으며……영적인 요소보다는 사회적인 요소에 가까웠다." 제인 오스틴의 문학에 등장하는 결혼과 가족, 선에 관한 초상의 이면에는, 또한 그녀 특유의 인내와 끈기에 대한 고집의 이면에는, 세상사의 질서에 대한 신앙이 자리했다. 그녀가 사소한 가정불화와 로맨틱한 음모, 경제적인 어려움을 집중적으로 다루었던 이유가 바로 거기에 있다. 그러한 소재들은 그녀가 공감하고 갈망하고 이해하는, 그녀의 영역이었다. 그녀의 이러한 신앙은 포프의 다음과 같이 인상적인 시구에 온전히 담겨 있다.

그러니 그대 자신을 알라, 주제넘게 하느님을 조사하지 말지니,
인류에게 합당한 연구 대상은 인간이다.
세속적인 신분이라는 이 협부峽部에 놓인 채,
음울하게 현명하고, 조잡하게 위대한 존재.

인간성이라는 합금에 관한 이 명쾌한 초상 속에서 우리는 제인 오스틴의 소설에 등장하는 흠결 있는 인물들과 친숙한 줄거리들, 그녀가 그려낸 시골풍 잉글랜드 너머의 세상에 대한 그녀만의 차분한 믿음을 본다. 제인 오스틴의 소설이야말로 포프의 시가 말하는 바로 그 '합당한 연구'*였다*.

제법 괜찮은 위로

펨벌리에서 리지 베넷은 그곳이 내미는 진정제를 조용히 음미했다. 그 진정제란, 펨벌리가 보장하는 부와 사회적 지위가 아니었다. 그곳에서 고즈넉이 배어나는 조화와 질서였다. 그 진정제는 이 불안해하는 젊은 숙녀에게 그녀가 아는—비탄과 근심이 가득한—세계가 전부는 아니라는 사실을, 펨벌리의 자연에는—그녀가 다시에게서 익히 보았던—위엄과

절제, 기품이 내재되어 있다는 사실을 일깨웠다.

『오만과 편견』에는 제인 오스틴이 초턴과 캐슬 스퀘어와 고향 스티븐턴에서 겪었던 일들이 오롯이 담겨 있다. 그녀는 가족과 작품 문제로—권태와 비탄, 환희 사이를 오가며—소모적인 부침을 견뎌냈고, 그런 뒤에는 사우샘프턴의 금사슬나무나 초턴 코티지의 너도밤나무 곁으로 가만히 물러났다. 동기간의 사소한 다툼이나 프랑스가 침략해 올지도 모른다는 위협, 좀처럼 "딱 들어맞지" 않는 등장인물의 완고함에도 아랑곳없이 구근식물들은 해마다 봄이면 여전히 꽃을 피웠다. 1811년 5월의 마지막 날 언니에게 보낸 편지에 제인 오스틴은 "그날 어느 나무에서 살구 하나를 발견했다"고 썼다. 그녀에게 그 발견은 그저 그런 일상사를 넘어선, 소문이나 가벼운 재밋거리 이상의 의미를 지녔다. 그 발견은 생명의 끝없는 신호들을 향한 하나의 끄덕임이었다. 초턴 코티지의 정원에서 제인 오스틴은 포프의 완벽한 우주를, 인간사라는 현실에 비해 모호함과 결함과 덧없음이 덜한 현실을 맞닥뜨릴 수 있었다. 그리고 그 만남은—전경에서 일어나는 사건 뒤로 펼쳐진 배경의 영구성에 대한—그녀의 은밀한 신앙을 재확인시켰다.

제인 오스틴의 편지글이 감상적이지는 않았을 수 있다. 하지만 그녀는 분명 위로받을 용의가 있었다. 저 유명한 『맨스필드 파크』에 그녀는 이렇게 썼다. "죄책감이나 비참함은 다른 글쟁이들이나 실컷 맛보라지. 모두에게……제법 괜찮은 위로를 돌려주고 싶은 조바심에 나는 되도록 빨리 그런 끔찍한 주제들로부터 벗어났다." 제인 오스틴 식의 풍자가 살짝 가미되기는 했지만 그녀는 진지했다. 그녀가 발표한 소설들은 하나같이 해피엔딩을 추구했다. 매리앤 대시우드조차도 대령과 맺어졌으니까. 심리적, 사회적, 경제적 현실에 대한 스스로의 인식에도 불구하고 소설가 제인 오스틴은 위안을, 포프의 형이상학적인 표현을 빌리자면 "제법 괜찮은 위로"를 찾고, 또 주는 일에서 행복을 느꼈다. 제인 오스틴은 신학자 성 아우구스티누스가 "인간의 이성이 사물의 본질과 대화 같은 것을 나누는 때"라고 묘사한, 씨를 뿌리고 꺾꽂이를 하고 가지를 접붙이는 시간들의 진가를 재발견하고 있었다. 초턴 코티지의 정원은, 오늘날 소위 말하는 '큰 그림'을 가르치는 교실이었다—하지만 제인 오스틴은 그 큰 그림을 보다 소박한 범위에서 음미했다.

어두운 침실 안에서 만성천식에 시달린 프루스트에게 "비참하고 끔찍한" 몰골의 일본산 분재 세 그루는 드넓은 시야를 제공하는 조그만 처방전이었다. 이는 프루스트의 문학적 특징인 동시에, 그를 일생 동안 매혹한 주제였다.

Marcel Proust

마르셀 프루스트:
분재가 있는 침실

저 일본산 난쟁이 나무들…… 몇 그루를 제 방 작은 수로 곁에 둔다면 저 아래 강까지 광활한 숲이 펼쳐질 테고 아이들은 그 속에서 길을 잃겠지요.

—알베르틴의 말, 마르셀 프루스트의 『잃어버린 시간을 찾아서』에서

부인께 드릴 비참하고 끔찍하고 작은 일본산 나무를 아직 세 그루나 가지고 있습니다. 할인 판매 공지를 보고는 제 엉터리 비서를 보내 사왔지요. 실물을 보니 상태가 말이 아니더군요! 하지만 이제 좋아지겠지요. 아무튼 아주 작고 늙은 나무들이에요.

—마르셀 프루스트, 1907년 6월 21일, 스트로스 부인에게 보낸 편지에서

침대 머리맡에 놓인 목이 긴 등을 제외하면, 아파트 1층에 자리한 그 침실은 어두웠다. 덧문은 닫히고 푸른 공단 커튼이 드리워져 있었다. 작은 철제 침대는 종잇장들로 뒤덮였고, 각 종이에는 불안정하게 떨리는 필체로 쓴 글씨들이 빼곡했다. 그곳에 마르셀 프루스트Marcel Proust가 있었다. 검은 턱수염을 텁수룩하게 기른 채 양모 속옷과 헐렁한 흰색 상의, 올 굵은 양말로 몸을 감싼 그는 그리 유명하지는 않았지만 자신의 길을 제대로 가고 있었다. 아직 서른여섯 살이 안 된 그 젊은 작가의 숨소리가 서걱거렸다. 방 안의 먼지와 (전기 작가 리처드 바커Richard Barker의 외교적 표현을 빌리자면, "청결함과는 거리가 먼") 시트의 불결함은 그의 만성천식을 악화시켰다. 방에서 진동하는 악취는 오래된 음식과 소변 탓인 듯했다—그의 오랜 친구 로베르 드 몽테스큐Robert de Montesquiou는 특유의 짓궂은 성격을 십분 발휘해 "잼통과 똥통" 탓이라고 표현했다. 침실에 남은 더러움은 며칠 전 굴뚝이 무너져 내렸기 때문이리라. 무자비한 태양 빛이 닿을 수 없는 그 방에서 프루스트는 일할 준비를 마쳤다. 프루스트는 태양을 "아주 아름답고 아주 이상한 물체"라고 불렀었다.

그날 밤, 그러니까 그가 필생의 역작 『잃어버린 시간을 찾아서A la Recherche du Temps Perdu』의 집필을 시작하기 전인 1907년 3월의 추운 밤에 파리에서 마르셀 프루스트는 친구 안나 드 노아유Anna de Noailles 백작의 시집 『찬란한 것들Les Éblouissements』의 서평을 작성하고 있었다. 노아유가 하루쯤 전에 부친 그 시집을 그는 이제 막 읽은 참이었다.

노아유의 문학적 성취를 인정하고 묘사하는 작업은 마르셀에게 그다지 어려운 일이 아니었다. 마르셀은 그녀를 (역사의 평가와는 달리) 저 위대한 볼테르나 빅토르 위고, 아르튀르 랭보, 샤를 보들레르에 필적한다고 보았고, 서평 초고를 단 세 시간 만에 완성했다. 하지만 다듬는 데는 꼬박 석 달이 걸렸는데, 그의 계산상으로 1만 6000단어에 상당하는 그 원고가 『르 피가로Le Figaro』지의 제1면에 실리기를 바라는 마음에서였다. 하지만 아쉽게도 그는 서평의 최종본이 내용마저 잘린 채 6월 중순에 『르 피가로』의 문학란 한쪽에 소리 소문 없이 실리는 결과로 만족해야 했다 (프루스트의 말마따나 "영원한 망각"을 맛본 셈이다). 그럼에도 마르셀의 서평은 냉철하고 의미심장했다. 『잃어버린 시간을 찾아서』라는 매혹적인 역작이 탄생하기 전이었지만 노아유의 시에 대한 그의 분석에서 우리는 "과거에 대한 아주 상세한 재발견"이라는 그 전설적인 *고정관념idée fixe*의 첫 소절을 흥얼거리는 한 위대한 정신을 목격한다. 마르셀이라는 이 한가로운 예술 애호가는 자신의 수필이나 풍자글 속에서와 마찬가지로 그 서평 속에서 신화와 논문 속의 신비로운 존재가, 다시 말해 위대한 현대 작가 프루스트가 되어가고 있었다.

글을 쓰는 프루스트 옆에는 그가 젊은 비서 로베르 울리를 시켜 밖에서 사온, 자신의 표현에 따르면 "비참하고 끔찍한" 몰골의 일본산 분재 세 그루가 놓여 있었다. 그의 취향과 달리 특징적으로 도드라지는 그 작은 나무들을 프루스트는 추하다고 생각한 나머지 훗날 친구인 스트로스 부인에게 팔아버렸다. 그렇지만 그 작은 나무들은 프루스트에게 전혀 쓸모없지만은 않아서, 그가 노아유에 관한 서평을 작성할 때 중요한 역할을 했을 뿐 아니라, 삶과 예술을 바라보는 특유의 고명한 통찰력을 확립하는 데 결정적인 영감을 주었다.

'일본 놈 패거리'

세기말에 분재는 엄청난 유행이었다. 그렇게 된 데는 당시 프랑스와 잉글랜드를 강타한 *자포니즘japonisme*의 영향을 무시할 수 없다. 페리 제독과 그의 '검은 배'들이 일본 봉건사회를 위협하여 무역 및 군사 관계를 맺은 후 서구사회에는 일본의 미학과 철학이 차츰 소개되었다. 일본의 젊은이들이 스리피스 정장과 중산모자, 손목시계를 착용하는 동안, 화가 제임스 휘슬러James Whistler는 기모노를 입고 일본식 요에서 자는가 하면 젓가락으로 음식을 먹었다. "우리 세 사람 모두 휘슬러의 스튜디오에서 불가능한 생활을 영위하는 중입니다. 마치 나가사키에 있는 것 같다고나 할까요?" 프랑스의 화가 앙리 팡탱라투르Henri Fantin-Latour는 1864년 7월에 런던에서 보낸 편지에 그렇게 썼다. 프루스트처럼 휘슬러도, 로베르 드 몽테스큐를 비롯한 그의 유미주의자 도당(심기 불편한 어느 귀족의 냉소적 표현을 빌리자면, "일본 놈 패거리")을 가까이했다. 아르누보Art Nouveau 예술가 사회에서 휘슬러는 중추적인 선구자 격이었고, 그들 대부분은 일본의 목판화와 도해, 채색기법에 빠져 있었다. 실제로, 프루스트가 구입한 분재의 출처인 빙Bing의 스튜디오와 작업장은 '새로운 예술'을 뜻하는

'아르누보'라는 이름의 출처이기도 했다—'라르 누보 빙L'art Nouveau Bing', 파리 프로방스 거리 22번지. 또한 드가나 마네 같은 전기인상파 화가들과 모네 같은 인상파 화가들은 일본의 장인적 솜씨와 예술적 기교에 매료당했다. 일본과 자포니즘은 세기말의 예술 혁명과 실험에서 중심을 차지했다.

프루스트는 프루스트대로 암시적이고 단순하면서도 섬세한 일본인의 재능에 자극을 받았다. 적고 간결한 선들은 방대함을 암시했고, 작고 세밀한 공예품은 풍성함을 일깨웠다. 아르누보 작업장에서 일하던 가까운 친구 마리 노르랭제Marie Nordlinger는 프루스트에게 일본 예술의 직접적인 전달자였다. 노르랭제는 복잡한 칠과 광택을 지닌 그녀의 일본산 칠보 세공 귀걸이를 프루스트가 침대에서 유심히 바라보았던 일을 기억했다. "만져봐도 될까요? 아니, 귀에서 빼지는 말아요!" 1904년 4월 노르랭제는 프루스트에게 더 근사한 일본산 세밀 공예품을 선물했다. 말린 나무속으로 만든 그 작은 알갱이들은 물에 젖으면 꽃이나 나무, 동물 모양으로 펼쳐졌다. 자신이 사랑해 마지않는 시골을 천식 탓에 떠나 지내야 했던 프루스트는 상상으로나마 꽃이 만발한 정원 속으로 들어갈 수 있었다. 마리에게 보내는 편지에 그는 이렇게 적었다. "고마워요. 어둡고 칙칙한 내 방에 머나먼 동쪽의 봄을 가져다 줘서." 이러한 시공간적 전환은, 차에 담근 마들렌으로 인해 유년 시절의 추억을 상기하게 되는 그 유명한 장면에서 다시금 등장한다. 『잃어버린 시간을 찾아서』의 제1권 '스완네 집 쪽으로Du côté de chez Swann'에 나오는 다음 구절은 노르랭제의 일본산 선물이 부린 마법에 바치는 찬가나 다름없다.

> 일본인들이, 우묵한 도자기 그릇에 물을 채우고 그 안에 작은 종이 부스러기를 담가 그것들이……물에 젖는 순간 몸을 펼치고 구부리며 색채와 뚜렷한 형상을 드러내면서 꽃이나 집, 사람처럼 영구적이고 인식 가능한 무언가로 변해가는 과정에서 재미를 찾는 것과 마찬가지로, 그 순간 우리 집 정원과 스완 씨네 집 대정원의 온갖 꽃들, 그리고 비본Vivonne의 수련들과 그 마을의 좋은 사람들, 그들의 작은 거처와 교구 교회, 콩브레 전체와 그 주변 환경은 소도시나 정원이나 가릴 것 없이 내 찻잔 속에서 각자에 걸맞은 형상을 취하고 견고해지면서 갑작스레 생명력을 얻었다.

프루스트의 요점은 명확하다. 커다란 기억과 환상 들은 작디작은 것들로부터 펼쳐진다는 것.

이는 프루스트의 문학 작품에서 핵심적인 주제다. 작가 장 콕토Jean Cocteau는 『스완네 집 쪽으로』에 대한 서평에서, 인물들과, 자신의 눈에 비친 사회와 풍경을 섬세한 손길로 정교하게 압축해내는 프루스트의 회화적인 재능을 언급했다. 그의 글에 따르면, "『스완네 집 쪽으로』는 신기루와 중첩된 정원들, 시공간적인 놀이, 마네풍의 광범위하고 시원한 붓놀림으로 가득한 한 점의 거대한 세밀화"다. 이러한 능력은 프루스트의 전기 작가 조지 페인터George Painter도 인정한 부분인데, 페인터가 자신의 저서 『마르셀 프루스트』에서, 제1차 세계대전이 소멸시킨 세기말의 귀족 계층이라는 독특한 등장인물의 초상을 아주 세심하게 그려냄으로써 나이와 계층의 핵심적인 본질을 포착해내는 프루스트의 천재성을 조명하는 구절은 특히 인상 깊다. 분재와 일제 귀걸이, 목판화, 장난감에 대한 프루스트의 관심은 그렇게 시작되었다. 그의 역작과 마찬가지로 프루스트의 분재는 작은 것들이 일깨우는 광대함에 보내는 갈채였다.

우연찮게도 이러한 사고의 흐름은, 3월의 그 밤 프루스트가 노아유의 시를 특징지은 방식과 정확히 일치한다. 침대 옆에 분재 세 그루를 둔 채 써내려간 『르 피가로』지 서평에서 그는, 자신의 과거로부터 심상과 은유 들을 꾀어내는 노아유의 재능에 대해 고찰했다. 프루스트가 "우리가 느꼈던 감정의 부활"이라고 칭한 그 과정을 통해 물고기는 제비가 되고 까치는 과일이 되었다. 노아유는 발가벗은 세계를 넘어 과거라는 시적인 저장고에 다가갔다. "심오한 관념이 시간과 공간을 내포하는 순간 마침내 폭압을 벗어나 무한해진다는 사실을 그녀는 알고 있다"고 프루스트는 적었다.

"……내 방에 광활한 숲을 가질 수도 있었으리"

이런 관점에서 분재는 단지 우연이나 유행에 따른 충동적 구매가 아니었다—프루스트가 공책을 사러 갔다가 발육이 저해된 벚나무를 가지고 돌아온 경우가 아니란 뜻이다. 분재는 프루스트에게 지속적인 관심의 대상이었다. 그 나무들은 드넓은 시야를 가져다주는 조그만 처방전이었다. 이는 프루스트의 문학적 특징인 동시에, 그를 일생 동안 매혹한 주제였다.

프루스트는 분재가 정확히 *어떻게* 그런 마법을 부리는지에 대해 알아보려 하지 않았다. 하지만 분재의 중요한 성질을 알아차리기란 어렵지 않다. 분재는 가까이 두고 소유할 수 있으며, 군더더기가 없고, 아름다우며 형태가 인상적이다. 여느 나무처럼 미묘하게 복잡하지만 크기 면에서 분재는 작고도 친근하다. 또한 분재는 세월의 덧없음과도 남다른 관련이 있다. 오래된 분재는 대체로 구불구불한 가지와 뒤틀린 형상으로 나이와 고통을 상기시키는데, 이는 나무가 세월의 기세에 처절하게 맞서 가며 이룩한 성과이다. 분재의 뿌리와 잎, 가지는 명확한 형태와 문양으로 다듬어지고 길러진다. 분갈이를 할 수도 있고 원래 있던 현관에서 구석진 실내로 옮길 수도 있다. 봄에는 꽃이 필 테고 가을에는 단풍이 들 것이다. 하지만 분재의 본질은 불변성과 동일성에 있다. 데보라 코레쇼프Deborah Koreshoff가 자신의 명저 『분재Bonsai』에 썼듯이 "우리를 매혹한 것은 분재의 형상과 스타일……즉 '디자인의 뼈대'이다." 이를테면 '전형' 같은 것인데, 전형을 뜻하는 영단어 '타입type'은 성격을 뜻하는 그리스어 티포스typos에서 나왔다. 그러므로 분재가 될 수 있는 나무는 다양하다. 나무의 기본적 특징을 압축함으로써 분재는 누구에게나 익숙한, 특정하고도 전형적인 '나무의 성질'을 암시한다. 분재는 경험을 단순화하고, 또

정제한다. 그리고 그 과정은 종종 아름답게 진행된다. 그러한 섬세함과 복잡함이 바로 프루스트가 일본산 목판화와 칠보 세공 귀걸이에 감탄한 이유다. 조금은 정원 같고 조금은 조각 같은 그 난쟁이 나무의 유일하고도 단순하며 영속적인 디자인 속에는 웅장함과 유동성이 내포되어 있다.

프루스트가 마리 노르랭제에게 분재를 "상상의 나무"라고 말한 이유가 바로 여기에 있다. 하나의 씨앗이 미래의 꽃을 상상하도록 유도하는 것처럼 분재도 그 나무가 지나온 서글픈 시대와 다소 우울한 풍경을 꿈꾸도록 유도한다고 프루스트는 주장했다. 분재들은 "수세기에 걸친 오

마르셀 프루스트: 분재가 있는 침실

래된 꿈들이요, 광활하고 장엄한 벌판"이었다. 추한 외형에도 불구하고 분재들은 프루스트의 상상력을 자극했다. 그의 시적인 세계관은 『잃어버린 시간을 찾아서』의 등장인물 알베르틴의 말을 통해 넌지시 드러난다. 서술자 마르셀에게 그녀는 이렇게 말한다. "저 일본산 난쟁이 나무들은 삼나무와 참나무, 만치닐[대극과에 속하는 열대산 나무로 독성이 강해 세상에서 가장 위험한 나무로도 알려져 있다—옮긴이]의 모습을 여전히 간직하고 있군요. 그러니 그중 몇 그루를 제 방 작은 수로 곁에 둔다면 저 아래 강까지 광활한 숲이 펼쳐질 테고 아이들은 그 속에서 길을 잃겠지요." 그녀의 환상 속에서 분재는 단지 작은 나무라든가 화분식물, 이국적인 일본의 상징에 머무르지 않는다. 그 작은 나무들은 독자를 무한한 공간과 특정한 시기에 대한 꿈속으로 초대하는, 다분히 프루스트적인 장치다.

추방자의 귀환

무언가를 연상시키는 소품에 대한 프루스트의 애정은 그의 인생과 철학 모두에서 고스란히 묻어났다. 작은 것들 전반, 그중에서도 특히 분재에 대한 관심을 통해 프루스트가 추구한 것은 비단 문학적인 기법만이 아니었다. 그는 인생에서 자신이 잃어버린 것들, 그러니까 나이와 병약함으로 거부당한 일종의 형이상학적인 완전체에 대해 보상 받고 그것을 회복하고자 했다. 그가 집착적으로 추구한 가치는 거창한 여행이나 교과서가 아니라 작고 겸손한 사물의 영역 내에 있었다.

그렇게 된 데는 그의 병도 한몫했다. 프루스트는 자연세계에서 소외되었고, 분재는 그에게 상상 속의 시골이라는 위로를 건넸다. 은둔적인 말년이 암시하는 바와 달리 프루스트는 바깥세상을 사랑하는 법을 일찌감치 배워둔 터였다. 오퇴유Auteuil와 일리에Illiers에서 보낸 어린 시절에 그는 풀과 산들바람, 지붕처럼 우거진 초록빛 나뭇가지에 흠뻑 빠져 있었다. 일리에에는 외삼촌 쥘의 집이 있었다. 그 집에는 작은 뒷마당과 텃밭, 프레 카틀랑Pré Catelan, 이렇게 세 곳의 정원이 있었다. 예쁘장한 놀이정원 프레 카틀랑은 어린 프루스트에게 잔디밭과 야자나무와 제라늄을, 붓꽃과 물망초가 경계를 이루고 백조와 수련이 장식하는 연못을 선사했다. 정원 가장자리에는 분홍색과 흰색의 산사나무가 산울타리를 이루었다—마르셀은 특히 분홍 산사나무를 좋아했는데, 그 나무가 분홍빛 당의를 입힌 비스킷과 크림치즈를 곁들인 으깬 딸기를 상기시키기 때문이었다. 오퇴유에는 증조부의, "그보다 더 무미건조할 수는 없는" 집이 있었다. 마르셀은 그 집의 큰 나무들 아래 앉아 있거나 불로뉴 숲Bois de Boulogne 근처를 가족과 거닐었다. 산사나무만큼은 아니었지만 그는 밤나무들도 사랑했다. 미완의 자전적 장편소설 『장 상퇴유Jean Santeuil』에 따르면, "그 젊고 거대한 나무들은 활짝 꽃을 피운 모습이 커다랗고 정교한 탑들을 연상시켰다." 프루스트의 투박하고 꿈결 같던 유년 시절은 그의 작품에 활력을 불어넣었다.

이러한 목가적인 삶은 오래가지 않았다. 중년이 되어서도 프루스트는 여전히 꽃을 사랑해서 가정부 셀레스트에게 산사나무를—"그보다 더 예쁜 것은 알지 못한다"며—더욱 세심하게 돌봐달라고 당부할 정도였지만, 오퇴유와 일리에, 봄날의 아름다움은 만성 천식 환자인 그에게는 이제 먼 나라의 얘기였다. 야생 봄꽃을 즐기는 대신 프루스트는 애처롭게 앉아 레그라스Legras 가루의 연기를 들이마셨다. 셀레스트의 남편 오딜롱은 프루스트를 차에 태워 슈브뢰즈Chevreuse 계곡에 데려가곤 했다. 꽃이 핀 산사나무와 사과나무를 보여주기 위해서였다. 하지만 정작 프루스트는 안전하게 밀폐된 차창 안을 벗어나는 법이 없었다. 질병과 글쓰기 속으로 침잠하기 전에, 오래도록 자신과 같이해 온 하인들이 사는 집을 방문했을 때에는 팬지 꽃밭 곁에 서서 *한 송이*를 손에 쥔 채 행복에 겨워 향기를 맡았다. 팬지는 "향을 맡아도 천식을 유발하지 않는 유일한 꽃"이라고 프루스트는 한 친구에게 말했었다. 중년의 프루스트는 시골을 사랑했다. 하지만 생의 대부분을 자신이 사랑해 마지않는 것들과 떨어진 채로 지냈다(닿을 수 없는 사랑, 그것은 프루스트가 즐겨 다룬 또 다른 주제였다).

이러한 거리감은 프루스트의 분재에 매력을 더했다. 분재들은 그의 침실에서 살아 있는 진짜 나무였다. 추한 외형에도 불구하고 분재들은 프루스트가 죽어가는 방에 살아 있는 풍경을 다시 들여왔고 프루스트는 그 작은 나무들을 소중히 여겼다. 그 무엇도 오퇴유와 일리에의 경치를, 밤나무들과 잉어가 가득한 연못과 산울타리를 대체할 수는 없었지만 프루스트의 분재는 유배된 세월 동안 잃어버린 풍경을 새롭게 되살리는, 잃어버린 유년 시절과의 짤막한 재회였다.

……을 찾아서

하지만 여기에는 그의 일생과 관련된 직접적인 동기뿐 아니라, 프루스트의 남다른 철학적 세계관과 밀접하게 관련된 제2의 이유도 존재한다. 그는 단순히 자신의 과거를 되찾기만을 추구하지는 않았다. 그의 사상에는 보다 보편타당한 연유가 있었다. 프루스트는 아주 작은 사물과 미묘한 디테일이 보다 풍성하고 광범위한 의식세계로 통하는 길일 수 있다고 믿었다. 이러한 관념은 프루스트가 심사숙고 끝에 확립한 철학의 핵심이었다.

'철학'을 가진 프루스트라니, 뭔가 어불성설처럼 보일 수도 있으리라. 그도 그럴 것이 많은 이들에게 프루스트는 깊은 생각을 할 수 없는 인간으로 여겨졌다. 중년이 된 그는—재능이나 진중함, 지적인 명쾌함과는 거리가 먼—아첨꾼이자 호사가, 사교계 명사로 희화되는 인물이었다. 출판사 누벨 르뷔 프랑세즈Nouvelle Revue Française는 그의 소설 첫째 권의 출판을 거절하며, 앙드레 지드의 말을 빌려 그를 "젠체하는 아마추어 문학인"이라고 폄하했다. 훗날 지드와 동료 문인들은 충분한 사과와 약속을 곁들여 이를 철회했지만, 그들이 본래 가졌던 인상대로라면 프루스트는 재능은 있지만 생각이 얕고 멋을 중시하는, 겉만 번지르르하고 알맹이는 없는 사람이었다. 어쩌면 그는 다정한 괴짜였는지도 모른다. 하지만 통념으로 볼 때 그는 진정한 걸작을 쓰기에는 건강 염려증과 허식, 게으름이 지나친 사람이었다. 그의 이야기나 서평 들은 분명 매력적이었지만, 참된 철학이 응당 갖춰야 할 깊이나 명료성이 결여돼 있었다. 모방과 상류 사회의 파티, 탐미주의를 추구하는 성향은 그가 천박하고 타락했다는 인상을 널리 퍼뜨렸다. 대개의 동료들에게 프루스트는 색감이 화려한 앵무새 같은 존재였다.

그에 비해 후세 사람들은 프루스트에게 경의를 표했다. 가령 미국의 전기 작가 에드먼드 화이트Edmund White는 프루스트를 일컬어 "위대한 철학을 지닌 소설가"라고 썼다. 학자적인 사람과는 거리가 멀었지만 확실히 프루스트는 학풍이 자유로운 콩도르세Condorcet 학교에서 열한 살부터 열일곱 살 때까지 공부하며 철학에 재미를 붙였다. 프루스트는 기복이 심한 학생이었고, 아파서 수업을 쉬는 경우가 잦았다—처음부터 늘 두각을 나타낸 건 아니라는 뜻이다. 그럼에도 마르셀 프루스트는 똑똑했고 성실했고 열정적이었다. 철학도에게 그런 성격은 미덕이었다. 콩도르세에서의 마지막 해에 프루스트는 자신이 산문시와 단편 모음집『즐거움과 나날Les Plaisir et les Jours』에서 "위대한 철학자"라고 일컬은 마리알퐁스 다를뤼Marie-Alphonse Darlu의 지도하에 철학 공부를 시작했다. 냉소적이지만 철학에, 그리고 철학을 가르치는 일에 진심으로 헌신했던 다를뤼 덕분에 어린 프루스트는 생각을 연마하고 사물에 담긴 보다 깊은 의미를 사랑하게 되었다.

교과 과정이 주로 이마누엘 칸트의 사상에 근거를 두었다는 사실은 프루스트가 단순히 사물만이 아니라 사물의 본질에 대해, 그러니까 우리의 즉각적이고 고유한 자각을 넘어서는, *바로 그* 실제세계에 대해 배웠으리라는 짐작을 가능케 한다. 칸트의 기본적인 생각은, 우리가 세계를 이해할 수 있는 건 세계를 자각하기 때문이며, 그 자각의 주된 주체는 정신이라는 발상에서 출발한다. 우주가 합리적으로 보이는 이유는 어떤 신성한 정신이 배후에서 끈을 당기기 때문이 아니라 우리 인간이 경험에 질서를 부여하기 때문이라는 것이다. 칸트는 이를 인간이 자각하는 세계라는 뜻에서 '현상'의 영역이라 이름 붙였다. 그 영역의 반대는 '본체'의 세계, 즉 인간에게 보이는 사물이 아닌, 본질로서의 사물의 세계다. 본체의 세계는 실제이며, 인간의 정신이 골몰하는 '무엇'이다. 하지만 우리는 그 무엇에 직접적으로 접근할 수 없다. 우리가 보고 생각하는 그때, 본질로서의 사물은 이미 인간화된 상태이기 때문이다. 자신의 이론을 통해 칸트는, 지성의 범주들과 그 범주들이 도덕성 그리고 심미성과 가지는 상관관계를 매우 엄격하게 교육하는 한편, 감지할 수 있지만 알 수는 없는 거대한 지하세계—우리가 추방된 '진정한 현실'—의 인상에 대해 말하고자 했다.

자연스럽게 프루스트는 칸트의 그 이상주의적이고, 거의 신비롭기까지 한 이론을 받아들였고, 다를뤼를 자신의 '인생 영웅' 중 한 사람으로 꼽았다. 영리한 젊은이 마르셀은 철학 교수가 될 재목은 절대 아니었다.

그의 재능은 다른 분야에 있었다. 그럼에도 프루스트는 다를뤼의 수업에서 늘 두각을 나타냈고, 훗날 그 스승에게 돌아가 개인교습을 받기도 했다. 수년 뒤 소르본에서 혹독한 과정을 거쳐 법학 학위를 따냈을 때에도 그는 문학과 철학을 향한 여전한 사랑을 고백하고 있었다. 그 외의 것들은 모두 "*탕 페르뒤temps perdu*", 즉 잃어버린 시간이라고, 22세의 청년 프루스트는 자신의 아버지에게 이야기했다.

다를뤼의 수업은 훗날 프루스트의 소설과 이야기에 심리학적인 뼈대를 제공했다. "물질을 구성하는 것은 영혼"이라고 젊은 프루스트는 적었다. 다시 말해, 우리가 아는 세계는 우리의 정신이 윤곽을 그리며 체계화한 것이었다—이어서 그는 "우리가 물질을 심리적인 요소들로 축소할 수 있다"고 덧붙였다. 그렇지만 현실세계가 정신의 청사진 상에서 얼마나 복잡하게 건설되었든 항상 그 너머에는 *무언가*가—더 거대하고 더 오래되고 완벽한 진실이—존재한다. 프루스트의 형이상학은 우울하다. 세상에는 완전체가 존재하며 우리는 그 완전체의 외롭고 열망으로 가득한 일부분에 불과하다고 그의 형이상학은 이야기한다.

훗날 『잃어버린 시간을 찾아서』의 집필에 열중하던 시기에 써내려간 수필집 『생트뵈브에 반대하여Contre Sainte-Beuve』의 프롤로그에서 프루스트는, 이 평범한 세상 '너머'에는 뭔가 멋진 세상이 우리를 기다린다는 바로 그 관념에 더욱 깊이 파고들었다. 먼저 프루스트에게 가장 가치 있는 대상은 과거였다. 프루스트 전기에서 저자 페인터가 주장한 것처럼, 프루스트에게 과거란 잃어버린 시간을 넘어선 무언가였다. 과거야말로 때 묻지 않은 순수한 일체, 즉 성인기의 슬픔과 논쟁과 혼돈을 넘어서는, 일종의 이상적이고 영원한 결합의 시간이었다. "시간 너머의 세상에 대한 이 순간적이고도 끝없는 수용 속에는 구원이 자리한다. 우리가 태어나면서 잃어버린 고결함과, 세속적인 사랑이 앗아갈 수 있는 즐거움이 오직 그 세상에만 존재하기 때문이다." 페인터는 그렇게 설명했다.

그러나 프루스트의 글에 따르면, 황홀한 과거는 매일같이 우리 곁에서 사라져간다. 정신이 지나치게 희석되거나 분산된 탓에 그 황홀한 과거를 제때 의식하지 못하는 데다, 지성으로는 그러한 과거의 진가를 알아볼 수 없기 때문이다. 고로 끊임없이 빠져나가는 과거를 붙잡아둘 방법이란 없다. 살아온 시간은 잃어버린 시간이다. 『생트뵈브에 반대하여』의 프롤로그에 프루스트는 건조한 어조로 이렇게 적었다. "나는 인생의 몇몇 여름을 시골집에서 보냈다. 이따금 나는 그 여름들을 떠올렸지만 그것들은 그때 그 여름들이 아니었다. 그 여름들은 죽었다." 프루스트는 영원한 아름다움과 사랑의 세계가, 완전하고 고통 없이 지속되는 '너머'의 세상이 *존재한다*고 믿었다. 하지만 그 세계는 손에 잡히지 않고, 우리는 대개 고질적인 불만을 품은 채 살아간다. 프루스트는 이를 인간이 처한 전형적인 환경이라고 믿었다. 추억 저장고의 열쇠를 우리는 잃어버렸다.

하지만 문은 늘 살짝 열려 있다고—과거는 일상적 사물 속에 갇힌 채 풀려나기를 기다린다고—프루스트는 말한다. "현실세계에서 누군가의 생이 끝나는 매 순간 그 생은 어떤 물질적인 대상으로 구현된다. ……그러곤 그 물질 속에 숨는다." 프루스트는 『생트뵈브에 반대하여』에 그렇게 썼다. 이런 맥락에서 프루스트는, 한 잔의 차에서 정원을, 덜커덩거리는 디딤돌에서 베네치아를 기억해냈다. 하지만 단순히 추억에 접근하는 수고만으로는 부족하다고 그는 주장한다. 그 추억들을 인식하고 되찾아야 한다는 것이다. 다시 말해 일단 돌아온 추억은 의식적이고도 창의적인 집중을 필요로 한다. 프루스트 가라사대, 시작은 우연, 그다음은 기술이다.

덧없는 것들을 구원하다

이것이 바로 프루스트의 그 유명한 "비의지적 기억mémoire involontaire"에 관한 이론이다. 명료하고 담백한 산문 『생트뵈브에 반대하여』의 프롤로그에서 그는 축적된 과거는 방대하며, 그 과거의 위조나 조작은 불가능하다는 견해를 분명히 했다. 과거는 추상적인 생각들로 붙잡는다거나 반쯤 잃어버린 기억의 파편들로 꿰맞출 수 없다. 입지 않던 재킷 주머니에서 오래된 동전을 발견할 때처럼 과거라는 보물은 오직 우연에 의해서만 발견된다. 그런 다음에는, 인식을 거쳐 의식을 통해 설명되어야 한다.

이로써 프루스트는 오만한 합리주의에—정신은 절대적으로 명백해서, 가장 고상하고 세련된 인상들은 하나같이 의식에 기꺼이 복종한다는 믿음에—경종을 울렸다. 프루스트의 주장에 따르면, 회상은 우연에,

불투명하고 무의식적인 충동들에 휘둘린다. 인간의 정신은 위태롭고 음침하고 순간적이다. 소중한 우리 집이나 유년 시절의 공원처럼 가장 추앙받는 과거의 푯말들조차도 우리를 붙들어둘 수 없다. "특정한 이미지에 대한 추억은 특정한 순간에 대한 아쉬움일 뿐이다. 집도 도로도 거리도 세월만큼이나 덧없구나." 『스완네 집 쪽으로』의 감동적인 마지막 구절이다.

흥미로운 점은, 그 이론이 프루스트 자신도 혐의에서 자유롭지 않은 우월의식까지 공격 대상으로 삼고 있다는 사실이다. 우리의 과거가 겉보기에 평범한 사물 속에 깃들어 있다면, 일상적인 것들이야말로 예술가에게 일류 박물관의 작품이나 수집품보다 값질 수 있기 때문이다. 물론, 프루스트는 아미앵 대성당이나 생상스의 소나타, 페르메이르Jan Vermeer의 〈델프트 풍경〉(병약한 프루스트가 현기증과 어찔함을 무릅쓰고 감상한, "세상에서 가장 아름다운 그림")의 영광을 부정하는 게 아니다. 그는 예술에 대한 즉각적이고 열렬하며 지속적인 애호가였다. 그러나 이와 별개로 그는 정제되지 않은 평범한 것들의 가치를 알아보았다. "그가 어릴 때부터 줄곧 들어온 이름들로 가득한 책 한 권은 설령 안목 있는 이들에게는 무의미할지라도 그 한 사람에게는 훌륭한 철학 논문들보다 뛰어난 가치를 지닐 수 있다." 『생트뵈브에 반대하여』에서 프루스트는 예술가에 대해 그렇게 썼다.

여기에는 프루스트의 보다 야심찬 의도가, 분재의 가치에 대한 설명이 들어 있다. 보잘것없고 가볍게 보아 넘기던 것에서 그는 자신이 날마다 잃어버린 세계와의 만남을—그 세계가 광대하든 잊혔든—희망한 것이다. 축소판이나 소소한 디테일을 통해 그는 정신의 음침한 부분을 조명하거나, 겉보기에 이질적인 사실들 사이에 신선한 연결고리를 만들어냈다. 그때 그의 침대 옆에 놓였던 분재는 그저 잃어버린 자연으로 소박하게 회귀하는 것만을 상징하지 않았다. 그 작은 나무들은 더욱 야심찬 계획에 대한 상징이기도 했다. 그 계획이란 바로 프루스트가 말한 "덧없는 것", 그의 인생을 복원하는 일이었다.

재발견

프루스트의 일대기를 읽어보면 그의 인생은 놀라우리만치 기이하다. 어쩌면 모자에 꽂는 핀으로 쥐를 찌른 일이나 어머니에 대한 신경증적인 사랑은 (비록 심리학적으로는 수긍이 간다 해도) 호사가들이나 전기 작가들의 헛소리쯤으로 치부할 수도 있을 것이다. 하지만 꼭 그런 에피소드가 아니더라도, 프루스트를 마음으로 이해하기란 쉽지 않다. 그의 답답한 은둔 생활과 과거에 대한 향수에도 나름의 논리는 있지만 그 논리란 사실상 불합리하다. 중산층 유태인으로서 나는, *사교적인* 귀족들에게서 프루스트가 보았던 편안하고 우아한 매력을 이해한다. 타고난 재능에도 불구하고 프루스트는 아웃사이더였다. 작가로서 나는, 사생활과 침묵의 중요성을 인정한다. 부모로서 나는, 잃어버린 유년 시절이라는 주제에 공감한다. 하지만 프루스트에게는, 나로서는 쉽사리 가늠할 수 없는, 묘한 탐욕이 있었다. 성격적으로 그는 욕심이 많았고 애정에 굶주렸으며 절박했다. 그는, 번역문을 통해 오직 추상적으로 이해할 수밖에 없는, 모호한 외국어 같았다. 프루스트는—보기 드문 천재성과 특이한 심리구조를 지닌—흔치 않은 사람이었다. 그의 세계는 나를 불편하게 한다. 그리고 그렇게 느끼는 사람이 비단 나 하나만은 아닐 것이다.

그럼에도 프루스트가 분재를 통해 떠올린 생각들은 독특한 가치를 지닌다. 그의 사례는 정원이 꼭 넓고 사치스러울 필요는 없다는 사실을 다시금 확인시킨다. 사실 꼭 정원일 필요도 없다. 프레 카틀랑을 가꿀 시간이나 돈, 재주를 모든 사람이 지녔을 수는 없다. 산사나무를 잘 자라게 할 공터나 날렵한 손재주도 모든 사람이 지녔을 수는 없다. 하지만 프루스트가 자신의 어둑한 침실에 조성해낸 정원 정도라면 비좁은 셋집이나 포장된 뒷마당에서도 재현이 가능하다. 분재의 원리는 마당의 올리브 나무나 현관의 제라늄 화분에도 적용이 가능하다. 경관의 소박함이 마음의 가난을 의미하지는 않는다.

또한 프루스트의 분재 철학에는 보다 광범위한 주장이 담겨 있다. 그것은 바로, 인생에서 가장 평범한 것들에 관심을 기울이고 그것들을 기념해야 한다는, 단순하지만 직접적인 외침이다. 그 외침은 익숙함에 무감한 이들에게 보내는 경고다. 소소한 디테일, 자잘한 사물, 건성으로 보아 넘긴 사실 들을 가까이에서 면밀히 살펴보면 그것들 안에서 놀라운 통찰력과 인상을 얻을 수 있다. 이러한 보상은 첫째, 장인의 감각 속에서 이루어진다. 수십 년간 나무를 다듬고 가지를 치고 철사를 엮는 과정에서 정원사는 숙련과 심취, 아름다움이라는 (혹은 내 경우처럼 서툶과 혼란, 죽은 묘목이라는) 기쁨을 얻게 된다. 둘째, 예술 애호가의 감각 속에서도 보상이 이루어진다. 복잡하고 섬세하고 손에 잡히는 것들은, 그 크기로 미루어 짐작되는 정도를 능가하는 풍요로움을 선사한다. 이는 프루스트의 "비참하고 끔찍한, 작은 나무들"이 주는 가르침이지만, 호기심 많고 서두르지 않는 의식을 지닌 자아에게는 이미 익숙한 사실이기도 하다. 분재는 빤히 보이는 것 안에 숨은 우주의 축소판을 재발견하게 해주는, 기억을 되살리는 살아 있는 매개체다.

Leonard Woolf

레너드 울프: 몽크스 하우스의 사과나무

가지 친 나무들과 나의 손가락. 비 그리고 바람.

—레너드 울프, 1920년 1월 24일, 리턴 스트레이치에게 보낸 편지에서

그 무엇도 중요하지 않아.

—레너드 울프, 1921년 6월 17일, 몰리 매카시에게 보낸 편지에서

서식스의 겨울은 살을 에는 듯 매서웠다. 마르고 강단 있어 보이는 한 남자가 사과나무 가지를 치더니 자두를 묶어 벽에 매달았다. 양말 두 켤레와 장갑 두 짝에다, 재킷 두 벌을 겹쳐 입었지만—여전한 기세로 뼛속까지 파고드는 추위 앞에서는—소용없는 일이었다. 중년이 되어갈수록 그는 추위에 더 민감해졌다. 지난 1월의 나날은, 그의 아내의 표현을 빌

레너드 울프는 노동당 회의와 정치적 연구, 출판 일에서 잠시 벗어나 잼을 만들고 버섯과 야생화를 채취하는가 하면 나무를 패고 사과를 땄다. 버지니아와 함께 일하고, 정원을 가꾸고, 또 일을 했다.

리자면, "얼어붙은 물 같아서, 바람이 불면 얼음 가루가 흩날려 두 뺨에 부딪혔다."

그렇지만 레너드 울프Leonard Woolf는 묵묵히 견뎌냈다. 사실 그는 아내 버지니아와 함께 몽크스 하우스Monk's House를 경매로 사들인 이후로 6개월 내내 마치 의욕에 불타는 남학생처럼 일해왔다. 부부는 그 집에 푹 빠져 있었다. 처음 그들을 사로잡은 것은 본채도, 여기저기 흩어진 별채와 곳간도 아니었다. 경매 일주일 전에 몽크스 하우스가 있는 로드멜Rodmell까지 자전거를 타고 가본 버지니아는 그 집에 대해 미적지근하고 시큰둥한 반응을 보였다. 방들은 작은 데다 어수선했고, 온수는 나오지 않았다. 석유난로는 오래됐고, 주방은 눅눅했으며, 식료품 저장실은 비좁았다. 나중에 알고 보니 침수 문제까지 있었다. 하지만 버지니아의 눈을 금세 빛나게 한 것이 있었으니 그것은 바로, 정원이라는 "기쁨의 근원"이었다. 열을 지은 과일나무와 완두콩, 엉겅퀴, 감자, 산딸기, 비바람으로부터 안식처가 되어줄 부드러운 잔디 언덕이, 그리고 무엇보다 "규모와 형태와 비옥함과 원시성"이, 그 정원에는 있었다. 게다가 오늘날 중고 볼보 한 대 값 정도면 그 모든 것이 그들 차지가 될 것이었다. 경매 당일 레너드는 조용히, 그리고 초조하게 800파운드를 주머니에 넣으며 애써 마음을 가라앉혔다. 하지만 부부는 내내 흥분 상태였다("내 뺨은 자줏빛이었고, 레너드는 갈대처럼 몸을 떨었다." 버지니아는 그렇게 썼다).

모르긴 해도 버지니아 울프는 스스로도 놀랄 만큼 정원 가꾸기를 즐긴 듯하다. 처음에 그녀는 자신의 가장 큰 즐거움이 걷기라는 생각에, 따뜻한 날에는 로드멜의 전원 지대 곳곳을, 무정한 바람이 불어닥치는 날에는 안식처인 잔디밭을 거닐었다. 그녀의 일기로 미루어보건대, 버지니아 울프는 정원사라기보다는 그저 입을 벌린 채 감탄하는 방랑자에 가까웠다. 걷기는 그녀에게 소설의 '소재'를 제공했다. 레너드의 자서전 『내리막에서Downhill All the Way』에 따르면, "구릉지대나 강가 목초지, 강둑을 걸을 때 그녀의 머릿속은 언제나, 당시 집필 중인 책이나 논문, 혹은 앞으로 집필할 책이나 글의 초안으로 가득했다." 또한 가벼운 대화를 나누며 시골길을 걷는 일은 버지니아와 레너드가 함께 즐길 수 있는 일상이었다. 로드멜 생활 초창기에 부부는 엄격한 시간 계획 하에 산책을 했는데, 자칫 글을 쓰는 시간보다 우즈Ouse 강 주변에서 보내는 시간이 더 많아지지 않을까 하는 염려 때문이었다.

하지만 이듬해에 버지니아 울프는 정원에 더 마음을 빼앗겼다. 수선화는 반짝거렸고, 크로커스는 구근에서 돋아났으며, 아몬드 나무는 꽃을 피웠다("봄SPRING." 그해 3월, 행복에 겨웠던 그녀는 일기에 대문자로 그렇게 적었다). 5월까지, 그 고고한 인상의 작가는 따뜻한 바람이 부는 오후 한때를 엎드린 채로 몸을 더럽히며 보냈다. "온종일 잡초를 뽑고 화단 손질을 마무리하며 묘한 열정에 휩싸여 있자니, 이것이 바로 행복이라는 말이 절로 나왔다." 그녀는 일기에 그렇게 썼다. 정원에는 그녀의 작업실도 있었다—한때 공구 창고였다가 서재로 바뀐 그 건물에는 사과 저장고도 딸려 있었다.

하지만 이후로 50년 동안은 오히려 레너드 쪽이, 잔디며 꽃이며 채소며 과일나무에 푹 빠져 지냈다. 몽크스 하우스로 이사하기 전에도 버지니아 울프는 남편에 대해 "광적인 정원 애호가"라고 적었다. 케임브리지에서 공부하던 젊은 시절에 레너드는 휴일이면 콘월에서 지내며, 학위를 포기하고 평생 날품팔이 일꾼으로 살고 싶다는 망상에 빠지곤 했다. 애셔햄의 오래된 시골집에서 버지니아와 세 들어 살 때에는 "감자……누에콩, 강낭콩, 가을모란, 한련, 그리고 플록스와 달리아와 무성한 잡초"에서 크나큰 기쁨을 느꼈다. 노동당 회의와 정치적 연구, 출판 일에서 잠시 벗어나 그는 잼을 만들고 버섯과 야생화를 채취하는가 하면 나무를 패고 사과를 땄다. 버지니아와 함께 그는 일하고, 정원을 가꾸고, 또 일을 했다(레너드가 리턴 스트레이치에게 보낸 편지에 따르면 울프 부부는 "아침에는 750단어를 쓰고……오후에는 밭을 일궜다.").

버지니아 울프가 에설 스미스Ethel Smyth에게 보낸 다정한 편지에 따르면, "정원에서 레너드는 늘 버지니아의 시야에서 사라졌다가는 나무 위나 산울타리 뒤에서 발견되고는 했다." 버지니아의 편지 속에서 레너드는, 억제할 수도 설명할 수도 없는, 흡사 전지가위를 든 성자와도 같은 모습이었다. 최악의 날씨도, 괴로운 개인사도 그를 막기에는 역부족이었다. 1922년 1월, 싸락눈은 그들의 벽난로에 "침을 뱉었고", 강풍은 나뭇가지들을 뜯어냈지만, 버지니아의 찬탄 섞인 편지글 속에서 "레너드는 나무를 심고 가지를 치고 살충제를 뿌렸다. 비록 추위와 습기와 황량함이 그의 행동을 이해보다는 감탄을 요하는 영웅적 행위로 만들고 말았지만."

몽크스 하우스를 구입한 지 거의 20년이 되었을 무렵 레너드는 버지니아를 잃었다. 마지막 신경발작을 겪고 난 후 그녀는 자살했다. 그녀의 마지막 일기장에 기입된 이 마지막 단어들은 1941년 3월 24일에 쓰인 것이다. "L은 철쭉을 돌보는 중이다."

버지니아의 죽음 이후 비탄에 잠겨 지낸 세월 속에서 레너드는 과일나무들과 산울타리, 온실의 화초들을 돌보았다. 거실은 노랗고 새빨간 베고니아와 백합, 글록시니아로 장식했다. 그는 벌통들을 들였고, 온실을 두 채 설치했으며, 약 2만 5000제곱미터에 달하는 토지를 추가로 사들였다. 또한 갈색 플란넬 셔츠를 즐겨 입었는데, 아마도 더러움을 감추기 쉬워서였을 거라고 한 젊은 소설가는 추측했다. 미국의 어느 극성팬에게는 은행나무 씨앗을 보냈다. 서식스의 작가 다이애나 가드너Diana Gardner에 따르면, "그의 긴 손가락은 정원의 백악질 토양에서 먼지가 묻어 살짝 칙칙했다." 훗날 연인이 된 트레키 파슨스Trekkie Parsons에게 레너드는 하얀 프리지아와 붉은 시클라멘을 선물했다. 죽기 전까지 레너드(와 그의 새로운 정원사)는 1968년 봄과 여름의 각종 원예 전시회에서 총 열세 차례나 우승을 거머쥐었다. 자신의 업적과 수상을 향한 혹시 모를 의혹의 시선에 대비해, 당시 80대였던 레너드 울프는 자서전 『도착이 중요치 않은 여정The Journey Not the Arrival Matters』의 마지막 권에, 그의 인생을 즐겁게 한 것들의 목록을 작성했고, 그 목록에 우정, 음식, 운동과 더불어 '정원 가꾸기'를 적어 넣었다.

세상의 고통

정원 가꾸기를 향한 그의 평생에 걸친 열정을 생각하면, 레너드 울프가 행복한 유년 시절을 보냈으리라는 추측이 일면 자연스럽다. 하지만 레너드가 처음 만난 정원은 불안의 극치였다. 정원에서 그는 슬픔과 소외를, 그리고 '벨트슈메르츠Weltschmerz', 즉 '세계고苦'를 보았다.

아버지가 사망하기 전, 어린 레너드는 가족과 함께 런던 렉스햄 가든스Lexham Gardens 101번지에 자리한 새 집에서 살았다. 빅토리아 시대 특유의 부유한 중산층 가정이었다. 가장인 아버지는 집을 곧잘 비웠지만 정이 넘쳤고, 집안을 다스리는 어머니는 공상적이면서도 현실적이었다. 레너드의 부친 시드니 울프는 마른 체격에 활달하고 영리한 법정 변호사였다. 모친 마리 울프는, 레너드의 회상에 따르면, 나긋나긋하고 소녀 같으면서도 조금은 별난 구석이 있었다. 두 사람은 올바르고 관용적인 세계관을 지닌, 행복하고 성실한 한 쌍이었다. 집 뒤에는 벽돌로 지은 높은 벽들과 테라스 뒤쪽으로 이뤄진 평행사변형 안에, 정원이 있었다. 런던의 그 검은 땅 안에서 어린 레너드와 그의 여덟 형제자매는 함께 정원을 가꿨다.

여름이면 어머니 마리는 발품을 팔아 휴가 때 지낼 만한 곳을 마련했고, 그러고 나면 울프의 별난 대가족—"아이 아홉과 하인들, 개들, 고양이들, 카나리아들에, 새장에 담은 흰 쥐 두 마리까지"—은 승합차 한 대와 예약해둔 열차의 객차 한 칸에 꾸역꾸역 몸을 실은 채 켄징턴을 벗어나 휴가지에서 한 달가량을 지내곤 했다.

레너드가 다섯 살이던 무렵의 일이다. 휴가에서 돌아온 레너드는 뒷마당으로 부리나케 달려갔다. 한시라도 빨리, 지저분한 벽돌 틈에서 밝게 빛나는, 자신의 꽃들을 보기 위해서였다. 하지만 그를 기다린 것은 색과 생기가 사라진 참혹한 광경이었다. 부패와 죽음, 어렴풋하고 원시적인 악의의 현장. 레너드 울프의 산문은 충분한 세월이 흐르고 적절한 교육을 받은 상태에서 과거를 회고하며 쓴 어른의 글이었지만, 전도서에서 영감을 받아서 썼다는 그 글에서 그는 자신의 참혹한 유년기를 다음과 같이 강렬하게 묘사했다.

정원은 더러운 고독 속에 있었다. 한 모금의 공기도 없었다. 꽃들도 없었다. 가느다란 라일락 관목 몇 그루만이 화단에 늘어져 있을 뿐이었다. 더러운 벽들 위로 더러운 담쟁이가 늘어졌다. 온 벽을 뒤덮은 담쟁이 잎들 사이로 크고 작은 거미줄 수십 개가 미동도 없이 걸려 있었고, 각 거미줄의 중앙에는, 크거나 작은 거미들, 뚱뚱하거나 날씬한 거미들이 한 마리씩 자리했다……그 시큼한 땅과 담쟁이의 냄새가 아직도 코끝에 맴도는 듯하다. 정신과 몸 전체가 돌연 우울함에 압도당한 기분이었다……살면서 처음으로 경험한……그 무한한 불행의 감정은, 창밖을 내다보는 마음이 우울해질 때, 음악의 딸들은 몸져눕고, 거리의 문들은 닫히고, 삐걱거리는 소리는 낮아지고, 메뚜기는 마음을 무겁게 하고, 욕망은 이뤄지지 않을 때, 우리를 엄습한다.

렉스햄 가든스에서 레너드 울프가 느낀 슬픔은, 특정한 사실이 아니라 세상 자체에서 파생된 슬픔이었다. 세상 모든 것이 파괴되는, 혹은 그저 부서지는 방식은, 그를 슬프게 했다. 갈등은 순식간에 조화를, 죽음은 순식간에 삶을 대체한다—담쟁이는 자라고, 거미는 먹이를 먹고, 꽃은 시든다. 어린 레너드에게 우주는 눈멀고 불합리하고 끝없는 힘들의 전쟁터—성스러운 기적이 아니라 부질없는 몸부림—였다. 이에 대해 레너드 울프는 「자연의 관대함Gentleness of Nature」에서 자연의 "무자비한 포악성이자 어둡고 우울한 습성"이라고 묘사했다.

레너드가 보기에 그 야만성에는 거창한 목적도 근거도 의미도 없었다. 진실 추구에 전념하는 가운데서도 그는 절대적이고 완벽한 지식이란 불가능하다는 점을 인지했다. 인간은 오류를 범할 수 있고 불완전하다. 인간의 이상과 충동은 궁극적으로 아무런 의미도 지니지 않는다. "최후에는 *그 무엇도 중요하지 않다*는 것을, 나는 존재의 깊숙한 곳에서 진심으로 절감한다." 자서전 『파종Sowing』에 레너드 울프는 그렇게 썼다. 이 잔인하고 해방감마저 주는 조언을 그는 친구와 동료 들에게 일생에 걸쳐서, 종종 아주 단호한 어조로 전달했다.

물론 레너드 울프에게도 '중요한' 것들은 꽤 많았고, '정원 가꾸기'도 그중 하나였다. 어느 모로 보나 그는 자제력이 있고 잘 교육받은 사람이었지만, 여느 사람처럼 그도 사랑하고 울고 분노했다. 그가 버지니아에게 쓴 연애편지는 감미롭고도 격정적이다—두 사람은 서로 애칭을 사용했(는데, 레너드는 '몽구스Mongoose', 버지니아는 '맨드릴Mandril'이었)다. 또한 레너드는 누군가를 목 졸라 죽이는 상상을 하다가 엄지손가락이 탈구된 적도 있었고, 실론 섬에서 살며 "오전에는 내내 일하고 오후에는 창녀를 살" 계획을 세우기도 했다. 레너드 울프는 쉼 없이 사랑했고, 공부했고, 글을 썼고, 로비를 펼쳤고, 대화를 나누었고, 출판을 했고, 아픈 아내를 돌보았다. 유엔의 전신 격인 국제연맹the League of Nations이 탄생하는 데에도, '그 무엇도 중요치 않다NOTHING MATTERS'라는 말을 좌우명으로 삼은 이 남자의 공로가 컸다.

『파종』을 비롯한 여러 글에서 레너드의 중심 철학은 실존주의이지 허무주의가 아니었다. 예수 그리스도라는 역사적 인물을 존경했(고, 산상수훈山上垂訓을 책으로 출판할 의사를 밝히기도 했)지만, 레너드 울프의 우주는 신이 없는 우주였다. 일부 동년배들과 달리 레너드 울프는 종교를 쉬운 신념들로, 이를테면 민족주의나 애국심, 파시즘, 소련식 공산주의로 대체하지 않았다. 그런 식의 절대적이고 융통성 없는 민중 운동들이 최고의 문명을 해체하고 행복을 정치적 '금기어'처럼 만들어버렸다고 그는 생각했다.

레너드는 자신의 생각이, 강한 열정과 높은 이상을 가진 인간을 포함해, 누구에게나 적용될 수 있다고 믿었다. 그 어떤 교리나 신념으로도 희망과 현실 사이의 깊은 균열을 숨길 수는 없었다. 우리를 설레게 하거나 우리에게 영감을 주는 무언가를 추구하는 과정에서 우리가 하는 일의 대부분은 무의미한 헛수고에 불과하다고 그는 주장했(으며, 자신이 완벽하게 쓸모없는 일에 무려 "15만에서 20만 시간"을 할애했다고 자평했)다. 레너드 울프는 세상의 아름다움을 볼 용기뿐 아니라 그 모든 덧없음을 볼 용기까지 가진 사람이었다. 우리 인간은 힘겹게 노력하고 사랑하지만, 정작 우주는 궁극적 계획도 목적도 없는 힘들의 광대하고 얼빠진 놀음이라고 그는 생각했다.

레너드 울프는 생의 마지막까지 실존주의적 신조를 견지했다. 사실 버지니아를 만날 즈음 자연에 관한 그의 소신은 한층 공고해져, 인간의 내적인 삶에 대한 소신으로까지 지평을 넓힌 상태였고, 그가 이해하는 내적인 삶이란, 고질적으로 연약하고 야만적인 것이었다. 이러한 사고방식의 대부분은 그가, 한때 영국의 식민지였고 현재 스리랑카인 실론에서 생활하는 동안에 구축되었다. 그곳에서의 생활은 자연의 "어둡고 우울한 방식들"에 관한 보다 기초적인 가르침을 주었다.

정글

레너드가 스리랑카에서 보낸 약 7년의 세월은 이 영국 젊은이에게 렉스햄 가든스에서 얻은 암울한 가르침을 재확인시키고 그 영향력을 강화시켰다. 케임브리지에서 문학사 학위 취득 후 1년간 벼락치기로 공부해 치른 공무원 시험에서 성적이 신통치 않았던 그에게 영국 본토에서 주어진 일자리는 직급이 낮은 것들뿐이었다. 하지만 식민지에서라면 그 점수로도 충분히 직급이 더 높은 일자리를 택할 수 있었다. 그래서 레너드 울프는 1904년 11월 19일, 그러니까 스물네 살 생일이 얼마 남지 않은 시점에서 인도아대륙으로 향하는 배에 몸을 실었다. 스리랑카의 환경—열기, 악취, 파리, 원시적 생활 방식, (레너드의 편지를 가득 채우는) 나른하고 우울한 분위기—은 그에게 완전히 낯설었다. "어이없게도 이 모든 상황이 내겐 꿈처럼 느껴진다." 수도 콜롬보로 향하던 다섯 시간을 레너드는 그렇게 표현했다. 여느 영국인처럼 레너드도 병치레가 잦아서, 그는 이질과 심각한 욕지기, 열사병, 만성 습진으로 고생해야 했다. 특히 벌레들을 끔찍이도 싫어해서, 바퀴벌레 두 마리가 그의 무릎 위로 기어오른 일과 귀뚜라미가 그의 등을 타고 내려온 일, 모기와 파리가 옮기는 '경증 전염병'에 걸린 일, '날개 달린 거대한 딱정벌레'가 눈에 날아든 일을 편지 한 통에 한꺼번에 늘어놓기도 했다. 그가 기르던 개 찰스는 기후와 음식에 적응하지 못해 오래지 않아 죽고 말았다. 레너드 울프에게는 그야말로 제2의 인생이었다. 그만큼 삶은 새롭고, 혼란스럽고, 낯설었다.

리턴 스트레이치에게 보낸 편지가 시사하듯, 이주 초기에 레너드는 권태와 슬픔, 부실한 인간관계 때문에 힘들어 했고, 수년간 심각하게 자살을 고려했다. 그는 "인생의 광기와 비통함에 그만 실신할 지경"이었다. 그리고 다시는 웃지 못하게 될까봐 걱정했다. 지루함과 병치레에서 벗어나기 위해 그는 라켓볼이나 스쿼시, 테니스, 하키에 열중하는가 하면, 국외 거주자들에 대한 조롱을 일삼았다(그가 스트레이치에게 보낸 편지에 따르면, "그곳 여자들은 모두 창녀이거나 할멈이거나 선교사였고, 세 가지 모두에 해당되는 경우도 있었다"). 하지만 그런 레너드도 결국엔 실론의 사람들과 풍경을 차츰 사랑하게 되었다. 그는 불교 신자와 싱할라어[스리랑카의 공용어—옮긴이]로 대화하거나 그들의 동양 철학을 탐구하기를 즐겼다. 그는 사냥했고, 자전거를 탔으며, 정글의 혹독하고 압도적인 고독 속에서 몇 시간이고 머무르곤 했다. 동물에 대한 사랑도 남달랐는데, 그가 동물에게 보인 애정은 단순하면서도 순수했다.

하지만 뭐니 뭐니 해도 레너드는 노동자였다. 그는 영국인과 실론 원주민 사이의 권력관계에 불편함을 느꼈고 법률의 한계를 인식했다. 하지만 레너드 울프는 법을 개정하는 최선의 방법은 그것을 열심히 적용하는 것, 불법으로 악법을 회피하기보다는 그 악법의 실질적 단점을 드러내는 것이라고 믿었다. 그 결과는 근면과 의혹의 기묘한 조합으로 나타났다. 처음에 그는 예산을 지독히 아끼며 계산을 따지고 들었고, 이런저런 문서에 서명하는가 하면, 지역의 분쟁을 단속했다. 훗날 승진한 다음에는 실론 남동부 자치구 함반토타Hambantota의 책임자로서 마지못해 교수형을 주재하기도 했다. "나는 일을 해. 정말이지 죽어라 일한다네! 나는 그 일을 하나의 방식으로 단순화했고, 그것을 다시 하나의 열기로 승화시켰지." 1908년 말엽 행정부 차관보로 승진했을 때 레너드는 리턴 스트레이치에게 보낸 편지에 그렇게 썼다. 레너드의 자서전 둘째 권인 『성장Growing』에 따르면, 그는 효율성을 사랑했고, 언제나 "가장 경제적이고 신속하며……가장 체계적인 것"을 추구했다. 행정관이자 치안판사로서 그는 아무리 불공정한 법이라 해도 엄격하고도 일관성 있게 적용했다. 그로 인해 영국 사람이든 실론 사람이든 가릴 것 없이 그를 싫어했다. 한 지역 주민의 표현에 따르면, 그는 핼리 혜성이 데려온 '악마'들 중 하나였다. 하지만 레너드 울프는 굴하지 않고 질서와 정확성을 추구했다. 식민 통치에 대한 개인적 의구심과는 별개로 그는 법을 신뢰했고, 이에 대한 보상으로 승진과 더 높은 지위를 보장받았다.

그렇지만 레너드 울프의 행정적인 깐깐함의 밑바탕에는 대영제국의 통치에 대한 심각한 회의감이 깔려 있었다. 그가 보기에 식민체제는, 정글("피와 옴의 땅")에 아무런 지배권이 없는, 위태로운 것이었다. 그의 무심하고 폭력적인 우주에서는 그 무엇도 지속되지 않았다. 문명적 성취는 모두 부서지기 십상이었고, 결국엔 사라지게 마련이었다. 정신적 성취도 그와 다르지 않아서, 레너드 울프가 보기에 행복과 정신의 온전함은 기껏해야 일시적인 성취에 불과했다. 훗날 버지니아와의 결혼은 그의 이러한 통찰에 힘을 실었다.

레너드 울프는 자신의 소설 『정글 속 마을The Village in the Jungle』에서 그와 같은 생각을 인상적인 이야기를 통해 풀어냈다. 1911년 잉글랜드로 돌아온 뒤에 집필한 그 소설은 농경 생활에 대한 충실한 묘사로 대영제국 행정가들과 실론 시민들로부터 동시에 찬사를 받았고, 스리랑카에서는 초판이 출간된 이래로 지금까지도 간행되고 있다.

그 책은 문명화에 대한 식민지적 집착이 빚어낸, (인간의) 특정 기질에 관해 폭로한다. 식민지 거주 영국인이나 타밀족이 아니라 싱할라 마을 사람들의 시각으로 쓰인 소설의 배경은 실론의 정글 속 마을 베다가마다. 레너드 울프는 정글의 야생성을 낭만적으로 묘사하기를 거부한다.

정글은 더운 바람의 파도가 이는, 성장이 저해되고 가뭄에 유린당한 나무들이 자라는 '망막한 바다'이다. 앙상한 나무들은 하얀 수액을 흘린다. 가지들 위에는 실 같은 이끼가 걸려 있다. 가시나무들이 그 말라 죽어가는 대양의 황폐한 흙과 모래를 무성하게 뒤덮는다. "모든 정글은 사악하다. 하지만 그 어떤 정글도 베다가마 마을을 둘러싼 정글보다 사악하지는 않다."

이런 마을에서 살아남으려고 애쓰는 이가 있었으니 그의 이름은 실린두다. 이 심약한 남자에게는 아름다운 두 딸 푼치 메니카와 힌니하미가 있다. 그는 일을 하고 동물을 죽이고 음식을 구한다. 하지만 늘 촌장에게 빚이 있다. 정글의 "살아 있는 벽" 안에서 변변한 교육도 훈련도 받지 못한 실린두와 주민들은 무력하다. 반면 촌장과 그의 패거리는 항상 풍족하다. 그들은 돈을 훔치고 음식을 훔치고 여자를 훔친다. 정글의 야수들처럼 그들의 성욕과 허기는 마을 약자들의 억울한 희생으로 채워진다. 푼치 메니카와 힌니하미가 성노예 되기를 거부할 때 그녀들과 그녀들의 아버지에게는 가혹하고 냉정한 처분이 내려진다. 이 이야기에는 그리스 비극의 필연성이 있다. 마지막에 마을 사람 셋은 살해되고 둘은 감옥에 갇히며 나머지 사람들은 오두막에서 도망친다. 정글이 서서히 마을의 모습을 되찾는 동안 남아 있는 사람은 오직 한 사람, 푼치 메니카뿐이다. 레너드 울프의 묘사는 처연하고도 불안정하다.

정글은 벽들 안에서 움직였다. 이윽고 벽들이 부서지고 기와지붕이 무너져 내렸다. 깨어진 붉은 도자기의 둔덕 위로 잔디와 잡초가 높이 자라났다. 정글 벽의 나뭇가지들은 빽빽한 덤불이 되어 퍼져나갔다. 더 커다란 나무의 키 큰 묘목들이 모습을 드러내기 시작했다. 세 번째 우기가 끝날 무렵, 거주지도 집도 흔적 없이 사라졌다.

이야기의 주제는 명확하다. 퇴락과 파괴는 언제나 장악의 기회를, 인류가 미끄러지고 이기적으로 변하고 사회의 깨지기 쉬운 균형을 무너뜨리기만을, 호시탐탐 기다린다. 정글은 처음에는 내부였다가, 나중에는 외부가 된다. 인간의 탐욕과 허영에서 출발하지만 문명이 쇠퇴하면서 결국 "도저히 뚫고 들어갈 수 없는 가시나무와 덩굴식물의 무질서"로 변해버리는 것이다.

결혼과 전쟁

1911년에 실론에서의 공직 생활을 끝내고 잉글랜드에 있는 집으로 돌아온 레너드 울프가 머릿속에 담아온 것은 바로 위와 같은 메시지였다. 얼마 지나지 않아 그는 저명한 문학평론가 레슬리 스티븐스Leslie Stephens의 딸 버지니아 스티븐스와 결혼했다. 버지니아는 부유하고 유력한 가문 출신답게 특권에서 비롯한 자신감과 자만심을 지닌 데다 육체적으로도 사회적으로도 상당히 튀는 인물이었다. 언니 버네사Vanessa처럼 고전적인 미인은 아니었지만 버지니아는 식민지에서 이제 막 돌아온 젊은 레너드에게 강렬한 인상을 심어주었다. 그는 버지니아를 페리클레스의 영리하고 학식 있는 정부의 이름을 따 '아스파시아Aspasia'라고 불렀다("나는 아스파시아를 사랑하고……그녀의 발밑에 나를 던졌다"). 그 감정은 다행히도 레너드 혼자만의 것이 아니었다. 하지만 버지니아는 아무래도 더 조심스러웠다. 버지니아는, 그녀의 표현을 빌리자면, 이 "무일푼의 유태인"을 어떻게 받아들여야 할지 확신이 서지 않았다. 그렇지만 그녀는 자기만의 서툰 방식으로 그에게 추파를 던졌다. "버지니아의 구애 방식은 오직 그 짓에 대해서만 말하는 것이다. 상당히 음흉한 눈길로 그녀는 성교니 화장실이니 하는 소리를 떠들어댄다. 그리고 감히 말하건대, 그녀의 작전은 성공할 것이다." 버지니아의 남동생 애드리언은 그렇게 썼다.

레너드 울프가 런던에 정착할 무렵 버지니아와 버네사는 훗날 '블룸즈버리' 그룹의 본부가 된 브런즈윅 광장으로 이사한 참이었다. 레너드는 브런즈윅 광장을 규칙적으로 방문해 버지니아와 함께, 그의 주장대로라면, "인생에서 가장 신나는 몇 달"을 보냈다. 그들은 책이나 예술, 정책은 물론, 결혼에 관해서도 허심탄회하게 담론을 나누었다. 특유의 솔직함으로 두 사람은 자신들의 개인적 결합이라든가, 친구들의 연애사와 무분별한 행동, 아이를 갖고 싶다는 자신들의 바람에 대해 이야기를 나누었다. 이듬해인 1912년 8월에 두 사람은 결혼했다.

비록 아이는 없었지만 울프 부부는 서로를 사랑하고 아끼며 매우 생산적인 결혼 생활을 이어나갔다. 두 사람 다 열심히 일했고, 문자 언어에 몰두했으며, 직설적이고 재치 있는 대화를 즐겼다. 몽크스 하우스에서의 글쓰기 방식으로 미루어보건대, 그들은 서로의 일하고 사람 사귈 자유를 존중하면서도, 서로 간의 일상적 애정 표현에 소홀하지 않았다. 하지만 버지니아는 아팠다. 지독하게, 걱정스럽게, 일상적으로. 시작은 두통과 쇠약감이었다. 그러다 곧 거식증과 환각, 신체적 공격 행동이 나타났다. 결혼식을 올리고 나서 채 몇 년도 지나지 않아 버지니아는 베로날[현재는 사용이 금지된 수면제의 일종—옮긴이]을 과하게 복용해 한 차례 자살을 시도했고, 회복을 위해 서식스에 있는 의붓오빠 조지의 시골집 데일링리지 플레이스Dalingridge Place에서 수개월을 지내야 했다. 몸무게가 심각하게 줄었고, 간호사들을 공격했으며, 지속적인 감시를 필요로 했다. 그녀를 감시하는 책임은 대체로 레너드의 몫이었다.

레너드 울프는 충실한 간병인이자 관리인으로서, 버지니아의 식사와 사교적인 방문, 매일의 작업 일정을 관리했는데, 이러한 일들은 거저 이뤄지지 않았다. 그녀처럼 레너드도 몸무게가 줄었다. 또한 그는 극심한 두통에 시달렸다. 버지니아에 대한 사랑으로 묵묵히 버텨내긴 했지만, 보통의 삶으로 돌아가기를 그는 간절히 바랐다. 하지만 그 경험을 통해 그의 세계관은 더욱 확고해졌다. 세상은 지속적으로 안전하다거나 조화로울 수 없는, 꾸준하고 엄격한 통제가 필요한 곳이었다. 리턴 스트레이치가 클라이브 벨Clive Bell에게 쓴 편지에 따르면, 레너드는 "시종일관 한마디의 불평도, 아주 미미한 짜증의 기미도" 내비치지 않았다. 이에 대해 스트레이치는 '유대인식 훈육의 결과'일 거라고 추측했고, 훗날 레너드는 자신의 회고록에서 그의 의견에 동의했다. 하지만 그것은 그가 실론에서 공직 생활을 하며 마음을 단련한 덕분이기도 했다. 유년 시절의 사고방식도 자연스럽게 영향을 미쳤다. 레너드 울프에게 온전한 정신이란 어디까지나 일시적인 상태에 불과했다—그 상태를 유지하는 기간에는 개인차가 있을 수 있지만. 지울 수 없는 상처든 공포로 인한 위축이든 그저 마음을 다하면 조절할 수 있었다. 레너드 울프의 자서전『새로운 시작Beginning Again』에 따르면, 버지니아의 증상은 "종류가 아니라 정도 면에서 평범한 사람의 증상과 달랐다." 잠과 좋은 음식, 운동이 결여된 상태에서는 누구라도 정상을 벗어나 탈진과 광기에 이를 수 있었다. 거기에 레너드는 특유의 직설화법으로 이렇게 덧붙였다. "모든 사람은 경미한 정신병 초기 환자다."

제1차 세계대전을 바라보는 시각도 크게 다르지 않아서, 레너드 울프는 결혼 2년 뒤에 발발한 그 전쟁을 공포와 실용주의가 결합된 관점에서 바라보았다. 그가 보기에 세계대전은 잉글랜드의 시골에서 많은 부분을—“단층집과 주택, 상점, 판잣집, 닭장, 오두막, 개집 들”로 가득한 부지들에게 자리를 내준 구릉지의 풍경뿐 아니라, 시골 생활의 리듬과 가치까지도—파괴했다. 물론 레너드 울프가 살던 서식스는 폭격을 당하지 않았다. 그런 비극은 다음 세대에 일어났다. 대신에 그 지역은 전후 재건 계획, 그러니까 군인들의 생계수단과 주거지를 만들어 경제를 활성화시키겠다는 계획의 일환으로 매각되었다. 그보다 끔찍한 것은, 사상자가 있었다는 사실이다. 레너드의 여러 형제 중 세실은 독일군의 포탄에 맞아 사망했고, 필립은 심각한 부상을 입었다. 그 전쟁에서 죽거나 다친 군인은 3500만 명에 달했다. 레너드 울프가 보기에는 무엇과도 비교할 수 없는 낭비였다—빅토리아 시대는 저물고, 더 고립되고 가속화된 시대가 열리고 있었다. 늘 그랬듯이 레너드 울프는 애도의 문장을 길게 남기기보다는 기회의 낭비라는 문제에 대해 사색했다. “파괴의 정당한 사유를 나는 알지 못한다. 파괴한 그 자리를 더 좋은 무언가로 채운다면 또 모르겠지만.” 『새로운 시작』에 그는 이렇게 썼다. 전쟁은 “난데없는 벼락”처럼 그의 세대를 강타해, 문명화가 서서히 확산되리라는 사람들의 기대를 저버렸다고, 레너드 울프는 말했다. 하지만 그는 현대의 충돌과 관련된 힘들이 항상 인간의 정신세계와 사회 속에 존재한다는 사실을 뒤늦게 깨달았다. 서구 문명에서 그가 감지한 위대한 성취—‘나’라는 소중한 개성의 발전과 보호—는 우연적이고도 깨지기 쉬웠다. 『도착이 중요치 않은 여정』에서 레너드 울프가 주장한 바에 따르면, ‘나’를 파괴하는 그 힘들을 결코 멈출 수는 없었다. 오직 관리하거나 늦출 수 있을 뿐이었다—전쟁 중에, 그리고 전쟁 이후에 레너드 울프가 국제연맹과 관련된 일에 매달린 이유가 바로 여기에 있다. 그의 정치 활동이 평화와 진보를 보장해주지는 못했지만, 적어도 폭력과 야만의 물결을 좀 더 오래 막아둘 수는 있었다.

제2차 세계대전이 닥쳤을 때에도 레너드 울프는 같은 세계관을 견지했다. 친구 리턴 스트레이치와 로저 프라이가 사망한 데 이어 조카 줄리언 벨이 스페인 내전에서 구급차를 몰다가 살해되었다. 어머니도 사망했다. 특별히 가까운 모자 관계는 아니었어도 레너드는 어머니의 부재를 예민하게 받아들였다. "관이 무덤 안으로 내려질 때, 탯줄은 두 번째로 잘린다." 자서전 『내리막에서』에 그는 그렇게 썼다. 그 모든 상실은 제2차 세계대전에 걸맞은 음울한 분위기를 조성했다. 레너드 울프에게 전쟁은 필연처럼 보였다. 다가오는 전쟁의 그림자를 그는 "무력하게, 그리고 절망적으로" 바라볼 뿐이었다. 현대 전쟁의 독특함은 기계적인 야만성에 있었다. 하지만 대량학살이라는, 도저히 막을 수 없을 것 같은 전환점은 사실 역사 전반에서 흔하게 있어왔다. "유사 이래로 인류는…… 언제나 거대한 위기와 재앙을 직면해왔고 그 위기와 재앙은, 집단적인 야만성과 어리석음에, 1939년 8월과 9월에 로드멜과 런던에 있던 우리 모두의……차분하고 엄숙하고 운명적인 체념이 더해지면서 빚어낸, 무분별하고 냉혹한 결과물이었다." 레너드 울프는 그렇게 썼다.

버지니아 울프는 1941년에, 그러니까 전쟁이 끝나기 전에 자살했다.

갈수록 심해져가던 우울증은 그녀가 마지막 소설 『막간Between the Acts』의 집필을 막 끝마쳤을 때 스트레스와 과로가 겹쳐 나타난 불운한 결과였다. 그녀의 일기는 변덕스럽고 가끔은 음울했다. 이를테면 1월에 그녀는 이렇게 썼다. "이런 게 재미있어? 그만, 너는 지극히 온전해, 라고 말하는, 그렇게 일깨우는 이야기들이? 하긴, 내 나이에는, 살아 있는 모든 게 지극히 온전한 법이니까……언덕 저편엔 장밋빛 푸르고 붉은 눈은 쌓이지 않겠지." 두통과 불면, 환각 증상의 재발은 그녀를 겁먹게 했다. 레너드는 그런 '우발적' 착란의 징후들을 초기에 알아채, 병증을 완화시키려 노력했다. 그의 글에 따르면, "유일한 희망은 그녀가 스스로 환자라는 사실을 겸허히 받아들이는 것이었지만, 그녀에게는 불가능했다."

그의 인생과 결혼 생활을 생각하면 놀랍지도 않지만, 레너드의 우주론은 암울했다. 실론의 미친 물소와 덩굴식물이든 버지니아의 광기와 진쟁이든, 레너드에게는 오십보백보였다—그의 자서전 『새로운 시작』에 따르면, 한쪽은 사적이고 다른 한쪽은 공적이라는 부분을 제외하면, 양쪽 다 악몽이기는 매한가지였다. 어느 쪽이든 삶은 정글과의 끊임없는 싸움이었다.

이러한 철학은 영국식 코티지 정원이 주는 평온한 꿈의 느낌과는 거리가 멀다. 영국식 코티지 정원에서 야생성은 위협적인 사실이 아니라 알록달록한 인상이다. 이러한 시각에서 볼 때, 레너드 울프가 팍팍한 삶의 굴레를 벗어나 도시의 아파트라는, 벽돌과 석재로 지은 멸균된 피난처로 달아나지 않았다는 사실은 의아함을 자아낸다. 알려졌다시피 그는 도시로 달아나지 않았다. 런던에 살던 동료들과 달리 그는 시골을 더 좋아했다. 정원과 서식스의 풍경은 그를 사로잡았다. 이는 언뜻 모순처럼 보인다. 정원의 참상과 퇴락을 모두 인정하면서도 레너드 울프는 그곳의 흙먼지와 벌레, 폭풍우 속에서 두 손을 더럽혀가며 평생을 살았다.

확실히 그는 자신의 정원에서 불멸성의 발견을 기대하지 않았다. 언젠가 버지니아가 히틀러의 라디오 연설을 들어보라며 레너드를 집 안으로 불러들였을 때 그는 이렇게 대답했다. "지금은 안 돼. 붓꽃을 심고 있거든. 히틀러가 죽은 다음에도 이 꽃들은 아주 오래도록 피어날 거야." (『내리막에서』에 레너드 울프가 밝혔듯이, 그 꽃들은 *과연 그러했다.*) 하지만 그 작은 장수의 척도가 자연의 힘을 거스를 수는 없었고, 이는 레너드 울프도 알고 있는 사실이었다. 자신의 회고록 마지막 권에 그는 이렇게 썼다. "나를 둘러싼 자질구레한 것들—나의 책, 나의 출판사, 나의 정원, 나의 추억—은 나의 관심사가 아니다. 그런 것들은 내가 죽으면 고작 몇 년도 버텨내지 못할 것이다." 그의 정원은 죽음을 피할 수 없는 운명에 대한 위로가 아니었다. 그 모든 덧없음에도 불구하고 삶을 살아내는 것, 다시 말해 엄숙한 저항의 강렬한 상징이었다. "노동은 자연의 기능이라고, 심지어는 자연의 법칙일 수도 있다고, 나는 생각한다." 레너드 울프는 그렇게 썼다.

레너드 울프에게 정원은 사람들로부터의—『새로운 시작』의 표현을 빌리자면, "순전한 어리석음과 냉혹함"으로부터의—은신처이기도 했다. "인간들의 세상 밖으로 빠져나오는 몇 안 되는 순간이면 나는 언제나

안도의 한숨을 내쉰다." 자서전 『성장』에 그는 그렇게 썼다.

꽃과 재

몽크스 하우스의 정원에서 레너드 울프가 그저 묵묵히 일만 했다거나 사회라는 덫을 피하기만 했던 건 아니다. 정원 가꾸기를 그는 철학적인 헌신으로서 받아들였다. 특히 그는 세상 속에서, 그리고 자신의 내면에서 일어나는 심오한 충돌을 정면으로 마주했다. 레너드 울프의 글 전반에서는 질서와 무질서 사이의 긴장감이 다양한 형태—법 대 무법, 합리적 사고 대 비합리적 믿음, 평화 대 폭력, 정신의 온전함 대 광기—로 묻어난다. 각각의 경우 레너드는 표면상 전자의 편에 서 있다. 안정과 이성, 정확성, 정의, 심리적 균형은, 제아무리 위태로울지라도 레너드 울프가 긴긴 인생길에서 꿋꿋이 지켜낸 이상이었다. 『도착이 중요치 않은 여정』에서 레너드는 이를 히브리인의 공정과 자비, 그리스인의 자유와 아름다움으로 압축해서 묘사했다. 『파종』의 다음 구절에서 그는 잃어버린 유년 시절의 안정을 사무치게 그리워한다.

> 인생의 행로를 걷는 동안 그때 그 지저분한 담쟁이와 거미줄이 있던 정원보다 황량한 폐허 중의 폐허는 여럿 거쳐왔지만, 가스등이 켜진 어린 시절의 놀이방만큼 안전하고 문명화된 장소는 끝끝내 발견하지 못

하였다.

레너드 울프의 머릿속은 전쟁터나 다름없었다. "그만그만한 문명인이 되는 일조차 어렵고 고통스럽다"고, 그는 『내리막에서』를 통해 토로했다.

레너드 울프가 두드러지는 이유는 이와 같은 내면적 갈등에 대한 솔직함에 있다. 그는 이 근본적인 충돌을 인식했고, 자신의 힘 또는 무력함을 인지했으며, 그러한 마음 상태를 줄곧 유지했다. 그의 페르소나는 아주 공적인 성격을 띠었지만 레너드라는 한 개인의 성격은 확실히 사적이었다. 그는 자신의 "나"가 소중하다고, 그 "나"를 억누르려는 시도는 "끔찍하고 미개한 짓"이라고 믿었다. 레너드 울프에게 몽크스 하우스라는 집은 바로 그 "나"가 보호받는 곳이었다. 특히 정원은 그가 공적인 삶에서, 그리고 어쩌면 버지니아의 심리적인 변덕에서 벗어나기 위해 선택한 피난처 중 하나였다. 하지만 정직한 그에게 몽크스 하우스는 결코 진실을 외면하기 위해 머무는 곳이 아니었다. 오히려 그 집의 정원은—세상 속에서, 그리고 그의 머릿속에서—피할 수 없는 충돌의 이미지를 그에게 제공했다. 그의 모든 공적이고 실존적인 싸움들을 반복해서 상기시켰다. 정원에서 그는 퇴락과 폭력, 부패의 원리를 인식하는 가운데, 엄격함과 정확함을 추구하는 자신의 취향도 충족시킬 수 있었다. 서식스 주의 그 정원은 실론의 "잔인하고 위험한" 정글이자 영국 식민부의 질서정연한 체계였다. 전시戰時의 불안과 억눌린 가정의 욕망뿐 아니라, 문학이나 전쟁에서 힘겹게 쟁취한 만족의 순간들이, 그 정원에 있었다. 정원은 퇴락과 성장, 죽음과 재탄생의 장소였다.

버지니아 울프의 자살 이후에 몽크스 하우스가 생명력으로 가득했던 이유도 그런 맥락에서 해석할 수 있다. 그녀의 짧은 편지를 발견하고 나서 몇 주 동안 레너드는 망연자실한 상태였고, 가끔은 마비증세까지 보였다. "궁지에 몰린 짐승처럼 나는 지칠 대로 지쳐 있었고, 할 수 있는 일이라고는 무거운 다리를 본능적으로 이끌고 구멍이나 굴속으로 들어가는 것뿐이었다." 『도착이 중요치 않은 여정』에 그는 그렇게 썼다. 하지만 특유의 근면성은 여전해서, 그는 글을 썼고, 호가스 프레스Hogarth Press 출판사를 운영했고, 『뉴 스테이츠먼New Statesman』과 『폴리티컬 쿼털리Political Quarterly』지를 편집했다. 페이비언 협회Fabian Society와 노동당의 일에도 꾸준히 관여했다. 그리고 당연하게도 정원을 가꾸었다. 버지니아 울프가 죽고 나서 채 한 달도 지나지 않아, 그들 부부가 호가스 프레스의 사무실로 쓰던 메클렌버그 스퀘어의 아파트에 다시금 폭탄이 떨어졌다. 여전히 슬픔에 잠긴 채, 레너드 울프는 차를 몰고 런던으로 향했다. 하지만 이내 집으로, 자신의 정원으로 돌아왔다. 다음 날 우즈 강가에서 자전거를 타며 놀던 10대들이 물속에서 버지니아의 시체를 발견했다. 그녀가 자살한 지 3주 뒤의 일이었다. 영안실에서 레너드는 아내의 신원을 확인했다—*그리고 그다음 날 정원을 가꾸었다*. 그의 일기에는, 얼룩진 녹색 글씨로, 다음과 같이 쓰여 있다. "일 운전 뉴헤이븐 사인 조사 정원". 레너드는 버지니아를 화장했고, 그녀의 재를 몽크스 하우스의 널따란 잔디밭 느릅나무 아래에 묻었다. 레너드와 버지니아라고 이름 붙인 두 느릅나무 중 한 그루였다. 잔디 위를 걸을 때나 느릅나무 잎이 스치는 정겨운 소리가 들릴 때면 레너드는 상실의 기억을 고통스럽게 떠올렸다. 전쟁이 끝나고 그가 새로운 반려자 트레키 파슨스와 함께 "열정적으로 정원을……일구던" 때에도 버지니아와의 추억은 레너드의 곁에 머물렀다. 인생의 마지막 10년 동안 그는 종종 자신의 과수원을 돌보았다. 그곳에는 50년 전에 몽크스 하우스에서 레너드와 버지니아가 미스터 프로테오Mr Protheo라고 이름 붙인 사과나무도 있었다. 레너드 울프는 자신의 회고록에서 이 모든 걸 운명이라고—어떤 미신적인 숙명이 아니라, 공적이고 사적인 역사의 축적된 힘이라고—했다. 굴레에서 벗어나려는 노력은 실로 부질없는 짓이었다. 그저 엄격하게, "조용하고 단호하게 자신을 관리하며", 익숙해지는 수밖에 없었다.

서식스의 1월, 매서운 추위 속에서 중년의 문인 레너드 울프가 양말 두 켤레를 겹쳐 신은 채 사과나무 가지를 친 이유가 바로 여기에 있다. 정원은 모순적이고도 사랑스러운 우주와 그가 벌이는 사적인 싸움이었다. 정원도 레너드도 영원할 수는 없었다. 하지만 정원은, 책이 읽거나 쓸 가치가 있는 것과 정확히 같은 이유로, 매달릴 가치가 있었다. 더 명확하고, 더 온건하고, 더 정직한 인생이, 정원 안에는 있었다. 뼛속까지 스미는 추위 속에서 지저분한 손으로—한 그루 한 그루 사과나무 가지를 쳐가며—레너드 울프는 인생의 근본적인 양면성을 정면으로 마주하고 있었다.

충혈된 두 눈을 가늘게 뜬 채, 이탈리아의 가을 햇살을 가리며, 니체는 걸었고 자신의 '불온한 생각들'을 수집했다. 레몬 나무 숲은 철학자 니체에게 인간적인 위안이었다. 그곳은 작은 레벤스라움, 즉 '살아 있는 공간'이었고, 선과 악을 초월한 '좋은' 고독의 장소였다.

Friedrich Nietzsche

프리드리히 니체:
생각의 나무

자연에서……나와 같은 부류인 것들은 모두 나에게 말을 걸고, 나를 채찍질하고, 내게 위안을 준다. 나머지 것들은 들리지 않거나 기억에서 곧바로 사라진다. 우리의 동반자는 항상, 그리고 오로지 자기 자신이다.

—프리드리히 니체, 『즐거운 학문』에서

프리드리히 니체Friedrich Nietzsche는 레몬 나무 아래를 서성이며 혼잣말을 중얼거렸다. 소렌토 사람들에게 그 숲은 전혀 특별할 게 없었다. 레몬 열매와 달콤하고도 쌉싸름한 그 지역 유명 리큐어 리몬첼로[이탈리아 남부 지방에서 생산되는 레몬 리큐어로 보통 소렌토 레몬을 가지고 만든다. 리큐어는 독한 알코올 증류주인 브랜디에 과일이나 약초를 넣고 설탕 시럽을 섞어 만드는 음료를 말한다—옮긴이]의 원료를 제공한다는 사실 외에는. 하지만 젊은 철학자 니체에게 그 숲은 단순히 감귤류 나무가 자라는 장소 이상의 의미를 지닌 곳이었다. 당시 서른세 살이던 그는 바젤 대학의 교수로 재직 중에 휴가차 소렌토에 머물고 있었다. 충혈된 두 눈을 가늘게 뜬 채, 이탈리아의 가을 햇살을 가리며, 니체는 걸었고 자신의 '불온한 생각들'을 수집했다. 니체에게 그 시간은 그가 철학을 확립하는 데 없어서는 안 될 소중한 일상이었다.

프러시아 태생의 그 섬세한 작가는 따뜻한 우유와 차 한 잔으로 아침을 열었다. 그러고는 빌라 루비나치Villa Rubinacci에서 지내는 또 한 명의 젊은 독일인 알베르트 브레너Albert Brenner에게 편지나 발상을 받아쓰게 했다. 빌라는 그들의 후견인 말비다 폰 마이젠부크Malwida von Meysenbug 부인이 빌린 것이었다. 그러고 나면 니체는—종종 몇 시간에 걸쳐—긴 산책에 나섰다. 그의 발상들은 그가 나뭇잎 아래서 거니는, 혹은 배회하는 동안에 떠올랐다. 그것도 방대하게. 마이젠부크 부인의 묘사에 따르면, 당시 니체는 광기와 죽음이 자신을 데려가기 전에 새 책의 집필을 끝마치겠다는 일념으로 맹렬하게 작업을 이어나갔다(광기는 그로부터 10년 후에, 죽음은 20년 후에 그를 찾아왔다). 그 가을로부터 수십 년이 지난 후 마이젠부크 부인은 이야기에 굳이 소소한 사항 하나를 덧붙인다. 니체가 특정한 나무 밑에 서 있을 때마다 그의 머리 위로 생각이 '떨어졌다'는 것이다. 그의 전기 작가 커티스 케이트Curtis Cate에 따르면 그 나무가 바로, 니체의 게당켄바움Gedankenbaum, 즉 '생각 나무'다.

니체의 경력을 통틀어 볼 때 그의 사색은 대개 정원과 공원, 숲에서 이루어졌다. "생각을 수집하려면 머리 위에 푸른 하늘이 필요하다네"라고 그는 친구 파울 도이센Paul Deussen에게 말했다. 그런 이유에서 니체는 집에 관한 한, 굉장히 까다로웠다. 집이란 모름지기 풍경과 기후가 완벽하게 조합된 곳이어야 했다. 1887년 초에 니스에 머물 때에는 무려 마흔 채의 집을 돌아보고 나서야 거처를 결정할 정도였다. 일단 정착한다 해도 오래 머무는 경우는 드물었다. 니체의 한 해 한 해는 완벽한 날씨를 좇아다니는 부단하고도 헛된 여정으로 채워졌다. 스위스 바젤 대학에서 명예 퇴직한 1879년 5월에 그는 다보스Davos의 산속으로 달아났다. 하지만 날씨는 기대를 저버렸고, 그는 엥가딘Engadine 산중에 자리한 장크트모리츠로 몸을 옮겼다. 완전히 들뜬 그는 여동생 엘리자베트에게 보낸 편지에 "마치 약속의 땅에 와 있는 듯한 기분"이라고 썼다. 하지만 머지않아 구름과 눈이 그의 새로운 에덴을 더럽혔다. 그는 베네치아로 향했고, 보헤미아의 마리안스케라즈네와 독일의 나움부르크, 스위스의 바젤을 거쳐 이탈리아의 몇몇 소도시를 전전했다. "그늘이 많고, 하늘은 영원히 푸르며, 고르고 강한 바닷바람이 아침부터 저녁까지 불지만 뇌우는 내리지 않는 땅, 그런 땅은 대체 어디에 있단 말인가?" 그는 자신의 친구이자 작곡가인 하인리히 쾨젤리츠Heinrich Köselitz[1854~1918, 독일의 작가이자 작곡가로, 그의 음악에 반한 니체는 그와 오랫동안 친분을 유지했고 그에게 페터 가스트Peter Gast라는, 독일적이지 않은 예명을 직접 지어주었다—옮긴이]에게 물었다. 니체는 죽을 때까지, 자신의 유토피아를 끝내 발견하지 못했다.

니체가 거처에 그토록 민감했던 건, 몸이 아팠기 때문이기도 했다. 1876년, 그러니까 이탈리아로 떠나기 전에 니체는 실명이 진행 중이라는 진단을 받았고 벨라도나 제제[벨라도나는 가짓과의 유독 식물로 이 뿌리와 잎에서 채취한 것이다—옮긴이] 점안액을 처방 받았다. 불안한 마음에 그는 독서 시간을 하루 한 시간 내외로 조정했다. 니체 같은 철학자에게는 턱없이 부족한 시간이었다. 그가 소렌토의 레몬 나무 그늘을 그토록 갈망했던 이유도 일면 같은 맥락으로, 눈의 피로를 줄이고 이탈리아의 태양빛으로 인한 두통을 완화하기 위한 목적으로 이해할 수 있다.

니체가 거처에 그토록 민감했던 또 다른 이유는 그가 고독을 즐겼다는 사실에서 찾을 수 있다. 그는 칭송과 비난에 쉽게 흔들렸다. 1879년에 『인간적인, 너무나 인간적인Menschliches, Allzumenschliches』이 출간됐을 때 니체는 욕지기와 구토 증세에 시달렸는데, 이는 자신의 책이 읽히고 있다는 사실을 의식하는 데서 비롯된 심인성 병증이었다. 여자관계에서도 그는 방종과 우울 사이를 오락가락했다. 그도 그럴 것이 사랑이라든가 결혼에 대한 환상에 빠져 있을 무렵 니체는 현실의 벽에 부딪쳐 좌절해야 했다. 파울 레Paul Rée, 루 살로메Lou Salomé와의 *기묘한 동거*가 참담한 실패로 끝난 뒤, 니체는 몸이 너무 아파 총기 자살까지 각오할 정도였다. 물론 당시에 니체는 재치 있고 쾌활하며 카리스마 있는 철학자였다. 하지만 그는 지속적인 친밀함과는 태생적으로 거리가 멀었다. 그는 고독을 갈망했다. "마흔 살쯤 되면 나는 기꺼이 혼자 지낼 생각이네—냉정하게 판단해서 하는 얘기야." 1884년 4월, 그러니까 살로메와의 일이 있은 후

쾨셀리츠에게 보낸 편지에서 니체는 그렇게 썼다. 니체의 영웅 차라투스트라에게 알프스의 숲은 '기생충과 습지와 증기', 즉 도시를 대표하는 이미지들로부터 탈출하기 위한 장소였다. 대학교수 니체도 인간 니체와 별반 다르지 않아서, 『인간적인, 너무나 인간적인』에 그는 "인간은 자연의 품에 안겨 있기를 무척이나 좋아한다. 왜냐하면 자연은 우리를 평가하려 들지 않기 때문이다"라고 썼다. 이탈리아의 레몬 나무 숲은 철학자 니체에게 인간적인 위안이었다. 그곳은 작은 레벤스라움Lebensraum, 즉 '살아 있는 공간'이었고, 그의 표현을 빌리자면, *선과 악을 초월한*, "'좋은' 고독"의 장소였다.

자기 안에서 걷는다는 것

또한 니체는 풍경 속에서 *자기 자신*을 찾으려 했다. 그가 '더 높은 차원의' 자신을 가장 잘 발견할 수 있었던 장소는 교회나 세미나실이 아니라 숲이나 산비탈이었다. 『즐거운 학문Die fröhliche Wissenschaft』에서 그는, 이상적인 건물이라면 모름지기 회랑을 갖추어야 한다는 생각을 밝혔다. 그래야 바위와 꽃, 나무 들은 물론, 자신과도 더 가까워질 테니까. "돌과 식물을 보며 우리는 자신과 마주하기를 기대한다. 건물과 정원을 거닐 때면 자신 *안에서* 걷기를 소망한다." 니체는 그렇게 썼다. 이 글에는 일면 기독교적인 상징으로 가득한—무신론자 니체에게는 억압적이었던—

종교적 건물에 대한 비판의식이 깔려 있다. 하지만 동시에 그 글은, 자연이 니체에게 그만의 실존적인 야망을 상기시킨다는 뜻으로도 풀이가 가능하다.

풍경 속에서 자신을 찾고자 했던 니체의 계획은 전적으로 자연에 대한 특유의 과격한 철학과, 19세기 사상에 대한 비판적 자세에서 출발했다. 당시 지성인들 사이에서는 이상주의적 분위기가 팽배했다. 과학이 빠르게 성장하는 가운데, 다수의 과학자들—다윈을 포함해서—은 여전히 이신론자[이신론理神論: 자연신론이라고도 하며, 17~18세기 유럽 계몽주의 시대에 나타난 합리적인 종교관이다. 신의 존재와 진리의 근거를 인간 이성이 인식할 수 있는 자연에서 구하는 이론으로, 신을 세계의 창조자로 인정하지만, 세상일에 관여하거나 계시나 기적으로 자기를 나타내는 인격적 중재자로서의 신은 부정하였다—옮긴이]였고, 기계론적인 우주에 초자연적인 발명자가 있다고 믿었다. 철학에서 지배적인 이론은 기독교적이거나 기독교와 맥을 같이하는 전통에서 영감을 받은 것이었다. 이를테면, 플라톤주의처럼. 낭만주의 운동도 인기 있는 흐름이었다—넓고 예술적인 교회는 대개 감정과 자연스러움을 머금은, 근본적인 유기체로 여겨졌다. 기독교주의든 낭만주의든, 자연이 신학자나 예언자, 예술가가 이해할 수 있는 특별한 가치나 목적을 지닌다는 생각을 널리 받아들인다는 점에서는 차이가 없었다.

처음에는 니체도 그 두 전통적 사고방식에 감화되었다. 그도 그럴 것이 그는 목사의 독실한 아들이요, 바그너를 비롯한 낭만주의 작곡가의 열렬한 추종자였다. 하지만 결국 그는 자기 시대의 위선을 간파했다. 실수로 자연에 합리성이나 감정 같은 인간적 성격을 부여해놓고는, 냉엄하게 진실을 고하는 대신 감상적인 생각에 빠져 흥청댄다는 것이다. 그가 볼 때 세상은 "질서, 배열, 형태, 아름다움, 지혜를 비롯해 우리의 미학적 의인관[인간 이외의 존재인 신이나 자연에 대해 인간의 정신적 특색을 부여하는 경향, 신화나 종교 같은 데서 이러한 견해를 찾아볼 수 있다—옮긴이]을 위해 존재하는 다른 모든 이름들이 결여되어" 있었다. 니체는 자연을 유기체나 기계, 예술품이나 신성한 율법으로 받아들이려 하지 않았다—모두 위선적인 은유에 불과했다. 문제는 형이상학이었다. 지성으로 이해할 수 있는 우주라는 개념은, 감각으로 느낄 수 있는 우주의 실체를 숨기거나 정당화했다. "형이상학적 추측들을 생산하고, 그 추측들을 인간에게 그토록 *가치 있고, 끔찍하고, 유쾌하게* 만든 모든 것은 정렬이고 오류이고 위선이다." 소렌토에서 산책하며 지내던 시절에 집필한 『인간적인, 너무나 인간적인』에 니체는 그렇게 썼다. 니체에게 진정한 사상가란, 우주론 또는 실존주의의 보증인으로서 신이나 영혼, 위대한 운명 따위를 고안하지 않고도 우주를 있는 그대로 마주할 수 있는 사람이었다.

하지만 니체가 생각할 때, 당대의 철학에서는 이와 같은 성숙함을 찾아보기 어려웠다. 그도 그럴 것이, 계몽주의 시대의 유럽은 허무주의에 빠져 있었다—저서 『권력에 대한 의지Wille zur Macht』에서 그는 허무주의를 일컬어, 가장 이상한 손님이라고 했다. 이성과 과학의 성장은 종종 이상주의와 감상벽을 수반한다고, 니체는 주장했다. 다윈의 자연신을 생각해보라. 그 개념으로 그는, 자연주의자를 안심시키면서도 한편으로는

'무신론적' 가설인 '자연선택에 의한 진화론'을 발전시켰다. 그러나 서구 사회 전반적으로는, 인류와 자연을 초자연적으로 설명하고 입증하려는 풍토가 점진적으로 사라지는 추세였다. 또한 자연과학과 더불어 심리학이나 인류학, 사회학 같은 학문 분야가 새로이 등장해, 경험적이고 논증적인 분석법을 보다 많은 분야에 적용할 수 있게 되었다(니체는 스스로를 '심리학자'라고 일컬었다). 신, 영혼, 신의 은총, 숙명 같은 전통적 관념들은, 그간 당연시되던 사실성을 상실했다. 대체로 그 결과는 허무주의로 나타났다. 말하자면, 영원하고 보편적인 이상을 발명하고 그것을 믿었던 현대인이, 그 모든 이상이 사라지면서 방향을 잃고 환상에서 깨어난 것이다. 종교나 우주론이라는 가치 공급원이 없으면, 가치도 존재할 수 없었다(혹은 존재할 수 없는 것처럼 보였다). 『차라투스트라는 이렇게 말했다 Also sprach Zarathustra』에서 니체가 '신의 죽음'이라는 과감한 주장을 펼칠 수 있었던 이유가 바로 여기에 있다. '신의 죽음'은, 신이 있었다거나 니체라는 철학자가 신을 죽였기 때문이 아니라, 서구사회 스스로가 그간 간직해온 환상이라는 발판을 서서히 파괴해왔고, 그로 인해 극심한 현기증을 앓게 되었기 때문에 벌어진 일이었다. 다음의 인용문은 『즐거운 학문』에 실린 광인 니체의 어수선한 장광설 중 핵심적인 부분이다.

위와 아래라는 것이 아직 존재하는가? 우리는 무한하게 아무것도 아닌 것 속에서 방황하고 있지 않은가? 텅 빈 공간의 숨결이 느껴지지 않는가? 기온은 더 차갑지 않은가? 밤이 지속적으로 다가오고 있지 않은가?……무덤 파는 자들이 신을 묻으며 내는 소음이 아직도 전혀 들리지 않는가? 신성한 부패의 냄새를 아직 맡지 못했는가?

세간에 알려진 바와 달리, 신의 장례식에 대한 니체의 반응은 심각한 허무주의가 아니었다—허무주의와는 거리가 멀었다. 오히려 니체는, 최고의 지성들이, 자신들이 그때까지 줄곧 해오던, 세상과 서로에 대한 주제넘은 참견과 관련해서, 더 정직해야 했다고 믿었다. 예술과 학문에 '순수한' 동기가 존재한다는 신화에 비난을 퍼부었다. 여기서 주목할 것은 니체가 이와 관련해 도덕적인 논쟁은 일으키지 않았다는 점, 단지 더 큰 솔직함과 분별력만을 원했다는 점이다. 이러한 태도는 니체의 그 유명한 '권력의지'설로 설명할 수 있다. 인류는 체력과 지적인 명료성, 용기, 감정의 풍부함이 가장 뛰어난, 그저 또 하나의 이기적인 유기체일 뿐이다. 이러한 시각에서 우리는, 우주나 사회로부터 궁극적인 가치나 사상을 기대할 수 없다. 그런 것들을 기대할 수 있는 대상은 오직 우리 자신뿐이다. "위대한 인간이라고?" 『선악의 저편Jenseits von Gut und Böse』에서 그는 물었다. "내 눈에는 오직 자신의 이상형을 연기하는 배우밖에는 보이지 않는다." 위대함은 한 편의 공연이며, 그 공연 안에서 우리는 배우이고 청중이고 심판이다.

자유로운 영혼

이러한 이유로 니체의 우주론은, 다른 그 무엇보다 '과정'을 강조했다. 창조에서 파괴로, 성장에서 쇠퇴로, 탄생에서 죽음으로. 니체에게 자연은 어떤 식으로도 '의무'나 '책임'을 지우지 않는다. 자연은 도덕과 무관하다. 자연의 미덕은 변덕스러움과 생식력에 있다. 동물과 식물은 살았고, 또 죽었다. 하지만 자연은 전반적으로, 새로운 종과 환경을 대상으로 끊임없이 실험을 이어나갔다. 그것은 자연의 잔혹성에 대한 가르침이었다. 하지만 동시에 그것은, 자연의 낭비성에 대한 가르침이기도 했다. 수백만 년에 걸쳐 자연은 죄 없는 생명을, 혁신이라는 명목 하에 내팽개쳤다. 진보는 없었다. 목적도 없었다. 때로 아름다움과 힘, 건강을 가져오는—그리고 때로는 외관의 결함과 불능, 질병을 가져오는—새로움의 행렬이 있었을 뿐이다.

니체의 실존적인 시각에는 자연의 이러한 과정이 그대로 반영돼 있다. 니체가 초인—차라투스트라, 디오니소스, '위대한 인간', '자유로운 영혼'—에게 원한 것은, 니체가 스스로에게 구한 것, 즉 모든 이상과 가치를 무구하게, 수반되는 고통은 아랑곳없이 파괴하고자 하는 의지였다. 다시 말해 그는 허구적인 이상을 따르기보다는, 인간의 발달에 대한 인간의 책임에 솔직해지고자 했다. 그 솔직함의 밑바탕에는 강인한 의지가, 고통과 외로움, 조롱, 비탄을 초자연적 위로에 기대지 않고 견뎌낼 수 있는 의지가 있었다. 이러한 과정을 일컬어 그는 『우상의 황혼Götzen-

Dämmerung oder Wie man mit dem Hammer philosophiert』에서 '망치로 철학하기'라고 했다. 그러나 니체의 '초인Übermensch'은 그저 파괴자로만 머무르지 않았다. 니체는 훈육과 규제, 섬세함과 정교함의 힘을 믿었다. 자연은 니체에게, 그의 정신이 얼마나 유기적이고 본능적인지 가르쳤다면, 그는 『즐거운 학문』에서 자신이 '스타일'이라고 일컬은 도구를 통해 스스로를 담금질했다. "자신을 지배할 힘을 갖추지 못한 나약한 인물은 스타일이라는 제약을 *극도로 싫어한다*"라고 그는 적었다. 이런 맥락에서, 니체처럼 강인한 인물은 의지를 통해 스스로 존재한다. 외롭고 병들었을 때조차도, 말하자면 니체처럼.

이 새로운 세계관 속에서 자연은 재료와 도구는 공급했지만, 청사진은 공급하지 않았다. 과학이나 형이상학, 신학은 그 어떤 확실성도 제공하지 않았다. 고로 니체는 생물학 혹은 국가라는 거짓된 토대에서 시작된 반유대주의와 민족주의를 경멸했고, 독일인의 우월성이라는 불합리한 개념에 속아 넘어간, 자신의 나치 친화적인 처남을 혐오했다. 그들은 진정한 초인이 아니었다. 니체의 믿음에 따르면, 그들은 가공된 확실성 없이는 살아갈 의지도 능력도 갖추지 못한, 나약한 바보들이었다. 인류는 더욱 *강해져야* 한다고, 니체는 주장했다. 이렇다 할 보증이나 약속이 없어도 식물이나 동물처럼 스스로를 끊임없이 실험해야 한다는 것이다. 진정한 초인은 베수비오 산 옆에 집을 짓고 위험한 삶을 자처해야 한다고, 『즐거운 학문』에서 니체는 빈정대듯 말했다. 『차라투스트라는 이렇게 말했다』에는, 초인이란 절벽 위의 나무 같아야 한다고 썼다. "차분하

게, 그리고 주의 깊게, 그 나무는 아래쪽의 바다를 향해 몸을 기울인다(고독과 우월성을 식물에 은유한 점에 주목하라)." 글자 그대로의 의미에 더 충실하자면, 니체에게 위대한 인간이란, 대학과 살롱을 삼가고, 땅의 힘과 생식력을 향해 뛰쳐나가는 사람이었다. 실내에서 생각이나 하며 앉아 있는 것은 '허무주의자'에게나 어울리는 일이었다(이를 근거로 그는 프랑스의 소설가 귀스타브 플로베르를 비난하기도 했다).

니체에게 소렌토의 레몬 나무 숲은 마음을 위로하는 합법적이고 상냥한 우주를 보여주지 않았다—느긋한 휴식처가 아니었다는 뜻이다. 그곳은 그의 생각과 가치, 경력, 관계를 실험하는 도전의 장이었다. '생각 나무'는 그에게 가족과 계층, 전통적 교육이라는 보장된 확실성은 잔디밭 아래 묻어버리고, 자연처럼 폭력적으로, 예측 불가능하게, 혁신적으로 변할 것을 요구했다. 이렇게 니체의 정원들은 그가 이론과 문학, 독일어에서 특유의 과격한 혁신을 추진하는 데 도움을 주었다.

결과는 뚜렷했다. 소렌토에서 지낸 지 얼마 지나지 않아 니체의 삶은 송두리째 바뀌었다. 무엇보다 그는 자신의 우상 리하르트 바그너와 결별했다. 부분적인 이유는, 바그너의 고압적인 태도에 있었다—자신에게 바지를 보내라고 지시하는 바그너의 퉁명스러운 편지는 두통과 욕지기에 시달리던 젊은 교수 니체의 심기를 건드렸다. 하지만 둘의 결별에는 철학적인 이유도 있었다. 자연주의에 새롭게 눈뜬 니체에게 바그너는 지나치게 신비주의적인, 비현실적이고 감상적인 사람이었다. 한마디로 바그너는 지나치게 '기독교적'이었다. 또한 '스승'으로서 바그너의 위상이 날로 높아지는 상황도 니체가 보기에는 위대한 작곡가 바그너의 길을 가로막는 요인이었다. 바그너는 적절한 비평과 반대 의견에서 배제된 채 너무 많은 아첨에 노출되었고, 위대한 정신을 채찍질하는 데 필요한 갈등은 입에 발린 소리로 대체되었다. 바그너에게서 니체는 퇴폐적 후퇴를 보았다. 비슷한 이유로 니체는 아르투어 쇼펜하우어와도 대립했다. 학생 시절 니체는 쇼펜하우어의 저작을 찬양했었다. 그 독일인 철학자의 완고한 염세주의와 '과정' 중심적 세계관, 생기 있는 문장들을 존경하면서도 니체는 바그너와 똑같은 죄목을 들어 그를 비난했다. 세상 뒤로 물러난 정적주의자[퀴에티슴이라고도 하는 정적주의는 인간의 능동적인 의지를 최대한 억제하고 권인적인 신의 힘에 전적으로 의지하려는 수동적인 사상이다—옮긴이]라는 것이다. 그것은 삶을 부정하는 철학이었다. 반면 젊은 철학자 니체는 '예'라고 대답하기를 원했다. 본능에, 살갗에, 그리고 그 토대가 되는 자연에. 소렌토의 니체는 갈수록 진화의 지지자가 되어갔다.

또한 빌라 루비나치를 떠난 이후로 니체는 혼자 지내는 시간이 점점 늘어갔다. 자연주의적 신념이 점차 공고해짐에 따라, 바젤의 지적인 기운을 벗어나 바닷가에서 지내거나 알프스 일대를 걷고 싶다는 욕구도 더욱 강해졌다. 가끔은 외국으로 '치유여행'을 떠나도 좋을 듯싶었다. 그는 대도시나 연회를 멀리했고, 바젤 대학에서 연금을 수령하게 된 후로는 교수라는 직책도 마다했다. 도시적이고 권위 있는 학자 혹은 쇼펜하우어와 바그너의 신봉자는 사라지고 그 자리에는, 책이나 카페, 직업적 동료보다 정원과 공원 곁에 있기를 선호하는, 한 사람의 고독한 실증주의 철학자가 남았다. 그 철학자는 통상적인 결혼을 비롯해 그 어떤 결혼도 하지 않을 터였다—그 사실을 그는 오래지 않아 깨달았다. 그는 자신의 어머니와 누이의 보수성을 갈수록 더 적대시하게 될 것이었다(자서전『이 사람을 보라Ecce Homo』에 그는, "나의 대척점에는 늘 내 어머니와 여동생이 있다"고 적었다). 이 모두는 자연주의적이고 독립을 추구하는 니체의 성격과 밀접한 관련이 있다. 최후의 광기는 그에게서 그 모든 자유를 앗아갔다. 그는 현대 예술과 학문에 자신이 어떤 기여를 했는지도, 자신의 여동생이 나치의 하수인이라는 사실도 알지 못한 채, 여동생의 보살핌 속에 죽음을 맞았다. 그러나 의식이 또렷할 때면 니체는 보수적인 생각들과, 그의 정신을 산란케 하는 가족이라는 속박으로부터 눈에 띄게 거리를 유지해냈다. 니체에게 소렌토의 과수원과 숲이란, 급진적인 철학자의 길로 이어지는 통로였다. 니체는 스스로 천재의 반열에 오르기를 갈망했고, 시력과 정신이 무너져 내리는 동안에도 그 장소들은 니체라는 천재 철학자에게 용기를 북돋웠다.

이렇듯, 레몬 나무들 덕분에 니체는 『이 사람을 보라』에서 자신이 선포한 대로 '사후에 살아남는 인간'이 될 수 있었다. 그가 사망한 1900년으로부터 수십 년 뒤에 니체의 급진적인 생각들은 현대의 사고방식에 근본적인 영향을 미쳤다. 그가 남긴 것은 단 하나의 체계가 아니었고, 나치에 의해 오용된 고상한 정신적 권위는 더더욱 아니었다. 그가 남긴 것은 지적인 용기와 독창성, 명확성이라는 유산이었다. 니체의 전기 작가 홀링데일R. J. Hollingdale이 적었듯, "그가 남긴 것은 설교조의 독트린이 아니다. 개별적 인간, 위대한 언어적 솜씨와 능력을 발휘한 예술가이자, 강렬한 통찰력과 엄격한 원칙을 갖춘 철학자이다." 앙리 베르그송이나 마르틴 하이데거, 미셸 푸코, 자크 데리다 같은 20세기의 몇몇 위대한 철학자들은 니체에게 지적인 빚이 있다. 개인과 사회 사이의 병적 갈등이나 예술과 사상의 무의식적이고 본능적인 근거, 의식의 불투명성을 다루는 심리학도 니체의 영향력에서 자유로울 수 없으며, 지그문트 프로이트와 카를 융의 중대한 연구도 니체의 영향권 내에 있다. 또한 니체는 토마스 만Thomas Mann과 로베르트 무질Robert Musil의 서사시적인 현대소설에서 마크 로스코Mark Rothko의 신화적인 색채, 조르조 데 키리코Giorgio de chirico의 정적이고 초현실적인 풍경화에 이르기까지, 다양한 예술가와 작가 들에게 영향을 미쳤다. 전기 작가 뤼디거 사프란스키Rüdiger Safranski가 '생각의 실험실'이라고 일컬은 그 니체는, 현대의 생활과 사상을 실험하는 이들에게 여전히 영감을 불어넣는다.

있는 그대로의 내가 된다는 것

니체의 철학에서 정원은 '있는 그대로의 실존'을 위한 도전이다. 니체가 그리스 시인 핀다로스에게서 빌려온, "너 자신이 되어라"라는 격언에 담긴 가르침도 그와 다르지 않다. 무엇보다 분명한 사실은, 자연이 우리로 하여금 행성의 눈먼 힘을 맞닥뜨리게 해준다는 점이다. 우주에는 의미도 목적도 없다는 니체의 깨달음은 근본적인 해방일 수 있다. 그 깨달음은 상식과 전통적 가치를 돌연 하찮거나 작아 보이게 만들며, 이는 독립심을 키워나가는 데 반드시 필요한 첫걸음이다. 또한 그 깨달음은 제2의 자연이, 그러니까 *인간의* 자연(본성) 또는 *성장원*으로서의 자연이 완성되지 않았다고, 인간성은 우주의 법칙이나 신성한 율법으로 규정된 것이 아니라고, 의미심장하게 제안한다. 요컨대, 소렌토의 레몬 나무나 전나무처럼 우리도 진행 중인 작품이라는 것이다—오직 우리 인간만이 우리 자신을 보다 계획적으로 빚어낼 수 있다.

또한 정원은 마치 교정지처럼, 이 살아 있는 성장소설이 얼마나 난해하며, 우리의 자유가 얼마나 쉽게 위태로워지는지를 폭로한다. 제아무리 현대인이라 해도 본능과 습관, 반사작용에 좌우되기는 매한가지다—

가령 니체는 강박적인 여성혐오증을 스스로도 다스리지 못했다. 정원은 이러한 갈등을 반영하는 거울이다. 심지어 잔디를 깎고 가지를 치고 잡초를 뽑아가며 살뜰하게 가꾼 마당도 원형과 질서를 무시하는 힘들에 끊임없이 시달린다. 하지만 니체는 인간의 자연(본성) 또한 길들여질 수 있다고 믿었다. 그래서 니체는 『인간적인, 너무나 인간적인』에서 '냉철한 감정'을 언급하며, 우리 인간은 자신에게 어느 정도 무자비해져야 한다고 말했다. 그래야 중독과 망상, 거짓 우상을 극복할 수 있다는 것이다. 핵심은 추상적인 지식이 아니라, 니체가 '스타일'이라고 일컬은 것, 즉 생물학적인 필연성을 심리적인 자율성과 과감하게 결합한, 더 인상적이고 우아하고 정제된 삶이다. 이는 그가 소렌토와, 어릴 적 살았던 뢰켄의 집(그가 여동생과 매제에게 장난스럽게 언급한 바에 따르면 "전혀 북유럽적이지 않은"), 니스의 장미와 제라늄에서 본, 바로 그 균형이다. 자신의 예에서, 그리고 자신의 삶에 영감을 준 그 정원에서 니체는 정신을 분산시키는 것, 즉 '완료된' 것에 굴복하기보다 용기와 예술가적 기교로 스스로를 연마할 것을 우리에게 요구한다. 『쇼펜하우어라는 교육자Schopenhauer als Erzieher』에 니체는, "우리는 우리의 마음을, 단지 그 마음을 더 이상 소유하지 않기 위해, 국가와 돈벌이, 사회성, 학문에 놀랍도록 서둘러 넘겨버린다"라고 썼다.

방랑자

마흔네 살에, 그러니까 소렌토의 생각 나무를 떠난 지 10년 만에 니체는 결국 광기에 굴복했다. 어쩌면 매독 때문이리라. 아주 드물지만 그에게도 성적인 만남은 있었으니까. 하지만 풍경은 여전히 그에게 실존적인 가치를 지니고 있었다. 『이 사람을 보라』를 집필하는 동안 니체는 토리노의 가을에 완전히 사로잡혔다. 1888년 10월에 철학자 니체는 "노랗게 빛나는 아름다운 나뭇잎"과 "섬세하게 푸른, 하늘과 큰 강"에 대해 얼마간 정신없이 써내려갔다. 지적인 명료함은 일종의 신화적인 광휘로 대체되었다—철학자보다는 예언자 같았다. 토리노에 대해서는 "내가 단 한 번도 꿈꾸지 않았던 유의 클로드 로렌Claude Lorraine"이라며, 프랑스의 그 신고전주의 풍경화가를 언급하기도 했다. 채 몇 달이 지나지 않아 그는 '디오니소스'라고 서명하는가 하면, 카이저를 저격할 계획을 글로 옮기고 있었다. 프리드리히 니체는 스스로의 가련하고 분열된 정신세계 속에서 마침내 자신이 말한 초인이 되었고, 토리노의 모든 정원은 그 비극의 기운을 발산했다.

이야기가 슬픔으로 치닫는 와중에도 눈여겨보아야 할 부분은, 정원과 바깥세계에 대한 니체의 평생에 걸친 헌신만큼은 명료한 정신 상태에서 이뤄졌다는 점이다. 자연에 대한 니체의 비범한 감수성은 그의 사상에도 영향을 미쳤다. 그의 사상은 형이상학적 우울과 실존적 나태함에서 자유로운, 어떤 신선하고 밝은 생각을 상징한다. 니체는 광인이자 음흉한 디오니소스였지만, 『인간적인, 너무나 인간적인』에서 보듯 '방랑자'이기도 했는데, 거기에는 생각 나무의 도움이 컸다.

아침나절 마음의 평정을 느끼며 그는 나무들 아래에서 조용히 걷는다, 나무들의 꼭대기와 잎이 무성한 구석구석에서는 오로지 좋고 밝은 것들만이 그의 머리 위로 떨어지고, 그것들은 산과 숲과 고독 속에서 편안함을 느끼는, 그리고 그처럼, 때로는 유쾌하고 때로는 사색적인 방식으로 방랑자이고, 또 철학자인, 그 모든 자유로운 영혼들이 건네는 선물이다.

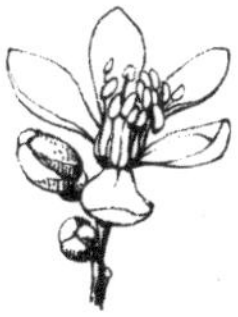

그녀는 퇴색 중인 것과 생성 중인 것을, 같은 정도로 맹렬하게 사랑했다. 얼핏 정신분열증 환자처럼 생각되겠지만 실상은 그렇지 않았다. 콜레트의 모든 도피처는 결국 프랑스 풍경의 중심에 자리한 극도의 평온, 그중에서도 특히 꽃들로 귀결될 수 있었다.

Sidonie Gabrielle Colette

콜레트: 섹스와 장미

어느 때라도 나는 스스로 자유로워질 수 있었다. 문이나 벽, 작고 경사진 지붕을 오르기만 하면 됐으니까. 하지만 우리만의 정원, 그곳의 자갈밭 위에 다시 발을 딛는 순간, 환상과 믿음도 다시 내게로 왔다.

—콜레트, 『시도』에서

콜레트Sidonie Gabrielle Colette는 현대 프랑스에서 가장 칭송받는 여류 작가였다. 하지만 그녀는 스캔들 제조에도 일가견이 있었다. 1893년에 그녀는 파리에 도착했다. 부르고뉴 지방에서 올라온 그녀는 스무 살의 나이 든 신부였고, 그녀의 남편은 '윌리Willy'라는 필명으로 더 유명한 작가 앙리 고티에 빌라르Henry Gauthier Villars였다. 윌리는 세련되게 저열한 도시 남자였다. 『나의 견습 시대Mes Apprentissages』에서 그녀는 자신의 남편에 대해 다음과 같이 썼다. "몇 시간 안에 부도덕한 남자는 무지한 소녀를 음탕함의 천재로 바꿔놓으리라." 콜레트는 남편의 유령작가로 활동하며 도제식의 문학수업을 받다가 첫 번째 소설 『학교에서의 클로딘Claudine à l'école』을 출간했다. 윌리의 손에 무참하게 편집당한 그 음란한 소설은 10대 청소년의 혼음과 여성 동성애, 사제 간의 정사 장면을 담은 데다, 부르주아 계층의 관습적 예의는 가볍게 무시했다. "그 작품이 저자에게 약속하는 것은 영광을 살짝 넘어선 무언가, 다시 말해 순교이다. 아무리 많은 돌과 가시관도 그녀에게 던지고 씌우기에는 결코 충분하지 않을 것이다." 라실드Rachilde는 문학 저널 『메르퀴르 드 프랑스Mercure de France』에 쓴 서평에서 그렇게 말했다. 콜레트는 단념하지 않았고, 베스트셀러 『클로딘』을 연작으로 꾸준히 써나갔다. "거실이라는, 그녀의 작은 감옥" 안에서, 남편 윌리가 다른 여자와 놀아나는 시간에. 또한 콜레트는 결혼 기간 중에, 그리고 이상하리만치 원만했던 이혼 후에, 음악당에서 선정적인 무언극을 공연해 청중에게는 찬사를, 보수 기득권층에게는 혹평을 받기도 했다. 그녀는 시대를 앞서 나간 레즈비언이었다. 그녀가 애인 미시Missy(마틸드 드 무르니Mathilde de Mourney)와 물랭루주 무언극 무대에서 나눈 키스는 경찰을 출동시킬 정도로 소동을 불러일으켰다. 여배우로서 순회공연을 이어나가는 와중에도 콜레트는 『르 마탱Le Matin』의 기자로, 연극 비평가이자 소설가이자 극작가로 활동을 병행했다—잦은 구설수로 인해 그녀는 종종 필명을 사용했다.

어찌 됐든 그녀는 특유의 연극적인 삶을 이어나갔다. 미시를 포함한 이런저런 남녀와의 연애사를 끝내고 콜레트는 앙리 드 주브넬Henri de Jouvenel과 결혼했다. 아이를 가진 그녀는 아이의 이름을 콜레트(애칭은 '벨가주Bel-Gazou')라고 지었으며, 아이는 연중 대부분을 영국인 유모의 손에서 자라야 했다. 콜레트가 의붓아들이자 자신보다 30세쯤 어린 10대 소년 베르트랑을 유혹했을 때, 점잖은 사회는 그녀를 향해 또다시 눈썹을 치켜세웠다. 앙리 드 주브넬의 비서가 쓴 글에 따르면, "그녀는 20세기 성 혁명가 1세대에 속했다." 영원한 낙천주의자 콜레트는 모리스 구드케Maurice Goudeket와 세 번째 결혼을 감행했다. 일생 동안 콜레트는 지독하게 글을 썼고, 산문에 대해서는 특유의 이른바 "무자비한 통제"를 이어나갔으며, 쾌락주의를 멈추거나 악평을 잠재우려 들지도 않았다. 또한 그녀는 자신과, 자신의 부유한 (그리고 아마도 속이기 쉬운) 친구들이 모은 기금을 (한 친구의 표현을 빌리자면, '매춘부' 스타일의 아름다움을 추구하는) 미용 제품 브랜드 '콜레트'에 쏟아부었다. 화장품 사업에까지 손을 댄 와중에도 그녀는 여전히 훌륭한 작가였다. 콜레트는 공예나 제조업 쪽에는 재주가 없었지만 그에 대한 열정만큼은 문학이나 섹스, 음식, 사랑에 접근할 때와 견주어 모자람이 없었다. 콜레트가 잔인하고 변덕스럽고 위선적이었을 수는 있다. 하지만 보수적인 시대에 그녀의 주된 스캔들은, 여자로서, 자신의 풍부한 욕구를 만천하에 알리고 싶다는 확고한 의지의 표현이었다.

팔레루아얄

윌리가 그녀를 파리에 처음 선보인 지 40년이 넘었지만 콜레트는 여전히 그 도시에, 팔레루아얄에 위치한 그녀의 새 아파트에 살고 있다. 긴 소파에 그녀가 앉아 있다. 다리에는 모피를 아무렇게나 덮었다. 등에 베개를 받치고 헐렁한 샌들을 신었지만, 편안하지는 않다. 등과 골반이 아파온다. 양 발목과 발은 부어올랐다. 파카 듀오폴드 펜을 잡은 손은 관절염으로 굽어 있다. 고양이들과 더불어 자신의 변함없는 동반자는 "영원토록 젊은 고통"이라고 그녀는 이야기한다. 하지만 그 유명한 청색 종이로 갓을 씌운 램프의 불빛에서 알 수 있듯이, 그녀는 지금 글을 쓰는 중이다. 굵게 주름진 무릎 위에 놓인 카드 테이블에는 전등갓보다 푸른 종이들이, 읽지 않은 편지들과 실한 분홍 장미들이 꽂힌 꽃병 옆에 놓여 있다. 종이 위로 만년필이 빠르게 미끄러진다—"달걀 프라이 부치기만큼 쉬운" 일이라고, 언젠가 그녀는 뽐내듯이 말했었다. 레지옹 도뇌르 훈장을 받은 이 작가는 여전히 문학이라는 게임에서 흐름을 주도한다.

글을 쓰는 그녀의 귓가에 레지스탕스 저격수의 총소리가 들려온다. "정원을 가로질러 벽에서 벽으로 울리고, 또 울리는 그 총소리는 꽤 극적인 효과를 불러일으켰다"고 그녀는 자전적 수필 『개밥바라기L'Étoile Vesper』에 썼다. 콜레트는 창턱에 기대어 저격 장면을 관찰하고 싶지만, 그러기에는 안전을 장담할 수 없다("그들은 굉장히 서투른 저격수였다"). 하지만 낮이면 그녀는 경관을 음미한다. 아래로는 팔레루아얄 정원의 기하학적인 무늬가 단정하게 펼쳐져 있다. 메마른 분수대를 둘러싼 18세기풍 화단 가장자리로는 라임 나무 길이 조성돼 있다. 아침빛을 머금은 습기는 사라지고, 콜레트의 두 눈은 담청색 종이와 초록색 창밖 사이를 오간다. 점령국인 독일의 장교들이 권총을 권총집에 넣은 채 거니는 장면을 보다가 그녀는 집 앞 팔레루아얄의 전원적인 풍경에 빠져든다. 파리에 위치한 그 집은 친구들의 말마따나 '또 하나의 시골집'이다. 등나무 향기는 그녀를 어린 시절에 살던 집으로 데려가고, 벌들은 창턱에 내려앉는다. 노는 아이들의 소리가 귓가에 들려온다. 그녀는 이곳에서 죽을 것이다. 그리고 그 생각은 그녀를 안심시킨다. "한때 수녀들에게 그늘을 제공하던 커다란 나무의 유해가 지켜보는 가운데 인생의 끝을 마주하게 된다고 생각하면 기분이 좋아진다"라고 그녀는 「팔레루아얄The Palais-Royal」에 쓴다. 레몬 잎 향기가 코끝까지 풍겨오는 것 같다.

그럴 것만 같다. 콜레트는 침대에 누워 지낸다. 나이가 들수록 이러한 삶은 일상이 되어간다—언제부턴가, 좋아하는 연어 페이스트리를 먹으려면 그랑 베푸르 식당까지 부축을 받아 내려가야 한다. 방은 작고 답답하다. 계몽주의 시대풍 정원이 그리는 선들은, 전에 머물던 생트로페Saint-Tropez의 은신처나 어린 시절에 살던 부르고뉴의 장미처럼 아득하다. 포도 덩굴이 타고 올라가도록 철사 아치를 세우거나 토마토가 자라도록 말뚝을 박을 일은 이제 더 이상 없다. 뻣뻣하게 자란 머리칼을 왼손으로 조심스레 쓰다듬으며 그녀는 창밖을 내다보고 글을 쓴다. 대중적인 악명으로 점철된 세월을 살아낸 70대의 노작가는 자신의 마지막 환상 중 하나를 머릿속에 떠올린다. 정원.

"이제 내게는 정원이 없다." 콜레트는 『꽃과 과일Flore et Pomone』에 그렇게 쓴다. 하지만 상관없다. 공상에 잠기면 되니까. 그녀는 글을 이어나간다. "다만 걱정스러운 것은, 미래의 정원들에, 실재하고 말고는 전혀 중요치 않은 그 정원들에, 내 지력이 닿지 않을지도 모른다는 점이다." 하지만 그녀의 정신은 여전히 또렷하다—설령 미래를 살아낼 수 없다 해도, 미래에 대해 글을 쓸 수는 있다. 그녀는 파란 노루귀를 심어 금낭화 무리에 테두리를 두르기로 한다. 팬지는 헨리 8세처럼 보이겠지. 용의 혀를 닮은 멕시칸 아이비가 자라도록 정자와 덩굴시렁을 놓아도 좋겠다. 흰 백합은 꽃병들을 채우고, 월하향은 계단을 오른다. 브르타뉴식 정원이라면 월계수를, 호수가 곁에 있다면 납매를 심으리라—시각적으로는 단조롭지만 납매에는, 나이팅게일이 꽃으로 피어난 듯, 공감각적인 아름다움이 있으니까. "수많은 '가정假定'들로 가장자리를 호화롭게 장식한 이 이상적인 꽃밭을 나는 얼마나 사랑하는지!" 콜레트는 그렇게 적는다. 그녀의 심미적 열정은 이토록 다채롭다. 실용성이나 실행 가능성은 개의치 않는다. 그녀에게 중요한 것은—망각을 막기 위한—환상 그 자체니까. "그 모두를 저장용 참호에 담아두리라. 일부는 내 기억 속에, 일부는 내 상상 속에. 그곳에서……꽃들은 부엽토와 쌉싸래한 물과 온기를, 그리고 어쩌면 죽음으로부터 자신들을 지켜줄 감사하는 마음을 여전히 발견할 수 있으리라." 콜레트의 환상은 타고난 문학적 재능에 힘입어 손에 잡힐 듯 뚜렷하다—부엽토와 쓴 물을 침대 겸용 소파 바로 옆에 둔 채 써내려간 글이 아닌가 싶을 정도로.

거장의 연주

시도니 가브리엘 콜레트는 '잘 정돈된 고독' 속에서, 현실과 상상이라는 두 세계 속에서 살았다. 먼저, 파리의 아파트가 있었다. 팬레터와 꺾은 꽃 들이 있고, 장 콕토가 드나들던 그곳에서는 여흥이 끊이지 않았다. 장 콕토와 그녀는 진정제와 말 못 할 비밀들을 마치 '귀중한 대리석' 다루듯 거래하곤 했다. 다음으로는, 내적인 우주가, '가정'들로 이뤄진 호화로운 꽃밭이 있었다. 그러니까 추억과 환상이라는 두 갈래 긴 길이, 뒤로는 유년 시절을 향해, 앞으로는 죽음과 그 너머를 향해 펼쳐져 있었던 셈이다. 이러한 몽상적 경향은 단순히 그녀가 나이 들어가기 때문만은 아니었다. 세월 덕분에 상상력이 좋아졌다고는 해도, 기질은 예나 지금이나 변함이 없었다. 그녀는 퇴색 중인 것과 생성 중인 것을, 같은 정도로 맹렬하게 사랑했다. 얼핏 정신분열증 환자처럼 생각되겠지만 실상은 그렇지 않았다. 콜레트의 모든 도피처는 결국 프랑스 풍경의 중심에 자리한 극도의 평온, 그중에서도 특히 꽃들로 귀결될 수 있었다.

이러한 기질은 당연하게도, 그녀가 19세기 말엽 부르고뉴의 코뮌[프랑스의 가장 낮은 행정구역—옮긴이] 생소뵈르앙퓌사예Saint-Sauveur-en-Pusaye의 로스피스 거리Rue de l'Hospice에서 보낸 목가적 유년 시절에서 비롯되었다. 그녀의 어머니 시도니Sidonie—애칭은 시도Sido였다—는 집안일의 중압감을 산뜻한 공기 속에서 떨쳐내는, 열정과 천재성을 겸비한 원예가였다. 『시도Sido』에 그려진 콜레트의 회상에 따르면, "정원에 나가는 순간 그녀의 분노와 예민한 짜증은 단번에 가라앉았다." 1년 내내 시도는 자신의 '아기들'을 돌보았다. 식물들은 화분에 심긴 채 선반에 올리어져 녹색 목재 계단 위에서 자라났다. 어린 콜레트가 죽은 듯한 화분에서 구근이나 씨앗을 찾아보려 흙을 긁어냈을 때 시도는, "아무짝에도 쓸모없는 여덟 살짜리 살인자"라며 딸을 꾸짖었다. 시도는 꽃에 대한 욕심이 무척 강했고, 장례식에 장미를 쓰거나 성체 축일에 제라늄을 쓰기를 거부했다고도 알려졌다. 비록 교회가 정한 의무는 회피했을지언정, 시도에게는 세속적인 경건함이 있었고, 그 경건함은 콜레트의 영혼을 짓밟았다. "내세에 우리가 사랑하게 될 것들의 종류와 유형은, 아이의 강렬한 눈빛이, 내세 동안에 지속될 환상의 형태를 택하여 주조하는 그 순간에 정해진다." 그녀는 「가을Autumn」에 그렇게 썼다. 요란하게 봄을 알리는 수선화, 꽃다발처럼 차려진 가족 만찬, 눈옷을 입은 침엽수, 이 모두는 콜레트에게 남다른 상상력을 심어주었다. 기나긴 인생길을 걷는 동안 그녀는 그것들 안에서 기쁨을 느꼈다. 또한 그 시절의 기억들은 그녀의 데뷔작 『학교에서의 클로딘』(10대 소녀 클로딘은 깊고 잠식적인 숲을 사랑하는 레즈비언이다)부터 말년의 회고록과 수필에 이르기까지, 그녀의 산문을 색칠했다.

전기 작가 주디스 서먼Judith Thurman의 글에 따르면, 행복한 유년 시절은 콜레트의 "픽션에서도 전기에서도 거의 등장하지 않는다." 서먼은 평온한 소녀 시절에 대해 콜레트가 품은 시각적 이미지에, 그리고 그 이미지를 파리지앵의 도시적인 냉소주의와 간단히 대비시키는 태도에 의문을 제기한다. 하지만 그 원천이 무엇이든—사실이든 허구이든, 발명이든 수정이든—콜레트의 환상은 한결같았다. 그녀의 작품은 식물학과 원예학에 정통한 사람 특유의 세부적 지식들로 가득하며, 그러한 지식들은 대개 부르고뉴에서 보낸 유년 시절에서 비롯되었다. 『개밥바라기』에 그녀는 다음과 같이 썼다. "나는 한때 친숙했던 길을, 그때 그 길을 따라 걷던 보폭으로 벗어난다. 그러곤 크고 구부정한 참나무를 향해, 관대한 손이 내게 사과주와 버터 바른 빵을 나누어주는 가난한 농장을 향해 나아간다." 만약 이 같은 장면들이 허구였더라도 그녀에게는 꼭 필요한 장면이었다. 불면증 환자였던 콜레트는 온 밤을 이런 식으로, 과거의 풍경 속을 배회하며—작가 자신의 표현을 빌리자면 "거장과도 같은 기교로 추억을 연주하며"—지새웠다.

미래도 유년 시절 못지않게 그녀의 원예학적인 상상력을 자극했다. 1925년에, 그러니까 50대 초반의 나이에 콜레트는, 생트로페에 토지를 구입했다. 목적은 그 집 자체가 아니었다. 하물며 투자나 과시 목적은 더더욱 아니었다(당시 그곳은 '구경하는' 장소가 아니라 해산물을 사고파는 장소였다). 콜레트가 그 땅을 구입한 이유는 풍경에 있었다. 지중해의 토양과 식물군을 품은 약 1만 6000제곱미터의 땅. "그곳에는……집이 한 채 있었지만, 그 사실은 별로 중요하지 않았다"고 그녀는 썼다. 그리고 그 땅에 포도나무 덩굴이라는 뜻의 "라 트레유 뮈스카트La Treille Muscate"라는 별칭을 붙였다. 그 집을 갖자마자 그녀는 자신의 이상적인 정원을 설계하기 시작했다. 그녀는 심혈을 기울여 목록을 작성했다. 토마토, 가지, 사철쑥, 세이지, 민트, 노란 장미, 분홍 장미, 빨간 장미. 자주색을 내는 일은 포도나무에게, 흙먼지 위로 나선을 그리며 철사 아치를 타고 오르는 그 덩굴식물에게 온전히 맡겨졌다. "서정적 감상이나 황홀경에 빠지기는 아직 이르다"고 그녀는 자신을 꾸짖었다. 하지만 그러다가도 이내 자신의 환상을 정당화했다. "지중해의 해변에 중독돼 우쭐해진 인사가 어디 한 사람뿐이겠어?" 여느 땅 주인처럼 콜레트도 잔뜩 들떠서는 새로 산 토지를 어떻게 꾸밀지 계획을 세워나갔다. 하지만 그녀의 아이디어는 현실에 타협해 폐기해도 그만인 무미건조한 청사진을 넘어선 것이었다. 그녀의 아이디어는, 그녀가 머릿속에서 만지작거리며 노는, *실체*였다. 상상의 결과는 그녀 특유의 취기 어린 산문으로 나타났다. "껍질이 팽팽한 포도송이 곁으로 송진과……질 좋은 시가 향이 나는 노란 장미를 가득 실은 바람이……곡선을 그리며 지나간다." 이것은 환상이었다. 환상 그 자체를 위해 즐기는 환상.

그렇다고 콜레트가 현재에 무감했다는 이야기는 아니다. 심지어 팔순이 지나서도 그녀는 여전히 유행의 첨단을 걸었다. 시몬 드 보부아르는 1948년 3월 콜레트와의 긴장된 만남 이후에 자신의 미국인 연인 넬슨 올그런Nelson Algren에게, 그 늙어가는 이야기꾼이 너무도 생생히 살아 있더라고, "그녀보다 젊고 세련된 여자는 생각할 수조차 없겠더라"고 말했다. 콜레트는 노화를 핑계로 비틀거리는 시대착오적 인물이 아니었다.

말하자면 콜레트에게는 완성되지 않은 것이든 실현되지 않은 것이든—과거든 미래든, 쇠퇴든 갱신이든, 기억이든 발명이든— 현실이기는 마찬가지였고, 어느 쪽이든 사색하고 즐길 가치가 충분했다. 자신의 환상 속에서 그녀는 브르타뉴의 토양과 실한 장미, 포도덩굴이 있는 절경 속으로 끊임없이 회귀했다. 콜레트에게 이러한 상상은 원기와 젊음을 회복시키는 열쇠였다.

치명적인 결함

특히 정원은 콜레트를 욕구에서 해방시켰다. 무절제한 그녀의 연애사는 콜레트가 유독 강한 욕망에 사로잡혀 있었음을 암시한다. 그러나 방종과 위반을 맛본 사람들이 대개 그렇듯 그녀는 즐거움의 순간들이 결코 지속되지 않으리라는 걸 알았다. 그 결과는 『순수한 것과 불순한 것 Le Pur et l'impur』에서 연인들에 대한 지속적인 실망으로 나타났다. 그들은 서로의 결핍으로부터 일시적으로 벗어나기를 기대했다. 하지만 결핍이란 그들이 근본적으로 처한 조건이었다. 서먼의 요약에 따르면, "연인들은 쾌감을 주면서도 받지는 못하거나, 쾌감을 취하면서도 주지는 못한다……나이로 보나 욕구로 보나 자기중심벽으로 보나 경험으로 보나 그들은 잘못 맺어진 짝이다—……다들 막연하게 속았다고 느끼는 것이다." 그렇다고 콜레트 몫의 쾌감이 부재했다는 뜻은 아니다. 오히려 쾌감은 집착의 다른 이름인지도 몰랐다. 쾌감이란 본래 잡힐 듯 잡히지 않는 찰나의 감정이니까. 한참 어린 의붓아들과의 섹스에서 오는 전율이라든지 맛좋은 연어 파이가 주는 단선적인 기쁨, 샌들 신은 발에 닿는 산들바람의 시원함은 여전히 존재했다. 문제는, 이런 식의 희열이 예외이지 규칙이 아니라는 점이다. 콜레트의 정신세계에서 쾌감은 아귀다툼하는 우주로 그녀를 데려갔고, 그 안에서 만물은 지속적으로 무언가를 갈망하며 그 무언가를 얻기 위해 일상적으로 서로와 경쟁했다. 『꽃과 과일』에서 콜레트는 말했다. "얼마나 많은 범죄가 하나의 왕국에 의해 다른 왕국에 자행되었던가!" 콜레트의 세계에서 갈망은 결코 끝나지 않았다. 다만 갈망의 대상이 새롭게 나타날 뿐이었다. 지겨울 정도로.

그러므로 콜레트에게 욕구란, 실존의 중심적인 원칙이었다. 욕구의 시작은 음식이었다. 어린 시절 열이 날 때 그녀는 건강에 좋은 닭고기와 쌀로 만든 푸딩을 멀찌감치 밀어놓고는 한숨을 내쉬며 말했다. "카망베르가 먹고 싶어요, 제발요." 지독한 식중독에 시달린 후에는 속을 채운 양배추와 사과주, 건포도 타르트를 게걸스럽게 먹어치웠다—맛좋은 음식일수록 기운을 회복시키는 효과도 더 좋았다. 그녀는 자신의 친구 아니드 펜Annie de Pene이 1914년 유행성 스페인 인플루엔자에 감염되었다가 죽은 이유가 제대로 먹지 않아서라고 확신했다. "방어력이 떨어진 상태에서 독감에 당한 거야. 그게 다 위가 비어서였다니까." 콜레트는 한 친구에게 그렇게 말했다. 안타까운 마음에 그녀는 대신 아니의 딸에게 포도송이와 프루니에 레스토랑의 새우를 먹여 기운을 북돋우려 했다. 콜레트에게 음식이란, 마음과 몸의 병을 치유하는 약이었다.

사춘기 말과 청년기 초에는 섹스가 동일한 회복력을 발휘했다—연인 중 적어도 한쪽에게는. 『순수한 것과 불순한 것』에서 콜레트는 연인관계를 기생寄生에 빗대어 묘사했다—연인들은 흡혈귀이거나 희생자였다. 그녀의 글에 따르면, "사람들은 그녀로 인해 스스로를 채웠고, 그녀는 텅 비고 빨린 채로 남겨졌다." 이를테면, 50대에 그녀가 유혹한, 책을 좋아하던 10대 의붓아들 베르트랑 드 주브넬이 그랬다. 젊은 시절 그녀를 '채운' 것은 난봉꾼 윌리였다. 훗날 콜레트가 『나의 견습 시대』에 쓴 내용에 따르면, 그녀는 "구경거리나 노리개, 연상 남자의 에로틱한 걸작이 되기를 꿈꾸는, 성적 매력이 거의 없는 그저 그런 소녀였다." 콜레트에게 쾌감은 늘 계급을 필요로 했다. 주인과 노예, 지배와 굴복, 포식자와 피식자 같은. "내가 지배할 수 있는 사람을 나는 사랑하지 않는다." 15세의 여주인공 클로딘은 그렇게 말했다. 그녀는 애인에게서 약간의 괴롭힘을 원했다. 심지어 반려동물이나 아이들과 유대관계를 이어가는 와중에도 콜레트는, 그녀의 표현을 빌리자면, "포식자처럼" 행동했다. "정복하고 진압해야만" 상대로부터 똑같은 짓을 당하지 않을 테니까. 어린이는 "행복하고 작은 흡혈귀"라고, 그녀는 『클로딘의 집La Maison de Claudine』에 적었다.

여기에서 알 수 있듯이, 콜레트는 상반되는 두 역할을 모두, 그것도 아주 훌륭하게 소화해냈다. 그녀는 길게 땋은 머리에 순진하고도 성적 매력이 넘치는 소녀인 동시에 탐욕스럽게 남자를 유혹하는 여인이었고, 변덕스럽고 고집 센 아이인 동시에 엄격한 어머니였다. 어느 쪽이든 그

중심에는 진행 중인 욕구가, 식도락적으로든 성적으로든 심리적으로든 '충족시켜야' 할 대상이 언제나 자리했다. 그런 이유로 콜레트는 자신과 세계의 공허를 끊임없이 두려워했다. 서먼의 표현에 따르면, "그녀는 공허한 상태를 끔찍이 혐오했으며, 그녀의 유명한 탐욕은 치명적인 결함에 대한 지나친 두려움에 비례했다. 그 결과는 카망베르와 보르도 와인, 부도덕한 사랑에 대한 유별난 갈구로 나타났다—이 모두는 육체적으로든 정신적으로든 결핍을 피하려는 시도였다.

'사심을 배제한 식물학적 열정'

도무지 채워지지 않는 욕구를 달래는 처방으로 정원은 일면 생뚱맞아 보일 수 있다. 무엇보다 장미와 송로는, 프랑스의 작가들과 마찬가지로, 갈망을 상징하는 피조물이다. 먹고, 자손을 낳고, 죽는다. 이 사실을 콜레트는 때때로 인지했지만 그리 오래가지는 않았다—식물에게는 언제나 "감옥을 자유롭게 나갈 수 있는" 권한이 주어졌다. 가령 『감옥과 낙원Prisons et paradis』에서 그녀는 꽃을 현대 과학과 영화의 관점에서 고찰했다. 연구자들은 식물에게 신경계가 존재한다고, 그래서 고통을, 어쩌면 불안과 분노까지도 느낀다고 제안했다. 이에 콜레트는 의문을 제기했다. "그렇다면, 꽃들도 잔인한가? 꽃들도 부담스런 성생활의 노예인가? 꽃들도 야만적이고 잔인하리만치 변덕스러운가?" 영화는 저속촬영

기법을 통해 빠르게 움직이는 식물을 장대한 스케일로 그려냈다. 덩굴을 뻗어 올리는 콩은 비단뱀을 보는 듯했고, 백합은 악어를 연상시켰다. 콜레트는 이러한 이미지들에 동요하면서도 공포심을 억누르고 보다 장밋빛인 세계관을 지지했다. 『꽃과 과일』에 그녀는, 죽어가는 파리에 둘러싸인 채 악취를 풍기는 캐리언플라워carrion flower[박주가리과 스타펠리아속 식물로 꽃에서 썩는 듯한 악취가 난다 하여 시체꽃corpse flower이나 냄새나는 꽃stinking flower이라고도 불린다. 파리나 곤충을 끌어들여 꽃가루받이를 한다—옮긴이]에 관해 다음과 같이 적었다. "차라리 나는 모르고 싶다. 작고 어두운 비밀이 거기, 그 평판 나쁜 꽃 깊숙이 잠들어 있게 내버려두라." 콜레트의 세계에서 꽃들은 순수한 상태로 머물러야 했다. 그녀에게 꽃들은 우주의 일반적인 법칙에서 벗어난 흡사 마법과도 같은 존재였다. 『학교에서의 클로딘』에서 그녀의 소도시가 꽃이 만발한 나무그늘로, 젊은 시절 꿈꾸는 환상의 땅으로 변형되는 장면들은 바로 이런 맥락에서 설명이 가능하다.

이는 일면 장폴 사르트르가 말한 '나쁜 믿음'을 떠올리게 한다. 콜레트는 식물의 게걸스러운 태도를 인정하는 듯하다가는 금세 부정해버린다. 확실히 콜레트는 인생에서든 글쓰기에서든, 철학적인 일관성을 목표로 삼지 않았다. 어쩌면 사르트르가 콜레트와 식사한 후 그녀를 '성스러운 괴물'이라고 묘사한 이유가 바로 여기에 있는지 모른다. 지성과 학문의 일반적인 규칙이 그녀에게는 적용되지 않는다고 사르트르는 보았다. 그럼에도 꽃과 정원을 사랑하는 마음 덕분에 그녀는 혼자만의 '냉혹한'

우주를 잠시 벗어나 진정한 휴식을 취할 수 있었다. 섹스와 음식에 대한 욕망은 항상 콜레트가 더 많은 것을 원하게 만들었지만, 식물들은 그녀가 그 모든 욕망을 잠재울 수 있도록, 더 적게 열망하고 더 많이 사색하도록 도움을 주었다.

콜레트에게 꽃들은 아리송한 존재가 아니었다. 변덕스럽지도, 변화무쌍하지도 않았다. 꽃들은 거짓말을 하지도, 속이거나 배신하지도 않았다. 꽃은 그 모습 그대로 꽃이었다. 1880년에든 1932년에든, 파리에서든 부르고뉴에서든. 꽃들은 한마디로 단순했다. 꽃들의 본성은 평범하고도 지속적이었다. 바로 이런 이유로 콜레트는 꽃에 관한 한, 유혹하거나 억압할 필요를 느끼지 못했다(뿐만 아니라 그녀는 도시인들이 그런 행동을 하며 즐거워할 때면 씩씩거리며 화를 냈다. "아직 어린 꽃봉오리를 파리지앵들

이 죄다 꺾고 다닌다"며 그녀는 툴툴거렸다). 자연의 법칙을 관찰하는 것만으로도 콜레트는 행복했다. 자연의 법칙을 그녀는 "완성을 향해 가는 힘겨운 노동"이라고 일컬었다. 특히 콜레트는, 꽃들을 포식자나 피식자로 보는 대신 차분히 관찰하는 쪽을 택했다. 『감옥과 낙원』에서 그녀는 이러한 태도를 "사심을 배제한 식물학적 열정"이라고 묘사했다. 이러한 관점으로 보면 꽃들은 더 이상 측정이나 조작의 대상이 아니었다. 각 꽃에는 나름의 인격이 존재했다. 『감옥과 낙원』에 그녀는 다음과 같이 썼다.

> 장미, 인간의 변덕스런 손에서 유순한 너는 크기를 키우고 다시금 줄이며 왜곡되고, 또 위장되지만, 그럼에도 여전히, 우리에게서 끌어낼 힘을, *사랑의 오랜 광기와 그 모든 잔해를 우리 안에서 가라앉힐* 힘을, 너는 갖고 있다.

콜레트의 장미는 단지 장식품이 아니었다. 장미를 보며 콜레트는 장미의 고유한 성격을 머릿속에 그려보고픈 유혹을 느꼈다. 이러한 과정을 독일 철학자 아르투어 쇼펜하우어는 '사색'이라고 일컬었다. 이때 사색하는 의식意識은 "사물에 대해 '어디에서, 언제, 왜, 어디로'라는 질문을 품기를 중단한 채, 그 *무언가*를 단순히, 또 온전하게 바라본다"고 쇼펜하우어는 썼다. 콜레트에게 이러한 과정은 일종의 상상을 통한 재건이었고 그 시작은, 동물과 달리 꽃들에게는 특별한 개성이 부여돼 있지 않다는 인식이었다—꽃들의 집단적 성격은 각 식물의 개별적 성격을 초월했다. 콜레트는 꽃들의 규칙적 모양과 색깔, 생리적 주기를 파악한 다음, 이를 종합해 보편적인 성격으로, 쇼펜하우어의 표현을 빌리자면, "식물에 관한 단 하나의 변하지 않는 개념"으로 정리했다. 가령 팬지는 헨리 8세처럼 "흔하지만 위엄 있고……자기만족적이며……금세 타락하는" 성격이었다. 아네모네는 위선적이었고, "돌풍에 휘말린 낙하산처럼" 갑자기 꽃잎을 펼치기보다는 때를 기다렸다. 그런가 하면 장미는 왕조를 이루었다. 왕통은 하나지만 딸린 꽃들은 마치 자매처럼 백 가지에 달했다(그녀의 글에 따르면, "전적으로 다르지도, 전적으로 같지도 않았다"). 콜레트의 단편 「암코양이La Chatte」에서 알랭이 어머니의 오래된 정원에서 사랑한 것도 바로 이러한 성격, 세월을 견뎌낸 지속성이었다. "아, 그대로야, 샐비어는 옛날 그대로야!" 젊은 아내를 남겨두고 어머니의 정원을 찾은 알랭은 그렇게 외쳤다. 콜레트에게 이 과정은 엄격한 과학이 아니라 일종의 문학적인 발명이었고, 식물에 대한 신중한 관찰과 예술가적 기교의 합작품이었다. 이를 통해 그녀는 또 다른 생명에 대한 덜 계산적이고 더 관대한 초상을 꿈꾸었다.

끝을 향해 갈수록 콜레트의 차분한 이상주의는 점차 일관성을 더해갔다. 가령 그녀는 연인관계에 관심이 없다고 썼다. "'주기와 받기' 사이를 오가는 진자 운동"에 지쳤으며 "벗들과 더불어 즐기는 법"을 배웠다는 것이다. 이는 일면 나이가 들어 성욕이 줄었기 때문이지만, 정원에서 선보인 '사색하는 의식' 때문이기도 했다. 그녀는 지금까지와는 다른 거리에서, 객관성을 가지고, 삼가는 법을 배웠다. 다시 말해 새로운 사랑이나 진기한 접시, 희귀한 빈티지를 찾아다니지 않았다. 그보다는 오래된 대상들을 *다르게* 다루었다. 콜레트는 그녀의 표현을 그대로 살리자면, "사랑이라는 분홍빛 작은 코"를 덜 탐욕적인 눈빛으로 대체하는 법을 배웠다—그 가르침의 일부는 대체로 정원에서, 특히 꽃들에게서 얻었다. 자신의 어머니처럼 콜레트도 꽃들을 통해, 의식하는 방식을 점차 변화시킴으로써 비로소 자유를 얻었다.

이러한 해방은 글자 그대로 부분적이었다. 독자들에게는 천만다행으로 콜레트는 쇼펜하우어가 추천한, 따분하고 불교도적인 체념 단계에는 결코 이르지 못했다. 금욕이나 자제, 고립을 받아들이기엔 그녀는 욕심이 지나치고 생기도 넘쳐났다. 그녀의 글은 그 자체로 일종의 난폭한 소유 행위였다. 등장인물은 적절한 말과 구절, 은유와 섞인 채 꼬챙이에 꿰어졌다. 그녀의 침실에 핀으로 꽂힌 나비들처럼. 원고들은 줄을 긋고 수정한 흔적들로 가득했다. "내 안 깊숙한 곳에는 피로한 영혼 하나가 산다. 더 좋은 단어에 대한 미식가적인 탐색을 여태 멈추지 않은 피로에 찌든 영혼이." 『개밥바라기』에 콜레트는 그렇게 썼고, 내내 그렇게 살다가 죽었다. 80세가 다 되어 사교성과 명석함이 오락가락하던 와중에도 그녀는 자신이 어마어마한 존재라는 인상을, 장 콕토에게 심어주었다. "바텐더가 미는 휠체어에 탄 그녀가 술집 안으로 들어온다. 그녀의 아름다운 두 눈이 마렌Marennes산 최상급 굴들 위에서 헤엄친다. 그녀의 머리칼은 올리브 나무를 닮았고, 입술은 화살촉에 찍힌 상처를 연상시킨다." 장 콕토는 그렇게 썼다.

하지만 이러한 격렬함 곁에는 언제나 콜레트의 이상주의가, 프랑스의 풍경과 식물군을 향한 그녀의 깊은 애정이 자리했다. 제2차 세계대전 직후, 그러니까 칠순이 넘은 나이에 콜레트는 『개밥바라기』를 출간했다. 특히 감동적인 한 구절에서 작가는 글쓰기를 완전히 포기하는 자신의 모습을 상상했다. 그런데 이 허구적인 은퇴에서 그녀의 동반자는 남편 모리스도, 핀으로 꽂아둔 나비들도, 수집해온 수정도 아니었다. 오직 꽃들뿐이었다. 콜레트의 상상 속에서 그녀는 이렇게 말한다. "그 누가 집에 찾아와도 나는 만나주지 않을 것이다. 이 사각의 물망초와 소원의 우물을 닮은 장미, 단어를 찾는 마음의 소리가 막 잦아들었을 때의 침묵 외에는."

1954년 8월 2일 81세의 콜레트는 자신의 임종 자리에 누운 채, 새와 나비가 그려진 그림책을 이리저리 넘겨보았다. 그녀는 약했고 조용했다. 그때였다. 갑자기 그녀가 책 위로 손을 뻗어 창밖을 가리켰다. "봐요." 그녀가 남편 모리스와 가정부 폴린에게 말했다. "보라니까요!" 콜레트의 마지막 말이었다.

Jean-Jacques Rousseau

장자크 루소: 식물학적인 고백

나이를 불문하고 자연에 관한 연구는……사색할 가치가 가장 높은 주제로 정신을 채워, 그 정신에 유익한 양분을 제공한다고 저는 확신합니다.

—장자크 루소, 1771년, 에티엔 델레세르 부인에게 보낸 편지에서

철학자 장자크 루소Jean-Jacques Rousseau의 위대한 재능은 논리나 도덕성, 형이상학에 있지 않았다. 언어를 통한 자화상 그리기에 있었다. 자신의 문학 작품에 루소는 스스로의 모습을 인상적으로 스케치했다. 그는 용감하고 진실하고 공정한, 새로운 종류의 18세기 프랑스 남자였다. 물론 이는 이상화된 이미지다. 루소가 저서 『고백Les Confessions』에 자랑스레 남

ANTONIO ABRIGNANI © 123RF.COM

루소에게 식물학적 명상은, 인색한 은둔이나 값싼 여가를 넘어서는 의미였다. 스위스 비엔 호수에 자리한 생피에르 섬의 숲 속에서, 루소는 쉼 없는 삶과 파리의 살롱에서 벗어나 숨 돌릴 기회를 얻었고, 덕분에 자연과 더불어 최상의 자신을 재발견할 수 있었다.

긴 글에 따르면 그는 "동료를 향한 선의를 타고났고, 위대함과 진실함, 아름다움을 뜨겁게 사랑했지만, 증오하거나 상처를 주는 일에는 재능이 없었고, 갈망하는 재능조차 없었다." 감상적인 시대정신과, 적지 않은 자만심의 영향으로 루소는 스스로의 미덕을 묘사하는 데 과장된 표현들을 아끼지 않았다.

루소의 문학적 페르소나는 부유한 후원자들을 감동시켰다. 가령 몽모랑시뤽상부르Montmorency-Luxembourg 공작 부부는 의식주까지 제공하며 그를 옹호했다(공작 부부는 언젠가 그 공로로 루소의 우정의 '아주 작은 조각이나마 받을' 수 있기를 고대했다). 또한 루소의 페르소나는 프랑스혁명 지도자들에게 영감을 주었다. 그들은 루소를 시대에 걸맞은 진실의 순교자라며 한껏 치켜세웠다. 스코틀랜드의 철학자 토머스 칼라일Thomas Carlyle은 루소의 『사회계약론Du contrat social』 재판이, 초판을 조롱한 이들의 가죽으로 장정되었다며 빈정거렸다. 사실 부르주아 혁명가들은 『사회계약론』을 종종 무시했지만, 루소의—『고백』이나 『신엘로이즈Julie Ou La Nouvelle Héloïs』 같은—자전적 소설 덕분에 그의 초상은 꾸준히 살아남아 사랑받을 수 있었다. 앙시앵레짐Ancien Regime[1789년 프랑스혁명 이전의 절대왕정기 사회체제, 즉 구체제를 가리킨다—옮긴이] 하의 프랑스 사회는 부패하고 그릇되고 이기적이었던 반면, 루소는 올곧고 정직하고 이타적이었다. "신성한 인간이여, 당신의 존귀한 성품에 대해 묵상했습니다. 그리고 이해했습니다. 진실을 배양하기 위해 헌신한 한 고귀한 생명의 모든 슬픔을." 프랑스혁명 지도자 막시밀리앙 로베스피에르는 그렇게 말했다.

하지만 루소의 모든 미덕—그것이 진짜든 가짜든—은 글쓰기에 대한 재능에서 출발했다. 작가 루소는 성인聖人 루소를 고안해냈다—대담하게, 서정적으로, 영리하게. 1750년 『학문과 예술에 대하여Discours sur les sciences et les arts』로 디종 아카데미 현상 논문에 당선했을 때 루소의 논지는 결코 독창적이지 않았다. 그는 지적 생활의 타락과 약함을 꾸짖었는데, 이는 로마의 풍자 작가들이 앞서 1000년 넘게 해오던 주장이었다. 그 논문이 그토록 강렬한 인상을 준 이유는 루소의 산문체에 있었다—루소의 전기 작가 요한 하위징아Johan Huizinga의 묘사에 따르면, "그의 논조는 불쾌하다고까지는 할 수 없지만, 과장적이고 반항적"이었다. 그 논문으로 루소는 파리 상류층의 살롱에 입성했고, 그의 맹렬함과 정의로움은 루소 자신이 비난을 서슴지 않았던 바로 그 귀족들로부터 찬사를 받았다. 루소에게는 재능이, 『고백』의 마침맞은 구절에 따르면, "유용하지만 환영받지 못하는 진실을 용감하고 힘 있게 말하는" 재능이 있었다.

환희와 황홀감

하지만 장기적으로 볼 때 글쓰기는 이 베스트셀러 작가에게 열정의 대상이 아니었다. 1765년 가을에 루소는 서재가 아니라, 스위스 비엔Bienne 호수에 자리한 생피에르Saint-Pierre 섬의 숲 속에서 펜을 들고 엎드린 채 공부 중이었다. 그 섬은 루소의 망명지였다.

『에밀Émile ou de l'éducation』은 3년 전에 출간되었고, 구교도와 신교도 양측 관계자들로부터 비난과 검열을 받았다. 그의 죄목은 가톨릭 교구목사에게 이단적인 생각들—그중에서도 특히 원죄와 계시에 대한 불신—을 주입시킨 것, 그리고 저서에 본인의 이름을 서명한 것이었다(프랑스는 익명의 급진주의에는 더 관대했다). 그의 책들은 불태워졌고, 루소는 생명을 위협받았다. 설상가상으로, 체포 영장까지 발부되었다. 루소는 프랑스를 떠나 스위스의 모티에Motiers로 갔다가 한밤중에 누군가 집에 돌을 던지자 재빨리 생피에르 섬으로 달아났다.

생피에르의 숲 속에 편히 앉은 루소의 모습은, 흡사 독실한 우상파괴주의자를 보는 듯했다. 그는 가장자리가 시베리아 여우 모피로 장식된 아르메니아식 예복을 입고 다람쥐털모자squirrel cap를 괴상하게 걸쳤(는데, 마르틴 루터보다는 데이비드 크로켓David 'Davy' Crockett[미국의 서부 개척자, 정치인, 민간전승의 영웅—옮긴이]에 가까운 모습이었)다. 그의 왼쪽에 위치한 이끼 덮인 바위 위에는 스웨덴의 위대한 동물학자 칼 폰 린네Carl von Linne의 저서『자연계Systema Naturae』가 한 부 놓여 있었고, 오른손에는 돋보기가 들려 있었다. 루소의 툭 튀어나온 코는 꿀풀이라는 약초의 자줏빛 꽃에서 불과 몇 센티미터밖에 떨어져 있지 않았다. 꿀풀의 꽃가루 덮인 수술은 길고 갈라져 있었는데, 이렇듯 깜찍한 수정 방법은 루소에게 '즐거움'을 선사했다.

이런 식으로 그 작디작은 섬에서 루소는 아침 식사 후 몇 시간 동안 그림을 그리고 메모를 하는가 하면 고국[루소는 주로 프랑스에서 활동했지만 고향은 스위스 제네바다—옮긴이]의 표본들을 취해다가 절개하거나 건조시켰다. 그는 식물들의 구조와 유성생식을 면밀히 관찰해 결과들을 수집하여, '플로라 페닌술라리스Flora Peninsularis', 즉 생피에르 섬의 식물에 관한 연구를 진행해나갔다. 그것은 그 악명 높은 철학자가 혼자 할 수 있는 가장 재미있는 놀이였다(그의 다른 고독한 취미들은 『고백』에 놀라우리만치 상세하게 기록되어 있다). "세상 그 무엇도, 하루하루의 발견에서 내가 느끼는 환희와 황홀감보다 특별할 수 없었다"라고, 루소는 1778년에 사망하기 직전까지 2년간 파리에서 집필한 미완성작 『고독한 산책자의 몽상Rêveries du promeneur solitaire』에서 회상했다.

천재적인 부랑아

생피에르 섬의 식물들은 루소에게 완벽한 동반자였다. 그의 교우관계는 곡절이 많기로 유명했다. 디드로Denis Diderot 같은 철학자들은 그를 존경했지만 결국은 그의 무례한 태도와 서로 아는 친구를 비방하는 버릇, 터무니없는 순교자 행세를 견디지 못하고 절연하기 일쑤였다. 루소의 후원자로서 루소로부터 자신에게 불리한 이야기를 꾸며낸다는 비난을 받았던 에피네 부인Madame d'Epinay은 훗날 루소를 "도덕의 죽마를 탄 난쟁이"라고 묘사했다. 스코틀랜드 태생의 철학자 데이비드 흄은, 프랑스에서 추방된 루소에게 잉글랜드에 거처를 제공해 같이 지냈고, 프랑스 작가인 루소가 왕에게서 연금을 얻어낼 수 있도록 힘쓰기도 했다. 그 모든 노력의 대가로 흄이 받은 보답은, 루소를 학대하고 뒤에서 음모를 꾸몄다는 혐의였다. 황당해 하는 흄에게 루소는 다음과 같은 글을 남겼다. "선생이 나를 잉글랜드로 데려온 표면적 이유는 내게 망명 장소를 구해주기 위해서였지만, 실제로는 내 명예를 손상시키기 위해서였소." 이 무렵부터 루소는 정신이상 증세를 보이기 시작했고, 그 병증은 죽을 때까지 그를 괴롭혔다. 하지만 광기에 사로잡히기 전에도 루소는 종종 까다롭고 불손한 성미를 드러냈다.

또한 루소는 파리의 살롱에서 겉도는 존재였고, 볼테르Voltaire처럼 재치 있는 계몽사상가들 옆에서 세련되지 못하게 처신했다. 지나치게 변덕스럽고 버릇없는 태도는 그를 연구와 글쓰기에 엄정하게 임하거나 정중한 품행을 함양하기에 부적합한 사람으로 만들었다. 한 편지에 그는 자신이 "순간의 인상에 탐닉한다"고 적었다. 몸가짐과 마음가짐을 갈고닦는 데 실패한 루소는 명성을 얻겠다는 야망을 포기하고 현학적인 프랑스 사회를 공격하기 위한 한 방편으로 그들 무리에 합류했다. 루소는 현학적인 학자와 예술가, 후원자 들을 비롯해 프랑스의 교양인 대부분을 싸잡아 풍자했는데, 철학자 아이자이어 벌린Isaiah Berlin의 글에 따르면, "루소는 공격적이고 저속한 인물 중 역사상 가장 위대한, 일종의 천재적인 부랑아였다."

결과적으로 루소는 학식과 재능을 겸비한 지인을 숱하게 사귀었지만 프랑스의 지성인 세계에서 편안하다고 느낀 적이 단 한 번도 없었다. 이러한 거리감은 그가 생피에르 섬의 식물들을 사랑한 부분적 이유였다. 루소의 자전적 작품들은 지식인들의 수다와는 대조적인 자연의 침묵에 고마움을 표하는 묘사들로 가득하다. 꿀풀은 그의 생각이나 옷차림, 행실을 조롱하지 않았고, 그를 험담하지도, 모략하지도 않았다. 또한 그 섬의 식물들은 그의 평판과 안정을—현실에서든 상상에서든—위협하는 요소들을 그의 머릿속에서 걷어냈다. 식물과 함께하는 시간은 그에게 파리 생활의 골칫거리를 잊게 하는 소박한 기분 전환이었다. "나의 자연스러운 본성은 나의 시선을 돌리고 나의 상상력을 침묵하게 했다. 그리고 나로 하여금 자연의 위대한 가장 행렬을 처음으로 가까이에서 자세히 바라보게 만들었다." 『고독한 산책자의 몽상』에 루소는 그렇게 썼다. 파리에서 추방된 루소에게 식물은 문명이라는 제약을 벗어난 휴식이

었다. 논쟁을 경계하고 끝없는 언쟁에 염증을 느끼던 철학자 루소는 식물학으로 관심을 돌리려 했다. 아침을 먹고 나면 점심때까지 생피에르섬 곳곳을 배회할 수 있었다. 돈 한 푼 들지 않았고, 타인의 문제로 골머리를 앓을 필요도 없었다. 실제로 그 중년의 학자는 여생을 그렇게 보내기로 계획했었다. 『고백』에 그는 "이 섬에 존재하는 특별한 토양은 충분히 다양한 연구용 식물과 여생 동안의 즐길 거리를 나에게 제공했다"라고 썼다.

자연 상태

하지만 루소에게 식물학적 명상은, 인색한 은둔이나 값싼 여가 이상을 의미했다. 루소에게, 식물학이란 그에게 가장 소중한 자연이라는 대상을 감지하고 인식하고 회복하는 방법이었다. 식물학은 루소에게 쉼 없는 삶과 파리의 살롱에서 벗어나 숨 돌릴 기회를 제공했고, 덕분에 그는 자연과 더불어 최상의 자신을 재발견할 수 있었다.

루소의 기본적 믿음은 '자연은 선하다'는 것이었다. 단순히 유용하거나 아름답다는 뜻이 아니라—물론 둘 다 맞는 이야기이긴 하지만—도덕적으로 나무랄 데가 없다는 뜻이었다. 『인간 불평등 기원론Discours sur l'origine et les fondements de l'inégalité parmi les hommes』에 루소는 자연이 "신성한 존재"의 작품이라고 썼다. 그가 볼테르에게 쓴 유명한 편지에 따르면, 그 신성한 존재는 자애롭고 현명하며 완벽했다. 볼테르는 철학자 고트프리트 라이프니츠와 시인 알렉산더 포프의 형이상학적 낙천주의를 문제 삼은 바 있는데, 세상에는 비극이 흔하고 끊이지 않는다는 것이 그 이유였다. 1756년 출간된 유명한 답장에 루소는 "그의 영혼에서 아무도 꺾을 수 없는 성향"에 대해 적었는데, 그 성향이란 바로 선하신 창조주와 창조주의 작품에 대한 믿음이었다. 이와 같은 유심론은 루소를 유물론과 합리주의에 치우친 계몽주의 사상가들과 갈라놓는 부분적 계기가 되었다. 우주는 "전체적으로 선하다"고 루소는 적었다. 그리고, 그러므로 모든 자연은 악의를 가질 수도, 학대하거나 기만할 수도 없었다. "자연은……절대 거짓말하지 않는다."『인간 불평등 기원론』에 루소는 그렇게 썼다. 루소는 자연이 윤리나 정치에 무지하며, 선과 악에 대한 이론적 개념은 무의미하다는 견해를 분명히 했다. 하지만 루소는, 그럼에도 자연이 도덕적으로 모범이 된다고 믿었다. "자연에서 비롯된 모든 것은 진실이어서, 그 어떤 거짓과도 맞닥뜨릴 일이 없다." 루소는 그렇게 말했다.

중요한 사실은, 인류가 본래 정직하고 선하긴 하지만 이성과 문명 발달 이전의 '자연상태état de nature'에서만 그렇다는 점이라고 루소는 주장했다. 철학자 루소에게 최초의 인류는 합리성과 자의식이 결여된 순진한 동물이었다. 그러나 그들은, 루소가 현대 프랑스를 그 원인으로 지목한 일련의 죄목, 즉 '욕구, 탐욕, 억압, 욕망, 자만'에서 배제된, 도덕적으로 순수한 존재였다.『인간 불평등 기원론』에서 자연 상태를 다룬 구절들은, 원시적이고 고립된 천혜의 환경에서 땅을 어슬렁거리던, 둔하고 근육질일지언정 고귀한 야만인의 초상을 상세히 그려놓았다. 루소가 그 에세이를 발표한 1754년으로부터 100년 전에 토머스 홉스Thomas Hobbes도 논문 『리바이어던Leviathan』에서 '자연 상태'에 관해 스케치한 바 있지만 홉스가 그려낸 초상은 루소가 그려낸 것과 근본적으로 달랐다. 잘 알려진 대로 홉스는 자연 상태를 "만인의 만인에 대한 전쟁"이라고, 그 안에서 삶은 "역겹고 잔혹하고 짧다"고 보았다. 루소는 홉스에게 정의감에서 비롯된 기습 공격을 감행했다. 그 영국인 철학자가 현대 인간의 특성을 원시 인간에게 투사하고 있다는 것이다. 이성이 확립되기 전 인류는 오직 원시적인 두 가지 원칙만을 따랐다고 루소는 주장했다. 그 원칙이란 바로 자기애와 측은지심이었다. 자기애, 즉 아무르 드 수아Amor de Soi는 인간을 살아 있게 했고, 음식과 안식처와 짝을 구해 아이를 낳게 해주었다. 측은지심, 즉 피티에Pitié에 대해 루소는 "분별력을 지닌 타자가, 그중에서도 특히 우리와 종種이 같은 타자가 고통이나 죽음으로 괴로워하는 모습을 볼 때 인간이 느끼는 자연적 반감"이라고 묘사했다. 이 두 원칙은 루소가 말한 신성한 존재의 작품으로, 덕분에 인간은 혼자서 잘 지내다가도 필요할 때는 서로 돕고 보살피며 살아갈 수 있었다. "측은지심은 자연스러운 감정으로, 각 개인 속에 내재하는 자기애의 폭력성을 누그러뜨림으로써 모든 종의 보존에 기여한다"고 루소는 적었다.

이러한 목가적인 삶이 끝나게 된 이유로 루소는 사회적 친교와 사상을 지목했다. 사회가 형성되기 이전에는 "도덕적 관계도, 확정적 의무도" 존재하지 않았다는 것이다. 측은지심 덕분에 잔인성은 면해왔지만, 본디 인간은 부도덕한 존재로, 냉담하고 경솔하며 본능적이었다. 그러나 고귀한 야만인의 시원적 자유는 공동체의 필요성에 밀려 사라졌고, 공동체 안에서 자연적 불평등(지능, 체력, 미모)은 정치적 불평등(계층, 지위)을 부추겼다. 이는 기만으로 이어졌다. 재주를 타고나지 않은 사람은 재주를 가진 척 가장할 수밖에 없었기 때문이다. “존재한다는 것과 보인다는 것은 완전히 다른 두 가지가 되었다.” 루소는 그렇게 탄식했다.

고귀한 야만인의 몰락에 관한 이야기는 루소의 철학에서 중심을 차지했다. 그가 자연과, 자연 상태인 인간의 정직성을 강조한 이유가 여기에 있다—지성과 공동체가 대두되기 이전의 시대는 잔혹하고 고립된 진심의 시대였다. 사회의 사상과 친교는 현대 프랑스의 모든 악덕을 가져왔다. 폭력과 비참을 극복하기 위해 제정한 법은 오히려 출신과 교육 수준, 미모, 재치에 따른 권리와 특권을 강화시켰다. 가난한 이들은 기본적인 삶조차 이어가기 버거웠지만, 부유한 이들은 명성을 얻거나 왕실의 눈에 들기 위해 속고 속이며 경쟁했다. 누구도 행복하지 않았고 모두가 나름대로 노예였다고, 루소는 주장했다.

> ‘고귀한 야만인’은 오로지 평화와 자유만을 들이쉰다. 오로지 노동으로부터 자유로운 삶과 존재만을 욕망한다……반대로 문명인은 늘 움직이고 땀 흘리고 수고하고 머리를 짜내며, 더욱더 힘든 직업을 찾아다닌다. 생의 마지막 순간까지 고역을 이어가는가 하면, 살아갈 위치를 확보하려 죽음을 좇거나 불멸을 획득하려 삶을 포기하기까지 한다.

루소가 볼 때 기본적인 문제는 당대의 인간들이 *자연을 거스른다*는 점이었다. 자연을 거스르는 건, 스스로를 거스르는 것이나 마찬가지였다. 사람들은 자연 상태에서 누리던 기본적 자유를 포기하고 타락해가는 사회에 합류하더니, 그 자유를 다시 현대의 불공정한 법률에 헌납했다.

루소는 이 병폐에 정치적이고 교육적인 처방을 제시했는데, 각각에는 자연에 대한 그의 이상이 반영되었다. 가령 『사회계약론』에서 루소는 일반의지Volonté Général에 관해 고찰했다. 일반의지란 시민 전체가 합심해서 맺은 결의를 뜻하며, 그 결의를 거쳐 시민들은 최초의 사회계약을 수립했다. 의지의 집합체로서 시민들은 자신들이 복종할 법률을 스스로 만드는 자주적이고 위엄 있는 치안판사였고, 같은 맥락에서 지배자인 동시에 피지배자였다. 시민들은 원시적 자유를 상실한 대신 정치적 자유라는 안정과 힘을 확보했다. 이른바 '인간의 본성'에서 유래한 이 일반의지는 언제나 옳고 선했으며, 거부하는 이들은 즉시 처벌을 받았다.

『사회계약론』의 정신은 특유의 과감한 공화주의로 독자들을 들뜨게 했지만, 일면 모호하고도 지나치게 추상적이었으며, 자유주의적이었지만 또 그만큼 전체주의적이었다—가령 시민들은 "자유로워지기를 강요당했다." 철학자 아이자이어 벌린의 비판적 글에 따르면 루소의 오만은 다음과 같이 요약할 수 있다. "그들은 진정한 자아가 무엇인지 알지 못한다. 반면 나는, 현명하고 합리적이고 위대하고 자애로운 입법자인 나는, 그것이 무엇인지 안다." 루소는 자신을 평범한 시민들보다 우월하다고 여겼고, 자신의 입법자적 본성을 지나치게 사랑한 나머지, 단 한 사람의 시민도 그 계율의 그늘에서 자유로이 벗어나도록 내버려두지 않았다.

『에밀』의 교육적인 권고들—모유 수유와 신체 단련 같은—은 귀족사회에 널리 받아들여졌(으며 오늘날에도, 더 충분한 과학적 증거에 힘입어, 고른 지지를 얻고 있)다. 하지만 책 전반에 흐르는 시골풍의 소박한 분위기는 자녀 양육에 관한 그의 조언보다 더 큰 영향력을 발휘했다(뷔르템베르크 공주의 딸은 걸음마를 갓 떼었을 무렵 루소의 권고에 따라 맨발로 눈 속을 걷다 동상에 걸렸을 정도다). 하지만 여전히, 루소라는 자연의 예언자는, 실용적인 이론가로서보다는 명목상의 우두머리나 뛰어난 문학가로서 더 중요하게 다뤄졌다. 그도 그럴 것이 그의 진단은 종종 지나치게 단순했고, 처방은 대개 근시안적이었다. 하지만 인생에서 루소는 결국 식물학을 발견했다. 식물학은 그가 생각들을 배출할 수 있는 단 하나의 중요한 통로였다.

순수한 호기심

그 모든 격렬하고 공공연한 비난에도 불구하고 『인간 불평등 기원론』에서 루소는 비평가들은 도시를 내팽개치고 황야로 향할지도 모르지만 자신은 현대사회의 소외를 꿋꿋이 감내하겠노라는 뜻을 장난처럼 넌지시 내비쳤다. 그의 글에 따르면, 루소와 같은 부류, 즉 "스스로의 열정이 스스로의 원초적 소박성을 파괴하는 바람에 더 이상 식물과 도토리로는 연명할 수 없게 된 인간들"은 그저 덕 있게 살며 자연의 두 가지 원칙인 *아무르 드 수아*와 *피티에*를 따르는 수밖에 없었다. 그런 인간들은 "현명하고 선한 왕자들"에게 영향을 주기 위해 애쓰기도 하는데, 실제로 루소는 코르시카의 헌법을 입안했었다. 하지만 그가 한 가장 유명한 권고는 일종의 실존적인 은퇴였다. 타인들로부터 멀어져 자신에게 다가가기를 권유하며 루소는 다음과 같이 썼다. "야만적 인간은 자신 안에서 산다. 반면 사회적 인간은 언제나 자신 밖에서 산다." 다시 말해 루소는 주로 명상적인 고독을 권유했다. 선한 인간은 명성과 평판, 영광, 인정받고픈 열망에 초연한 대신, 소박하고 신성한 선함의 원칙들을 지키려는 원시적 본성에 항상 충실해야 했다. "선이여! 소박한 정신의 숭고한 학문이여! 그대의 원칙들은 모든 심장에 새겨져 있지 않은가?" 『학문과 예술에 대하여』에서 루소는 그렇게 물었다.

루소에게 식물학은 정신과 관찰력을 동원해 이러한 원칙들을 재발견하게 이끄는 작은 길이었다. 친구 에티엔 델레세르Étienne Delessert 부인에게 보낸 일련의 편지에서 루소는 자신의 이 생각에 살을 붙였다. 그는 식물학을 '순수한 호기심'이라고 주장하며 그것의 쓸모없음을 강조했다. 델레세르 부인에게 그는 식물학이 특별히 중요한 학문은 아니라는 식으로 은근히 비꼬았다. "실제적인 쓰임새는 전혀 없습니다. 생각하는 예민한 한 인간이 자연과 우주의 경이를 관찰하여 결과를 도출할 수 있다는 점을 제외하면 말이죠."

그와 같이 자연을 재발견하기 위해서는 더욱 뛰어난 관찰과 분석이 필수적이었다—식물학은 관찰력과 분석력 모두를 단련시켰다. 식물학자는 신중히 바라보아야 했다. 라틴어 학명을 떠올리지 않고 다만 열심히 관찰하자는 것, "보는 것에 이름 붙이는 법을 가르치기 전에 제대로 보는 법부터 가르치자는 것"이 루소의 핵심적 주장이었다. 대개의 사람들은 제대로 보기에 충분한 명석함과 식별력을 갖추지 않았다. 가장 주된 이유는 그들이 지위나 돈, 로맨스 같은, 평범한 인간의 고민거리에 사로잡혀 있기 때문이었다. 초원이나 숲을 바라보며 보통의 파리지앵이 느끼는 것이라고는 고작 "우둔하고 단조로운 감탄"이 전부라고 루소는 『고백』에 적었다. 반면 원예학도는 해부학적인 세부사항을 일일이 구분해내야 했고, 그러려면 정신을 온전히 자연에 집중해야 했다. 답장에서 루소는 편지를 온통 꽃에 대한 이야기로 채워 넣었다. 가령 흔한 꽃 데이지에 대해서는, 작고 노란 꽃잎들이 원반 모양을 이루는데, 각 꽃잎은 암술과 수술, 즉 여자와 남자의 기관이라는 이야기와, 데이지의 흰 '꽃잎'은 그 자체로도 꽃이어서, 꽃잎마다 갈라진 수술이 하나씩 달려 있다는 이야기, 평범한 꽃 한 송이로 보이는 것도 실제로는 수백 송이의 작디작은 꽃 혹은 소화小花가 모인 것이라는 이야기를 차근차근 써내려갔다. 이어서 루소는 민들레, 치커리, 아티초크, 엉겅퀴에 대해서도 이런 식의 내용을 반복하며, 평소에 간과하기 쉬운 사항들을 놀랍도록 꼼꼼하게 지적했다. 『에밀』에서와 마찬가지로 루소는 끈기와 식별력을 겸비한 면밀한 관찰은 그 자체로 교육적이라고—그것만으로도 우리의 인식을 완전히 바꿀 수 있다고—조언한다. 우리는 매일 똑같은 식물을 보면서도 그것의 복잡성에 대해서는 모를 수 있다. 그러다 갑자기 더 많은 것을 알아채게 되는데, 그 새로운 발견에는 보상이 뒤따른다. 편지에 루소는 "달콤한 향기, 밝은 색깔, 가장 우아한 형태가 우리의 주의를 끌기 위해 다투는 것처럼 보인다"고 썼다. 식물학은 정확하고 즐겁게 인식하는 법을 가르친다. 그리고 그 가르침은, 문명화된 생활로 인해 마비된 의식을 치유한다.

데이지나 꿀풀의 해부학적 구조를 연구하던 이 식물학자는 생리학으로 영역을 넓혀 갔다. 각 기관의 역할은 무엇일까? 델레세르 부인과 함께 루소는 콩을 표본으로 사용했다. 콩꽃은 마치 선물 꾸러미 같았다. 네 장의 서로 다른 꽃잎이 한데 모여 있는 꽃송이의 안쪽에는 수술들이 하얀 벽을 이루었고 각 수술의 줄기 끝은 노란색이었다. 그 벽 아래로는 작은 녹색 원기둥, 즉 씨방이 자리했다. 이러한 꽃잎과 수술과 꼬투리는 왜 존재할까? 루소의 답은 '배아기의 씨앗을 보호하기 위해서'였다. 왜 수술 한 가닥만 나머지 수술과 따로 떨어져 있을까? 루소의 답은 '씨앗이 자랄 공간을 마련하기 위해 시드는 것'이었다. 이렇듯 루소는 식물이 자신을 위해 무언가 해주기를—약이나 위대한 발견의 재료가 되어주기를—요구하지 않았다. 그러는 대신, 그는 이렇게 물었다. 스위트피(콩)꽃은 *콩을 위해* 무엇을 하는가? 보다 심오한 양식樣式과 목적은 무엇인가? 이런 맥락에서 볼 때 식물학은 철학의 기술이었다. 루소의 신성한 존재가 자연에 세운, 물리적이고 형이상학적인 기본 원칙들에 대한 명상인 것이다. 이와 관련해서 『고독한 산책자의 몽상』의 문장을 통째로 인용해보아도 좋겠다.

> 돈이나 마음을 쓰지 않고도 나는 식물에서 식물로, 꽃에서 꽃으로, 무심히 돌아다니며, 그것들의 남다른 특징들을 비교하고, 유사점과 차이점을 메모하여, 최종적으로는 식물들의 구조를 연구함으로써, 이 살아 있는 기계장치들의 은밀한 작업을 추적하고, 그것들의 보편적 법칙과 다양한 구조의 존재 이유와 목적을 때때로 발견해내어, 이 모든 것을 내가 즐길 수 있도록 허락하는 그 고마운 손길에 탄복하는 기쁨을, 온전히 누릴 수 있다.

이 길고 긴 한 문장은 경제학으로 시작해 우주론으로 끝을 맺는다. 여기서 루소는 자연과의 어떤 낭만적인 결합을 찬미함으로써, 당대의 프랑스와 루소 자신에게서 읽은 소외의 정서를 극복해낸다.

18세기에는 원예학적 발견과 경작, 분류학이 붐을 이루었다. 식민지가 확대되면서 식물 표본실과 온실도 늘어갔다. 식민지의 존재 이유란 모름지기 자원을 획득하고 분류해서 실컷 활용하는 것이었다. 하지만 우연찮게도 루소의 눈에는, 그처럼 유용성을 강조하는 풍토가 부패로 비춰졌다. 그러한 풍토는 식물학을 인간의 필요에 따른 도구로 변질시켜 그 본연의 모습을 파괴한다고 루소는 생각했다. 가령 의학은 꿀풀의 아름다움에 눈을 감았다—프루넬라Prunella라는 학명이 암시하듯 꿀풀은 그저 향유로서 가치가 있는 연구 대상일 뿐이었다. 식물학적인 통찰을 순수한 호기심에 따른 보상처럼 취급함으로써 루소는 '문명화'와 거리를 두고자 했다. 동시대의 시민들과 달리 루소는 꽃을 순진하고 사심 없는 논리로 다루었다. 그는 자신과 하나가 된 "존재의 위대한 체계"에 대해—자연과의 결합에서 오는 "즐거움과 형언할 수 없는 환희"에 대해—써내려갔다("형언할 수 없다는" 사실은 결코 루소의 열정적인 시도를 가로막는 장애물이 될 수 없었다).

루소에게 자연의 원칙들을 재발견하는 이 과정은 자신을 재발견하는 과정이기도 했다. 루소는 자신도 프랑스 사회의 부패로부터 자유롭지 않다고 믿었다. "만약 내가 자유롭고 무명이며 고립된 상태로, 즉 자연의 의도대로 머물렀더라면, 선한 일 말고는 아무것도 하지 않았을 텐데." 『고독한 산책자의 몽상』에 루소는 그렇게 썼다. 물론 이는 고귀한 야만인식의 순진하고 본능적인 생존과는 거리가 멀었다. 그러나 루소 자신도 주장한 바와 같이, 돌이킬 수는 없었다. 식물학은 단순하고 저렴하며 평화로운 명상이었고, 그 안에서 철학자 루소는 생피에르 섬의 돌들을 저울질하며 더 나은 자신을 일별할 수 있었다.

자기 치유

식물학을 통해서도 루소는 자신의 자화상을 솜씨 있게 그려냈다. 교육과 도덕개혁에 대한 그 모든 고민에도 불구하고 루소는 자신을 억제하는 일보다 드러내는 일에 관심을 보였다. 『고백』이 오늘날까지 독자들의 마음을 꾸준히 사로잡는 이유가 바로 여기에 있다. 『고백』은 온갖 기이함과 망상으로 점철된 한 인간의 벌거벗은 정신을 생생한 인상으로 그려냈다. 루소 전기 작가 모리스 크랜스턴Maurice Cranston은 "자기 노출은, 모순적인 추론과 자기 망상, 생각의 돌연적 변화를 드러내는 대가를 치르고서라도, 해볼 만한 이유가 그 자체로 충분하다"고 썼고, 이것이야말로 루소의 중점적인 계획이었다.

『고백』에서와 반대로 『고독한 산책자의 몽상』과 편지글에서 루소는 식물학을 논하는 가운데 작가의 자화상을 가장 품위 있고 겸손하며 합리적인 모습으로 그려낸다. 그는 사람 좋은 친구를 배신자라고 비난하지도 않고, 자신에게 종이와 잉크를 사준 부자들을 욕하지도 않으며, 부모 됨을 칭송하면서 정작 자신의 아이들은 이름 없는 고아로 비참하게 살아가도록 방치하지도 않는다. 그는 다만 식물을 조용히 관찰하며 생각할 뿐이다. 식물학은 루소에게 짧은 구원이었다. 덕분에 그는 분석하고 묘사하고 추측하는 재능을, 스스로의 이론을 방어하거나 겉모습을 다듬어야 한다는 압박감을 느끼지 않고도 연마할 수 있었다. 이는 그가 내면의 '고귀한 야만인'을 발견했기 때문이 아니라, 식물학이 루소를 군중으로부터 격리해 그에게 아름답고 현학적이며 생동감 있는 사색거리를 제공했기 때문이었다. 식물학은 신이 내린 완벽한 자연에 대한 계시가 아니라, 철학에 덜 어색하고 덜 위협적인 공기를 불어넣은, 자연에 대한 고찰이었다. 식물학은 외로움 없는 고독이요, 같이하는 이 없는 지적 유희였다—하위징아의 글을 빌려 정확히 정리하자면, "우애는 물론이고 우호적 경쟁심조차 느끼지 못하는 한 인간"에게 꼭 알맞은 치료제였다. 이렇듯 루소가 자연에 투사한 성품들—순진한 선량함, 태생적인 고립, 심리적인 조화—은 알고 보면 그가 원래 소중히 여겼지만, 주변에 목격할 사람이 아무도 없을 때 비로소 가장 잘 드러나는 성품들이었다. 그가 꿀풀self-heal에 그토록 빠져든 것도 우연은 아니었다—루소에게 식물학은 사회와 자신의 페르소나로 인한 부담감을 덜어내는 그만의 자가치료 요법이었다.

주라 섬의 이른바 "천연 정글"을 경작하기로 마음먹었을 때 오웰은 추위와 베인 상처, 가려움증으로 고생해야 했다. 그가 원한 것은 현실로부터의 탈출이 아니었다. 그는 사실들 속에 거하기를 원했다. 그 사실들이 아무리 고통스러울지라도.

George
Orwell

조지 오웰:
나에겐 잘 드는 낫 한 자루뿐

집필 활동을 제외하고 내가 가장 마음을 쏟는 일은 정원 가꾸기, 그 중에서도 특히 채소밭 가꾸기이다.

—조지 오웰, 1940년 4월 17일, 자전적 비망록에서

조지 오웰George Orwell은 일면 진부한 지식인처럼 보였다. 허리는 구부정했고, 몸매는 깡말랐으며, 옷은 몸에 맞지 않는 데다 구겨져 있었다. 얼굴 또한 다림질이 필요할 듯했다—지병과 과로는 그의 얼굴에 깊은 주름들을 새겨놓았다(어린 시절 오웰에 대해 어느 의사는 '콘서티나[아코디언과 유사한 악기로, 6각형이며 건반이 없고 반음계적으로 배열된 버튼이 있다—옮긴이]처럼 쌕쌕거린다'고 말했었다). 오웰은 현대의 상징적인 소설가이자 수필

가로 자리매김했지만, 평생 그는 눈물겨우리만치 디킨스적인 질병들—만성 기관지염, 세 번의 폐렴, 버마에서 걸린 뎅기열, 결핵으로 인한 폐출혈—에 시달려야 했다.

1946년 봄, 오웰이 결핵 진단을 받은 지도 8년이 지났다. 병원에서 쉬거나 요양소에서 '치료를 받는' 대신, 오웰은 스코틀랜드 헤브리디스 제도 내 주라Jura 섬에 반힐Barnhill이라는 집 한 채를 빌렸다. 그의 친구 리처드 리스Richard Rees의 표현에 따르면, 반힐은 '영국 제도에서 가장 불편한 집'이었다. 주라 섬도 음울하기는 매한가지여서, 춥고 습하고 멀고 원시적이었다. 정확히는, 병든 오웰이 살아서는 안 될 그런 곳이었다. 그의 감염된 폐에 그곳에서의 삶은 사형 선고나 다름없었으니까.

반힐에 도착하자마자 조지 오웰은, 같은 맥락에서 그의 전기 작가 제프리 마이어스Jeffrey Meyers가 "자기 파괴적인 충동"이라 칭한 생활을 이어나갔다. 침대에 쓰러져 있는 대신, 낫과 곡괭이를 집어든 것이다. 오웰은 주라 섬의 돌 많고 바싹 마른 땅 군데군데에 엉겅퀴를 심어 완전히 새로운 정원을 만들었다.

오웰은 열의가 대단했다. 임대차 계약을 맺은 다음 날 그의 일기는 온전히 주라 섬의 풍경으로, 관목성 과수와 진달래, 사과, 철쭉, 푸크시아, 스킬라, 야생 붓꽃으로 채워졌다. 이튿날 그 병약한 작가는 땅을 파고("잔디밭을 파헤치고") 배치도를 계획했다("샐러드 채소와……관목, 대황, 과일나무를 심기로 마음먹었다"). 마침내 반힐을 떠날 때까지 그가 주라 섬에서 한 일이라고는 땅 파기와 거름주기, 싹틔우기, 뽑기가 전부라 해도 과언이 아닐 정도였다. 거친 숨을 몰아쉬고 통증을 느끼며 오웰은 상추와 무를 심었다. 목재 톱질용 버팀다리와 석재 소각로를 뚝딱 만들어냈고, 토탄을 말려 연료로 썼으며, 뱀을 죽이기도 했다. 너무 아파 바깥출입을 못할 때에도 그는 여전히 정원을 생각했다. "온 땅에 눈이 내린다. 튤립 몇 송이가 얼굴을 내민다. 몇몇 꽃무들은 여전히 꽃을 피우려는 중이다." 이 글을 그는 1949년 12월에 침대에 기댄 채, 폐에서 피를 흘리며 써 내려갔다. 그리고 그것은 그가 자신의 집에 대해 쓴 마지막 기록이 되었다. 소설 『1984』의 초고 타이핑을 끝마친 그는 집필 작업으로 초주검이 된 상태였다. 같은 날 그는 주라 섬을 떠나 잉글랜드로 향했고, 그 섬에 손수 가꾼 정원을 다시는 볼 수 없었다. 겨우 1년 뒤에 조지 오웰은 런던의 병원 침상에서 46세의 나이로 숨을 거두었다.

성인처럼

조지 오웰은 재능이 있었고, 교육을 잘 받은 데다, 야망도 있었다—하지만 결정적인 순간에 그는 그 모든 장점을, 전기 작가들의 표현을 빌리자면, '자기 파괴적이거나 자포자기적인 일들'에 투자했다. 옥스퍼드에서 공부하는 대신, 그는 버마로 도망치듯 떠나 인도제국경찰로 복무했다. 안정적인 경력을 쌓는 대신, 방랑하거나 접시를 닦았다. 군대 경험이 없던 그는 새 아내 아일린을 남겨두고 스페인 내전에 참전했다가 1937년에

파시스트 저격수의 총에 목을 맞는 바람에 하트퍼드셔 주 월링턴으로 돌아가 요양해야 했다. 하지만 그는 침대에 누워 지내는 대신, 글을 쓰고 정원을 가꾸었고("암탉을 몇 마리 더 사야겠다"), 그로부터 채 1년도 지나지 않아 출혈로 인해 병원에 입원했다. 주라 섬에 가서도 상황은 마찬가지였다. 그는 창백하고 쇠약한 중년의 몸뚱이를 쉬게 하는 대신, 마른 땅을 20센티 깊이로 마구 파헤쳤다. 마이어스는 이것이 "행복한 인생을 누릴 기회를 스스로 파괴하려는 오웰의 내면적 욕구"에서 비롯됐다고 보았다. 만성적인 죄책감에 시달리던 작가 조지 오웰은 평범한 중산층의 행복감을 누릴 수 없었다. 그는 자신이 가진 특권에, 조국의 불평등과 제국주의에, 제1차 세계대전에 자신이 참전하지 않았다는 사실에 죄책감을 느꼈다. 그의 아버지는 인도에서 공직 생활을 했고, 그의 할아버지는 자메이카 노예 농장에서 이득을 취했다. 그렇지만 따지고 보면 이는 조지 오웰의 책임이 아니었다. 나이가 어려 전쟁에 참전하지 못했다고는 하나, 태어난 날을 스스로 결정할 수도 없는 노릇이었다. 어쩌면 그가 양심의 가책을 남달리 크게 느끼기 시작한 건 세인트 시프리언스 학교에 다닐 때부터였으리라. 어느 장학생 소년이 부유하고 속물적인 학생들로부터 괴롭힘을 당했는데, 훗날 오웰은 자전적 수필 「기쁨이란 그런 것, 그런 것이다Such, Such Were the Joys」에서 가해자 학생들을 일컬어 "불변적 법칙의 군대"라고 했다. 저들의 삶이 퇴폐적이었다면 오웰의 삶은 금욕적이었다. 저들이 미남이었다면 오웰은 추남이었다. 저들이 무감하고 잔혹했다면 오웰은 양심적이었다. 말하자면 오웰은, 저들의 건강하고 아름답고 부유한 세계라든가, 자신이 장학금을 받으며 공부했던 이튼 칼리지라는 세계와는 정반대의 정체성을 스스로에게 부여했다. 자신이 가진 가장 나쁜 성질들을 오웰은 소설 『엽란이 계속 날게 하라Keep the Aspidistra Flying』에 등장하는 실패한 시인 고든 콤스톡을 통해 패러디했다. 콤스톡은 가능성 있는 인물이었지만 뒤틀린 자존심 탓에 줄곧 가난했고, 자선에 의존해 생계를 이어갔고, 행복을 추구하는 사람 누구에게나 깊은 분노를 느꼈다. 『위건 부두로 가는 길The Road to Wigan Pier』에서 오웰은 '실패만이 유일한 미덕'이라는 자신의 생각을 밝혔다. 비단 가난뿐 아니라 더럽고 따분하며 소모적인 노동—그와 함께 일했고 그의 자전적 소설 『파리와 런던의 밑바닥 생활Down and Out in Paris and London』을 통해 불멸하게 된 어느 호텔 직원이 하던 일처럼—에서도 오웰은 미덕을 발견했다. 부엌일꾼으로서의 삶을 그는 다음과 같이 묘사했다. "6시 15분 전에 깜짝 놀라 잠에서 깬 나는 기름에 절어 뻣뻣한 옷을 꿰입고 지저분한 얼굴과 저항하는 근육을 수습할 새도 없이 허둥지둥 밖으로 나갔다." 자정 무렵에야 오웰은 진드기가 득실거리는 침대에서 다시 잠이 들었다. 이튼 칼리지의 여느 졸업생들과는 달라도 한참 다른 삶이었다.

주라 섬에서 조지 오웰이 나무딸기에 도끼질하고 죽은 땅에 삽질해가며 자신을 파괴하다시피 생활한 것도, 그런 관점에서 이해할 수 있다. 고통스럽고 약한 삶이, 게으른 안락과 그 안락 뒤에 숨은 결탁보다 낫다고 믿었기 때문이다. 오웰에게 좋은 삶이란, 힘들고 지루한 일과 떼려야 뗄 수 없는 관계였다. 그의 소설에서 *엽란*은, 빛과 물이 희박한 환경에서 생존하는, 하위 중산층 노동자들이 기르는 내한성 화초를 상징했다. 주인공 고든 콤스톡에게 엽란은 게으름과 순종, 보수성을 의미했다. 세 가지 모두 오웰이 글자 그대로 죽을힘을 다해 피해 다닌 것들이었다. 오웰은 무신론자였지만, 그의 금욕 생활에는 어딘지 모르게 종교적인 열정이 있었다. 작가 프리쳇V. S. Pritchett은 조지 오웰을 '성인聖人 못지않은 인물'이라며 칭송했다.

또한 조지 오웰은 수도자를 연상시킬 정도로 돈을 경멸했는데, 정원 가꾸기를 그는 사치스러운 취향을 경고하는 한 방편으로 활용했다. 가령 그는 잉글랜드의 봄철이 공짜 대중오락으로서 지닌 가치를 찬양했다. 수필 「유럽두꺼비에 대한 이런저런 생각들Some Thoughts on the Common Toad」에 그는 "봄의 기쁨은 누구나 누릴 수 있으며 비용도 들지 않는다"고 썼다. 새들도 집세를 내지 않았다. 마찬가지로, 그의 한 수필에 따르면, 수십 년 전에 그가 울워스Woolworth 상점에서—고작 6펜스를 들여—사다가 옛집에 심은 장미들은 여전히 잘 자라고 있었다. 이는 오웰이 흔히 보이던 강박 증세인데, 그는 값싼 것에는 좋은 표현을, 비싼 것에는 '빌어먹을'이라는 표현을 갖다 붙였다. 오웰은 "코를 풀 때조차도 먼저 손수건 산업의 작업 환경에 대해 설교를 늘어놓고 나서 풀어야 직성이 풀리는 사람"이었다고 시릴 코널리Cyril Connolly는 농담처럼 말했었다. 조지 오웰에게 아름다움에 대해 물으면 곧바로 윤리학과 정치학, 경제학으로 초점이 옮아갔다. 요컨대, 정원 가꾸기는 교양 있는 극빈자가 즐기기에 완벽한 취미였다.

내장과 식초

그러나 주라 섬의 정원 가꾸기에는 수도자 콤플렉스 이상의 무언가가 있었다. 그것은 「나는 왜 쓰는가Why I Write」에서 오웰이 "불쾌한 사실들을 마주하는 힘"이라고 일컬은 것, 즉 진실성의 시금석이기도 했다. 오웰로 하여금 가장 저항적인 길을 걷게 한 원동력이 무엇이건 간에, 그 힘은 오웰을 현실적 삶에 보다 끈끈하게 발붙이도록 해주었다. 조지 오웰은 재능을 타고난 작가였다. 하지만 그의 소설과 기사가 흔해빠진 보도 기사의 수준을 넘어선 이유는 그의 글이 직접적 경험에서 비롯했다는 데 있었다. 그는 부랑자들의 아픈 뼈를 이해했다. 그들의 배고픔과 피로를 이해했고, 그들이 구빈원과 호스텔 사이를 끊임없이 전전하며 느꼈을 모욕감과 권태를 이해했다. 이튼 칼리지 출신인 오웰은 파리의 빈민가에서 생활했고, 맨체스터 위건에서 역겨운 양䑋에 식초를 곁들여 먹었다. 1936년

2월 21일, 그러니까 잉글랜드 북부 노동자 가족과 살던 시절의 일기에 오웰은 다음과 같이 썼다.

> 이 집의 불결함이 신경을 거스르기 시작한다. 청소하거나 먼지를 털어내는 일이란 없다. 방은 오후 5시가 되도록 방치 상태이고, 식탁보는 결코 식탁 위를 벗어나지 않는다. 아침에 먹은 빵 부스러기가 저녁 시간에도 그 자리에 남아 있다. 가장 혐오스러운 형체는 종일 부엌 소파에 머무는 F 부인이다. 그녀는 신문을 길게 찢어 그걸로 입을 닦고는 그걸 다시 바닥에 버리는 끔찍한 습관이 있다. 비우지 않은 침실용 변기가 오늘 아침 식탁 아래 놓여 있다.

비록 옷은 구겨졌을지언정 조지 오웰은 지나치리만치 깔끔한 성격이었고 냄새에 특히 민감했다. 그럼에도 그는, 악취 나고 지저분하며 파리가 들끓는 시체들 틈에서 견뎌냈다. 그는 굶주렸고 흠뻑 젖었으며 벼룩에 물렸고 총에 맞았다. 죄책감의 압박도 압박이지만 그를 움직이게 한 또 한 가지는 진실을 향한 욕망이었다. 증언은 곧 자신의 의무라고 오웰은 믿었다. "내가 글을 쓰는 이유는, 세상에 내가 드러내고픈 거짓말, 내가 관심을 유도하고픈 사실 들이 존재하기 때문이다." 오웰은 그렇게 썼다. 그의 글이 여느 르포 기사와 다른 까닭은, 자신이 보도하는 사건들을 몸소 살아내고자 했던 그의 의지에 있었다. 탁상공론적인 반계몽주의나 편협한 당파적 충성심은 개입되지 않았다. 결과적으로 그는 서구 자본주의를 비판하면서도 다른 좌익 동료들과 달리 러시아-소비에트 연합에 반대했다. 오웰은 소련과 공산주의 정책을 맹목적으로 수용하는 영국 사회주의자들의 태도를 비난했다—일면 자본주의 수호 원칙에 따른 것이었지만, 트로츠키주의자와 무정부주의자를 공격하던 스페인 공산주의 세력의 잔인성을 직접 목격한 까닭이기도 했다. "살해된 사람들의 시신을 나는 수없이 목격했다. 그들은 전사자가 아니었다. 그들은 살해당했다." 「고래 뱃속에서Inside the Whale」에 오웰은 그렇게 썼다. 공산주의를 받아들이는 대신, 그는 목격했고, 자신이 본 그대로를 보도했다. 중요한 건 '사실'이었고, 조지 오웰은 그 사실들을 찾아 나섰다.

그렇다고 오웰에게 편견이 없었다는 뜻은 아니다. 그에게도 나름의 고정관념은 있었다. 가령 스코틀랜드인("위스키를 벌컥벌컥 마셔대는 망나니들")과 동성애자("나는 당신네 사교계 인사들이 좋아하는 야리야리한 호모가 아닙니다"), 가톨릭교회("천주교도에 대한 나의 강박 관념")는 그에게 편견의 대상이었다. 자신의 산문 속에서 그는 옹졸할 수도, 근시안적일 수도, 역겨울 수도 있었다. 가령 『파리와 런던의 밑바닥 생활』에서 그는 유대인들을 약삭빠르고 탐욕적인 인물로 희화화했으며, 어느 중고 옷가게 주인에 대해서는 "그 유대인의 코를 납작하게 해줄 수 있다면 소원이 없겠다"라고도 썼다. 하지만 편협한 사람이 자신의 편협한 신념을 벗어나 성장하는 사례는 거의 없다. 훌륭하게도 오웰은 경험을 통해 사고방식을 변화시켰다. 세월이 10년 넘게 흐른 뒤 히틀러가 권력을 잡고 유럽 유태인 수백만 명이 학살당하거나 강제노동 수용소에서 죽음으로 내몰렸을 때 오웰은 반유대주의에 대한 권위 있고 열정적인 비평 글을 발표했다. 그사이 작가는 수년에 걸쳐 더 많은 유태인들을 만나면서 자신의 지난 실수들을 바로잡았던 것이다.

이런 식으로 오웰은 논리와 사실에 있는 오류를, 자신의 맹점까지 포함해 인정하는 데 주저함이 없었다. 기자이자 비평가이자 소설가로서 그의 세계관은 항상 증거에 바탕을 두었다. 오웰은 끊임없이 특이점과 세부사항으로 되돌아갔다. 이는 당시와 같은 정치적 격변기 속에서 각고의 노력을 기울여 일궈낸 성과였다. 자신의 세계관을 지켜내기 위해 오웰은 공산주의와 민족주의라는 동시대의 도그마에 굴복하지 않고—글에서, 또 스페인에서—뜨겁게 싸워나갔다. 이와 관련해서 오웰은 예언자보다 과학자에 가까웠다. 그는 회의적 시각에서 다뤄진 과학적 사실들을 존중했다. 확실히 조지 오웰은 실험적인 삶을 *살았다*.

이처럼 과학적인 사고방식은 언어의 투명성을 존중하는 자세로 이어졌다. 스페인의 잔혹함과, 파리와 북유럽의 불결함을 직접 목격한 오웰은 화려한 낱말이나 고차원적 이론으로 사실을 흐릴 만한 시간적 여유가 없었다. 「정치 그리고 영국의 언어Politics and the English Language」와 같은 작품이나 『1984』의 신언어집[소설 『1984』의 배경이 되는 전체주의 국가의 공용어에 대해 설명한 부록—옮긴이]을 통해 그는 표현의 명확성을 지키려는 남다른 의지를 만천하에 드러낸 바 있다. 조지 오웰은 빈약한 언어가 빈약한 생각에서 비롯한다고 주장했다. 혼란스러운 생각은 혼란스러운 구절로 이어지는데, 그러한 구절들은 보기에는 예쁘장할지 모르나, 필자나 독자를 깨우치는 데에는 아무런 소용이 없었다—더 모호한 생각들로 이어질 뿐이었다. 언어가 "추하고 부정확해지는 이유는 우리 생각의 어리석음에 있지만, 우리가 어리석은 생각을 더 쉽게 품게 되는 이유는 우리 언어의 너저분함에 있다"고 조지 오웰은 특유의 간결한 문장으로 설명했다. 오웰에게 명확하게 글을 쓰고 생각하는 능력이란, 곧 도덕적인 책임을 의미했다. 명료성이 결여된 문장은 낱말들은 그럴듯하게 연결했을지 모르나 사실상 거짓이라는 것이다.

『1984』의 신언어집에서 오웰은 더 나아가, 언어의 풍요성을 박멸해 생각을 의도적으로 왜곡함으로써 정치적 이득을 취하는 수법에 대해 설명했다. 그의 서늘한 문장에 따르면, "신언어의 목적은 세계관을 표현할 매체를 제공할 뿐 아니라 다른 방식의 생각을 전적으로 불가능하게 만드는 데" 있었다. 오웰의 통찰력은 20세기 과두 정치의 집권층과 폭군 들을 관찰하여 얻어낸 것이었다. 그들은 "자신들의 냉혹함을 선전하지도, 그것을……살인이라고 말하지도 않는다. '청산'이라든지 '제거'처럼 다소 완곡한 표현을 사용한다."「고래 뱃속에서」에 오웰은 그렇게 썼다. 또한 이는 나치나 스탈린주의자만을 겨냥한 글이 아니었다. 그들을 옹호하며 무익한 전문용어로 진실을 왜곡하는 영국인들을 겨냥한 것이기도 했다.「정치 그리고 영국의 언어」에서 오웰은 소련의 전체주의를 옹호하는 어느 대학교수에 대해, "수많은 라틴어 단어들이 사실들 위에 부드러운 눈처럼 내려앉으며 윤곽을 흐리고 세부사항을 은폐한다. 명확한 언어의 크나큰 적은 위선이다"라고 일갈했다. 조지 오웰은 고문을 '강화된 심문 기법'으로 묘사하거나, 국가적 강간을 '합법적인 질 경유 초음파'로 묘사하는 행태를 그냥 지나치지 않았다. 그런 식의 헛소리를 그는 즉시, 그리고 기꺼이 알아보았다.

미스터 오웰, 작가이자 정원사이자 과학자

월링턴과 주라 섬의 정원은 오웰이 과학적인 태도를 견지하는 데 중심적인 역할을 했고, 진실을 탐구하려는 그의 집요한 노력을 보상했다. 왜냐하면 원예는 다른 무엇보다 사실주의자에게 걸맞은, 실질적인 솔직함을 요하는 작업이기 때문이다. 가령 서리의 혹독함에 대해 오판했다는 사실을 중앙 위원회의 그럴듯한 포장으로 감출 수는 없다. 작물이 죽으면 간단히 드러날 일이다. 토양이나 햇빛, 습도, 산도에 따른 결과도 명백하기는 마찬가지다. 일 자체도 촉각적일 수밖에 없다. 얼어붙은 진흙에, 가시 달린 검은딸기나무, 야금야금 물어뜯는 진드기까지. 주라 섬의 이른바 "천연 정글"을 경작하기로 마음먹었을 때 오웰은 추위와 베인 상처, 가려움증으로 고생해야 했다. 그가 원한 것은 현실로부터의 탈출이 아니었다. 그는 사실들 속에 거하기를 원했다. 그 사실들이 아무리 고통스러울지라도.

얼핏 지루하게 들리는 그러한 삶에는 진정한 환희가 뒤따랐다. 울워스에서 헐값에 구매한 장미에 오웰이 드러낸 기쁨을 보라. "노란색 라

벨이 붙은 들장미는 알고 보니 짙은 빨간색이었다. 앨버틴Albertine[덩굴장미의 일종으로 연분홍빛 꽃을 피운다—옮긴이]으로 알고 산 장미는 앨버틴을 닮기는 했지만 더 풍성한 겹꽃인 데다 꽃송이 수도 어마어마했다." 이 밖에도 그의 일기는 다양한 발견에 관련된 이야기로 가득하다. 오웰은 순전히 호기심 때문에 개구리 알을 항아리에 넣었다(알들은 죽었다. 짐작건대 신선한 물이 부족해서). 동물 뼈로는 겨자 숟가락을, 사슴뿔로는 소금 숟가락을 만들었다("뼈가 더 나았다"). 골풀을 베면서는 크고 작은 낫들을 비교했고, 베기에 적절한 각도까지 시험했다. 오웰에게 정원 가꾸기는, 그의 모든 모험이 그랬듯, 자책이라기보다 하나의 실험, 즉 사실들과 더욱 친밀해질 수 있는 기회였다.

작가 오웰의 정원은 이른바 인식론을 연마하는 실험실이었다. 이는 오웰의 근본적인 질문, 즉 "우리가 아는 것을 우리는 *어떻게* 아는가"라는 문제와 관련이 있었다. 주라 섬의 딸기나 월링턴의 상추에, 작가의 입장에서 별다르게 특이하거나 예정된 진실—인간이나 우주에 대한 어떤 확고한 미래상—이 담겨 있지는 않았다. 그보다 정원은, 오웰과 진실 간의 관계를 시험하는 하나의 실험실이었다. 정원은 앨버틴 장미라든가 수염패랭이꽃에 관한 지식("때때로 '급속히 성장하지만'……억지로 그렇게 되지는 않는다")뿐 아니라, 그 지식에 관한 지식—그 꽃들의 강점과 약점을 인식한 이유와 증거에 대한 견해—까지도 함께 생산했다. 오웰은 이를 일컬어 '과학적 방법'이라고 했지만 그가 열망한 것은 유토피아적인 테크노크라시technocracy, 즉 물리학자와 화학자들이 거주하며 운영하는 세상이 아니었다. 오히려 정반대였다. 오웰이 『트리뷴The Tribune』지에 기고한 글에 따르면, 그는 "합리적이고 회의적이며 실험적인 성품"을, 진흙투성이 고무장화를 타자기 못지않게 근본으로 여기는 마음 밭을 가꾸고 싶어 했다. 오웰은 일종의 마조히스트였다—침대에서 요양하는 대신, 쇠톱을 든 과학자 역할을 자청했다. 하지만 그는 진실 탐구에 제대로 헌신한 인물이기도 했다. 그에게 진실 탐구란 '관찰된 사실로부터 논리적인 추론을 거쳐 입증 가능한 결과를 도출해내는 생각의 방법'이었다. 온갖 유형의 무비판적인 독단가—공산주의자와 자본주의자, 반유대주의자와 시오니스트, 민족주의자와 제국주의자—들이 정치적·군사적 충돌로 서로를 갉아먹는 시대적 상황 속에서 오웰은 유일한 희망이 바람직한 이성에, 진실에 대한 더욱 신중하고 비판적인 접근에 있다고 믿었다. 그리고 그 방법을 그는, 적어도 부분적으로는, 수제 쇠망치와 잘 갈린 낫에서 발견했다.

이튼 칼리지 출신다운 침착성과는 별개로 오웰은 고뇌와 열정에 사로잡힌 인물이었고, 자신의 약점을 강도 높은 정신노동과 육체노동을 통해 이겨냈다. 그에게는 기개가 있었다. 그가 보인 남다른 접근법은 오늘날에도 여전히 유의미하다. 그는 회의적 시각에서 다룬, 명백한 현실을 가까이했고, 현대인의 대부분은 그러한 확실성을 당연시하는—핵심성과지표라든가 경기순환주기, 정치여론조사, 지능검사에 흠 없는 지식이 담겨 있다고 자부하는—분위기다. 철학자 앨프리드 노스 화이트헤드가 제시한 이른바 '잘못 놓인 구체성의 오류Fallacy of Misplaced Concreteness', 즉 추상적 개념이 굳건한 사실로 둔갑하는 현상은 흔히 나타난다. 또한 이 완벽함이라는 허울은 공적인 삶에서든 사적인 삶에서든 종종 추구해야 할 대상—정치적 슬로건, 심리적 프로필, 종교적 텍스트—이 되고는 한다. 그 허울은 우리를 안심시킨다. 삶을 덜 불확실하고 덜 불안하게 보이도록 만드니까. 충분히 회의적인 태도를 지닌 사람에게 정원은 이러한 망상의 치유책일 수 있다—현실이 얼마나 미묘하고 변덕스럽고 복잡한지를 상기시키는 것이다. 오웰이 발견한 것처럼 "씨앗 더하기 토양 더하기 비 더하기 햇빛"의 답을 구하는 얼핏 간단해 보이는 방정식이 밭이라는 환경을 만나면 놀랍도록 복잡해질 수도 있다. 정원에서 가설들은—내일까지, 그러니까 모종의 예기치 않은 변수로 인해 상추가 시들고 구스베리가 오그라들어 그 가설들이 거짓으로 판명될 때까지—다만 조심스럽게 받들어질 뿐이다. 조지 오웰의 정원은, 익숙하지만 거짓된 관념에 매달리지 말라고, 모든 면에서 지나치게 완벽한 이론을 조심하라고, 추종자들을 가르친다. 당연하게도 『1984』를 쓴 이 작가는 주라 섬에서 자신이 체험한 고된 노동을 소중히 여겼다. 그 시간들이 있어 조지 오웰은 전체주의적 사고로부터 짧게나마 해방될 수 있었다.

결혼과 출산은 물론, 가족과의 평범한 친밀감까지 단념한 채 에밀리는 고독한 글쓰기와 사색에 자신을 오롯이 바쳤다. 오직 한 가지, 그 은둔자를 위층에서 규칙적으로, 확실하게 유혹해낸 것이 있었으니, 그것은 바로 홈스테드의 정원이었다.

Emily Dickinson

에밀리 디킨슨: 상상을 품은 땅

어린 시절 나는 다년생이 아닌 씨앗은 절대로 심지 않았습니다—그리고 그것은 내 정원이 유지된 이유였습니다.

—에밀리 디킨슨, 1885년 7월, 조지프 치커링 교수에게 보낸 편지에서

내 작은 꽃다발은 포로들을 위한 것이다—
흐릿한—오랜 기대에 찬 눈들,
구원을 거부한 손가락들,
낙원에 이르기까지 인내하니—

—에밀리 디킨슨, 시 95

뉴잉글랜드 주 애머스트Amherst. 아름다운 목소리로 유명한 그린 남매가

디킨슨가의 대저택 안으로 안내되었다. 그 위압적인 저택은 약 1만 제곱미터 대지 위에, 약 4만 5000제곱미터에 달하는 에드워드 디킨슨의 또 다른 소유지 저편에 자리한 중심가를 내려다보며 서 있었다. 에드워드 디킨슨은 부유한 변호사로, 시와 재계의 거물급 인사들과 돈독한 관계를 유지하며 지위와 입지를 탄탄하게 다진 인물이었다. 하지만 1887년 봄날의 그 저녁에는 집 안 어디에서도 그가 보이지 않았다. 응접실에는 오직 그의 형제자매만 서 있을 뿐이었다.

그린 남매는 사적인 공연을 요청받고 이곳에 왔지만 어쩐 일인지 청중은 눈에 띄지 않았다. 어쨌든 그들은 노래했다. 찬송가 23장('주가 나를 푸른 초장에 눕게 하시고……')이 엄숙하게 울려 퍼졌다. 침묵. 그리고 이어지는 희미한 박수. "가벼운 손뼉 소리가 층계를 타고 흘러 내려갔다." 수년 후 클라라 그린은 그렇게 썼다. 가수들은 분명 강한 인상을 남겼으리라. 관객이라곤 에드워드 디킨슨의 큰딸 에밀리 디킨슨Emily Dickinson이 전부였으니까. 그녀는 위층의 침실을 떠나 그들과 이야기를 나누기 위해 서재로 온 참이었다. 에밀리 디킨슨은 그들의 노래를 칭송하고 지난날을 회상하며 숨 가쁘게 말을 이어갔다. 그린 남매의 유년 시절을, 소녀들의 목소리와 소년의 휘파람 소리를 그녀는 기억했다. 클라라는 그녀에게서 "크고 어두운 두 눈, 작고 창백하며 섬세한 조각 같은 얼굴, 작고도 기묘하며 아이처럼 천진한 몸"을 알아보았다. 그 후로 미스 그린은 그 시인을 두 번 다시 만나지 못했다.

클라라 그린은 꽤 오래 살았다. 그리고 에밀리 디킨슨은 10년을 더 살았다. 하지만 에밀리 디킨슨은 방문자들을 만나는 일이 드물었다—사실 그녀는 거의 누구와도 만나지 않았다. 성인기의 절반을 그녀는 홈스테드Homestead[에밀리 디킨슨이 태어나 평생을 살았던 집—옮긴이]에만 머물렀다. 30대 후반에 쓴 글에 따르면 그녀는 "아버지의 땅을 가로질러 다른 집이나 도시로 향하는 법이 없었다." 보다 구체적으로 말하자면, 에밀리 디킨슨은 자유 시간의 대부분을 창가 작은 탁자 곁에서 중심가를 내다보며 보냈다. 그녀는 글을 썼다. 수천 편의 시와 쪽지와 편지글을. 대부분의 작가들이 글쓰기를 위해서 어느 정도의 고독을 갈망한다지만, 에밀리 디킨슨은 집에 있기 좋아하는 사람들의 여왕이라 할 만했다. 결혼과 출산은 물론, 가족과의 평범한 친교까지 단념한 채 그녀는 고독한 글쓰기와 사색에 자신을 오롯이 바쳤다. 그녀가 아버지의 장례식과 추도식에 불참한 일화는 유명하다. 조문객들이 아래층에 앉아 있는 동안 에밀리 디킨슨은 방문을 살짝 열어둔 채 자기 방에 머물렀다.

물론 매일 낮 시간을 방 안에만 틀어박혀 보낼 수는 없었다. 집안일을 할 때는 아래층으로 내려갔다. 그녀는 청소를 하고 과일 통조림을 만드는가 하면 요리도 했다. 시인 에밀리 디킨슨은 부엌의 마법사였다. 에드워드 디킨슨은 그녀의 빵을 좋아했고, 해마다 그의 기념일에는 그녀의 이름난 '검은 케이크'가 만찬 식탁에 올랐다. 이웃 아이들은 그녀가 바구니에 담아 침실 창가에서 내려주는 갓 구운 생강빵을 얻어 갔다. 이따금 그녀도 친구들의 꼬임을 받았다. 한번은 그녀와 편지를 주고받던 친구 새뮤얼 볼스가 그녀에게 창피를 주어 그녀를 직접 만나보려고 시도한 적도 있었다. 그는 장시간 택시를 타고 그녀에게 찾아가 이렇게 소리쳤다고 전해진다. "에밀리, 당장 내려와요, 이 가엾은 사람!" 물론 누군가와 함께 있을 때 그녀가 매력적이거나 쾌활하지 않았으리라는 법은 없지만, 은신처를 떠난다는 건 에밀리 디킨슨에게 하나의 시련이었다. 그녀는 사람과 나누는 친교보다, 그녀의 표현을 빌리자면, '감옥'을 선호했다.

> 있다. 공간의 고독이
> 바다의 고독이
> 죽음의 고독이, 하지만 이것들
> 사회는 비교되리라
> 보다 심원한 장소와
> 정반대의 은둔처와
> 스스로에게 받아들여진 한 영혼과

작은 꽃다발

오직 한 가지, 그 은둔자를 위층에서 규칙적으로, 확실하게 유혹해낸 것이 있었으니, 그것은 바로 홈스테드의 정원이었다. "나는 정원에서 길러졌다." 그녀는 그렇게 말했다고 전해진다. 정원 가꾸기는 그녀 가족의 취미, 특히 외가 쪽의 취미였다. 그녀의 어머니—어머니의 이름도 에밀리였다—는 그렌빌 장미를 굉장히 좋아해서, 홈스테드의 장미를 노스플레전트 가에 있는 자신의 친정에 옮겨 심을 정도였다—일종의 원예학적인 헌신이 일궈낸 성과랄까. 소녀 시절 에밀리 디킨슨은 꽃을 찾아 숲을 돌아다녔고("붉은숫잔대를 찾아 어슬렁거리며"), 사오백 송이를 눌러 말린 다음, 이름표를 붙여 식물 표본집에 보관하며 행복해했다. 또한 학교에서는 착실한 식물학도였다—과학이 진실을 독점하는 세태를 향해 훗날 그녀가 제기한 수많은 의문은 일단 차치하도록 하자("꽃은……살아 있는 생명체다. 잎에는 역사가 쓰여 있고, 움직임 속엔 열정이 숨을 쉰다"). 20대 중반 무렵 시인은 에드워드의 서재 옆에 새로운 온실을 갖게 되었다. 에밀리 디킨슨은 원예학에 일찍 입문했고, 정원에 대한 그녀의 평생에 걸친 애착은 그렇게 시작되었다.

에밀리 디킨슨은 귀족적 성향을 지닌 사람이었다. 하지만 원예에서만큼은 민주주의자였고, 손을 더럽히는 일을 두려워하지 않았다. 그녀의 조카 마사 디킨슨 비앙키는 어른 에밀리가 가꾼 아주 정연한 정원을 기억했다. 그 정원의 꽃이 만발한 관목과 다년초, 구근식물 들은 에밀리의 여동생 라비니아의 '흐릿한 혼돈'과 대비를 이루었다. 특히 화초는 시인 에밀리 디킨슨에게 신성한 존재였다. 온실에서 그녀는—아시아의 아열대성 동백나무부터 평범한 카네이션까지—이국적인 꽃과 흔한 꽃을 아우르는 절충적 화초군을 길러냈다. 그녀의 정원에 관한 주디스 파Judith Farr의 세심한 논문에 따르면, "동백나무와 치자나무, 재스민을 디킨슨처럼 성공적으로 길러내려면, 물 뿌리기와 거름주기, 덮기, 물 빼기, 화분에 심기, 해충 방제 같은 복잡한 작업을 주의 깊게 반복해야 한다." 때때로 방문자들은 러그 위에 무릎을 꿇은 채 그녀와 그녀의 화분들을 염탐하곤 했다—그들이 문을 두드리는 소리에 그녀가 저택 안으로 사라지기 전에("서둘러! 그녀가 가버렸잖아." 60여 년 후 오스틴 켐프Austin Kemp라는 사람은 당시를 그렇게 회상했다).

오늘날에는 믿기 힘든 이야기지만 에밀리 디킨슨이 살던 시절에는 그녀의 꽃들이 그녀의 스탠자[일정한 운율적 구성을 갖는 시의 기초 단위로, 4행 이상의 각운이 있는 시구를 이른다—옮긴이]보다 더 유명했다. 가령 1886년에 그녀가 사망한 뒤 조문객들이 가장 먼저 떠올린 건 다름 아닌 그녀의 화초였다. 노인과 병자에게, 슬퍼하는 아이들에게, 그리고 행복한 산모에게 에밀리 디킨슨은 수천 개의 '꽃다발nosegay'을 지어 보냈다. 작은 꽃묶음을 뜻하는 그 단어는 그녀의 시에도 이따금 등장한다. 그녀의 꽃다발은 받는 이들을 위로했고 다독였고 축하했다. 그녀의 올케 수 디킨슨의 글에 따르면, "그 귀한 과일과 꽃을……받은……수많은 집에서는 그녀가 베푼 그 사심 없는 배려의 증거들을 영원히 그리워하게 될 것"이었다. 꽃에 관한 한, 그녀는 수줍음이 없었고, 시에 관한 한, 그녀는 거리낌이 없었다. 그녀가 친구 새뮤얼 볼스에게 보낸 편지들은 희롱의 언어로 가득하다. 다음의 장난스럽고 에로틱한 메시지는 몽당연필 둘레에 핀으로 고정된 채 볼스에게 보내졌다.

연필이 없거든
내 것을 써보세요—
닳은—지금—그리고 *무딘*—달콤해진,
그대에게 수많은 편지를 쓰다가.
정 쓸 말이 없거든—
데이지를 그려줘요,
나만큼이나 크게—
나를 언제 꺾었나요?

시대적으로나 계층적으로나 정원에 대한 디킨슨의 관심은 우연이 아니었다. 빅토리아 시대에 정원 가꾸기는 고상한 취미 생활로 인기가 높았으며, 애도와 기념에 관련된 공통의 언어를 양산했다—화훼 어휘 관련 서적이 출간되어 디킨슨가 사람들을 비롯한 교양 있는 미국인들에게 필독서로 읽혔다. 이렇듯 시인은 꽃과 운문에 대한 사랑 덕분에 폭넓고도 치열한 사회생활을 지속해낼 수 있었다. 그녀는 디킨슨가의 농장을 떠나기는 거부했지만, 그 대신에 농장과 자신의 일부를 작은 꾸러미에 담아 뉴잉글랜드 전역에 소포로 부쳤다.

머릿속에 피어난 꽃들

에밀리 디킨슨에게도 자기만의 상징주의가 존재했다. 그리고 정원은 그녀가 종종 자신을 표현하는 도구였다. 가령 과수원은 대성당의 돔이었고, 귀뚜라미의 노래는 '드루이드교[고대 로마 시대에 갈리아 및 브리튼 제도에서 이루어진 켈트 족의 한 종교로, 성직자 드루이드가 창시했다. 점술을 주로 하고 영혼 불멸과 윤회, 전생을 설법하며, 죽음의 신을 세계의 주재자로 믿는다—옮긴이] 사제의' 미사였다. 헤메로칼리스는 불멸의 상징이었다. 그런가 하면 "추억"은 "시듦을 허락하지 않는 셰리 꽃"이었다. 그녀 자신은 제비꽃이자 장미이자 "꺾인" 데이지였다. 아름답게도, 그녀는 자신의 시들을 "머릿속에 피어난 꽃들"이라고 묘사했다. '구근식물'이라고 간단히 묘사하기도 했는데, 거기에는 '압축의 결정체'라는 의미가 담겨 있었다. 이렇듯 정원은 에밀리 디킨슨에게 제2의 언어였다.

홈스테드도 그녀에게는 시화詩化의 *대상*이었다. 그곳의 아름다움과 운율, 내재된 드라마를, 아버지의 토지에 속한 모든 것을, 에밀리 디킨슨은 시로 표현했다. 시인에게 아버지의 토지는 촘촘하게 짜인 우주였다. 그 안에서 그녀는 이런저런 비밀과 차분한 정을 나눌 수 있었다. 가령 튤립은 그녀의 발을 보며 "양홍색 정장"을 차려입었다. 개똥지빠귀들이 살금살금 움직이거나 잠자는 모습을 보면서도 그녀는 녀석들의 자신감만은 꺾으려 들지 않았다("너는 네 길을 가렴, 나는 내 길을 갈 테니—"). 녀석들의 "현명한 자신감"에 대해 나뭇잎들이 나누는 한담을 그녀는 들었던 것이다. 집에 틀어박혀 지내는 시인에게 홈스테드는 단순히 문학적 기교의 저장고가 아니었다. 디킨슨가의 홈스테드는 그녀만의 사적인 성찬식과도 같았다. 그곳의 동식물들은 그녀가 홈스테드라는 공간을 분명히 표현하기 위해 사용한 언어였다.

에밀리 디킨슨은 전통적 시각에서 독실한 종교인은 아니었다. "어떤 이들은 안식일을 교회에서 지키지만, 나는 안식일을 집에서 지킨다." 그녀는 그렇게 썼다. 천국과 지옥에 대한 통상적인 관념들, 그러니까 고문이라든지 고성소 따위의 개념에 그녀는 흔들리지 않았다. 에밀리 디킨슨이 두려워한 것은 영원이라는 관념이었다—그건 마치 영혼을 시들게 하는 무한한 공동空洞과도 같았다. 한 인상적인 자작시에서 에밀리 디킨슨은 "공동Void"에 대해 "정지의 구역"이라고, 그 안에서 "시대는 토대를 지니지 않는다"고 썼다. 반면 에밀리 디킨슨이 생각하는 내세는 보다 낭만적이었다. 랠프 월도 에머슨과 에밀리 브론테의 계승자랄까. 그녀는 이른바 '불멸'에 집착했다. 불멸은 그녀가 첫 스승이자 유니테리언[삼위일체론을 부정하고, 그리스도의 신성을 부정하며 신격의 단일성을 주장하는 기독교의 한 파. 일반적으로 자유주의적 경향을 띠며, 교회와 교리보다는 윤리를 중요시한다—옮긴이] 교도인 벤저민 뉴턴Benjamin Newton 변호사에게서 취한 개념으로, 그녀의 글에 따르면 뉴턴은 그녀에게 "보이지 않는 것들과, 더 고귀하고 훨씬 더 축복받은 새로운 삶에 대한 신앙"을 가르쳤다.

에밀리 디킨슨은 종교학자가 아니었고, 불멸성에 대한 체계적 이론을 전개한 적이 단 한 번도 없었다. 하지만 그녀의 사적인 신앙이 가리키듯,

정원은 불멸의 중심이었다. 종종 그녀는 천국을, 문학적 삶을 맘껏 누릴 수 있는, 사후의 에덴동산처럼 묘사했다. 가령 에밀리 디킨슨이 친구 헨리 본 에먼스에게 쓴 편지에 따르면, 그녀의 시들은 "우리가 본 적 없는 그 정원에서 시들지 않는" 꽃이었다. 오빠 오스틴에게는 "서리가 내린 적 없는" 영원히 지지 않는 꽃들의 정원에 대해 이야기했다. 다시 말해 불멸은 어떤 신성한 왕국이 아니라, 사후에도 '꽃'으로 살아남는 일종의 죽지 않는 의식, 즉 '시'를 의미했다. 예술적 불멸을 향한 고투를 그녀는 북녘의 꽃이 겨울의 어둠과 눈에 맞서는 모습에 빗대었다. "창조주여, 저는 꽃을 피울 수 있을까요?" 그녀는 그렇게 질문을 던졌다.

겨울에 대한 그녀의 은유들이 암시하듯 에밀리 디킨슨은 모든 계절을 숭배했고, 운문을 통해 각 계절을 기념했다. 하지만 그녀가 가장 사랑한 계절은 봄이었다. 지속적인 창조에 대한 그녀의 믿음을 북돋웠기 때문이다. "3월과 4월에는/ 그 무엇도 밖에서 움직이지 않는다/ 신과의/ 다정한 만남이 있기 전에는." 그녀는 그렇게 썼다. 봄의 구근식물들은 그녀의 호기심을 특히 자극했다. 그녀는 구근식물에 "열광"했고, 구근식물이야말로 "가장 매력적인 형태의 꽃"이었다. 에밀리 디킨슨이 볼 때, 구근식물의 계절적 노동에는 수수께끼적인 면과 더불어 우주론적이고 실존적인 메시지가 있었고, 그 메시지는 죽음 너머의 생에 대한 그녀의 믿음에 힘을 실었다. 가령 수선화는 해마다 겨울이면 잎이 지면서 사라졌다가 봄이 오면 다시 모습을 드러냈다. 이는 디킨슨에게 중요한 문제였다. 그녀에게 꽃들은 아이들만큼이나 소중했으니까. 그녀는 서리와 병충해에 꽃이 시드는 것을 가슴 아파 했고, 살아남는다는 것에서 군인 같은 용기와 솜씨를 보았다. “꽃이 된다는 것은 심오한/ 책임이다.” 그녀는 그렇게 썼다. 디킨슨에게 봄이란, 이 꽃이라는 군인들이 보수주의 혹은 소멸의 기간을 버텨내고 용기 있게 새로운 삶을 시작하는 계절이었다. 모든 살아남은 구근식물은 새로운 시작이 가능하다는 가르침이었다.

그 가르침은, 종종 외롭고, 때론 아팠던 이 은둔형 시인에게 환영의 메시지로 다가왔다. 그녀의 어린 시절은 죽음과 질병의 숱한 반복으로 점철돼 있었다. 가문의 예의범절, 보수적인 도덕률, 특유의 소극적 성격으로 인해 문필가라는 정체성을 거부당한 에밀리 디킨슨은 시를 통해 불멸을 추구했고, 불멸의 희망을 4월의 구근식물에게서 발견했다. “‘희망’은 깃털을 단 채, 영혼 속 횃대에 올라앉는다.” 에밀리 디킨슨은 그렇게 썼다.

“나는 모릅니다”

이토록 명백한 열정을 지녔음에도 불구하고 불멸에 대한 시인의 믿음은 결코 교조적이거나 독단적인 믿음으로 변질되지 않았다. 에밀리 디킨슨은 애머스트에서는 물론이고 가족 내에서도 단연 눈에 띄는 존재였다. 공개적인 신앙 고백을 거부했기 때문이다. 홀리오크Holyoke 학교 재학 시절에 에밀리 디킨슨은 자신에게 종교 모임에 참석하라고 종용하는 학생들과 교사들의 뜨거운 시선을 감내해야 했다. 뉴잉글랜드에서 청교도가 다시 부흥하면서, 보다 현대적인 유니테리언파로부터 영혼들을 구원하자는 움직임이 함께 일었기 때문이다. 세월이 흐르고, 그녀의 초기 조력자들—아버지 에드워드와 오빠 오스틴—은 '구원'을 받았고, 여동생 라비니아와 친구들도 마찬가지였다. 에밀리 디킨슨은 흐름에 동참하지 않았고, "안전이라는 방주를 향해 몰려다닌다"며 그들의 변심을 비웃었다. 그녀는 불멸을 간절히 소망했지만 의심을 억누르지는 못했다. 불멸이 가능하다는 개념 자체는 분명 매혹적이었지만, 어디까지나 *그저* 가능성일 뿐이었다. "추정의 집,/ 그 희미하게 빛나는 변경은,/ 가능성이라는 토지의 가장자리를 두른 채—/ 나에게—불안을 드러낸다." 이는 디킨슨의 시적 자만이 아니었다. 그녀는 시로 살았고, 그로 인해 죽음을 통제할 수 있었다. 그녀의 친구이자 성직자였던 페레즈 카원은 자신의 누이가 죽었을 때 그 비통한 심정을 사후 세계에 대한 믿음으로 위로받으려 했다. 그런 그에게 에밀리 디킨슨이 보낸 답장은 잔인하리만치 무뚝뚝했다. "죽음에 그토록 많은 것을 기대하고 계시다니 가슴이 아프군요. 죽음은 거친 밤이며 새로운 길입니다." 몇 번이고 그녀는 이 '무지'의 메시지를 되풀이했다. 또 다른 세상이 있을지도 *모르고* 우리가 그 세상을 즐길는지도 *모르지만*, 그에 대한 보장은 어디에도 없다는 것이다. "증거를 중시하는 이 소심한 생명은 끊임없이 호소합니다—'나는 모릅니다'라고." 그녀는 그렇게 썼다.

이러한 의심은 디킨슨의 시를 관통하는 닿을 듯 말 듯한 에로티시즘과 일부 관련이 있다. 고독을 찬양할 때처럼 디킨슨은 상실을 일종의 순결한 기쁨으로 변모시켰다. “향신료가 날린다/ 영수증 속에서. 그것은 거리감이었다/ 풍미가 좋았던 것은―”

하지만 디킨슨의 남다른 의심은, 추상적인 관념들에 지나치게 끌려다니기를 거부한다는 뜻이기도 했다. 그녀는 물리적인 세계의 강렬한 유혹에 저항하지 못하고 빠져들었다. 이에 대해 주디스 파는 디킨슨이 “기분 좋은 강렬함을 찾아내는 분별력”을 지녔기 때문이라고 분석했다. 가령 디킨슨은 한 시에서 자신이 죽었다고 상상하며 지난날을 돌아보았는데, 그 속에서 그녀는 빨간 사과와 수염 달린 옥수수, 수레에 담긴 호박을 그리워했다. 영적이고 예술적인 불멸에는, 그 매혹적인 가능성에도 불구하고, 세속적인 즉각성이 결여되어 있었다. 불멸은 그녀에게 그녀 자신과 그녀가 사랑한 것들―시, 덕, 영적 순수―에 대한 이상적 관점을 제시했지만, 그녀가 아버지의 농장에서 본 생생한 풍경에 비하면 희미하고 비현실적이었다. 언젠가 그녀는 “호기심을 자극하는 그 땅을 조금 더 바라보고 싶다”고 썼다. 이렇듯 그녀가 수선화나 쌀먹이새에게서 느낀 친밀감은 그녀의 영적 믿음을 강화시켰지만, 그와 동시에 그녀가 그 믿음에 열광적으로 헌신하지는 못하도록 방해했다.

이로 인해 뉴잉글랜드의 주요 종교와 에밀리 디킨슨 사이의 껄끄러운 관계는 모순적으로 전개되었다. 역사적으로 청교도주의의 두드러진 특징 중 하나는 그 바탕에 깔린 의심이었다. 다시 말해 그 어떤 영혼도, 설령 가장 덕망 있는 영혼이라 해도, 자신들의 구원을 확신할 수 없었다.

수도자적인 생활에도 불구하고 에밀리 디킨슨은 끊임없는 의심 속에서 살았다. 이와 관련해서 그녀는, 지나치게 무뚝뚝한 얼굴로 그녀에게 개종을 강권하던 홀리오크의 여학생들이 아니라 오히려 신교도 쪽에 가까웠다. 그녀는 지옥과 천벌이라는 공포를 거부했고, 그 공포를 심오한 불확실성으로 대체했다. 그 불확실성은 아버지의 토지가 준 선물이었다. 그의 서재가 아니라면 말이다. 어쩌면 그 때문이었으리라. 한 친구에게 보낸 편지에서 에밀리 디킨슨은 "자연은……어쩌면 청교도"일지도 모른다고 말했다. 다른 곳에서도 에밀리 디킨슨은 자신의 그 '청교도적인' 정원에 대해 언급했다.

이런 맥락에서 시인의 정원은 이른바 주의 깊은 초월에 관한 가르침이었다. 의식이 언어 속에 살아 있다고 상상하면서도 그녀는 의혹을 결코 완전히 내려놓지는 않았다. 이는 정신이 갈망하는 것과 물리적 현실이 허락하는 것 사이의 긴장 상태 같은 것—디킨슨의 경우 대체로 고통과 황홀경 사이의 어디쯤—과 관련이 있었다. 모든 사람이 형이상학적 날갯짓에 능숙할 수는 없다. 하물며 그 상상의 나래를 운문으로 기록하는 이는 소수에 불과하다. 하지만 이처럼 이상을 담금질하기 위한 고투는 현재에도 진행 중이며, 사적인 삶과 공적인 삶을 동일하게 어루만진다. 언젠가 시인은 자신의 문학적 불멸을 일컬어, 제한적이고 부분적이고 편파적인 "엉터리 수학"으로 부정확하게 평가된, 굉장한 "상賞"이라고 말했었다. 유려한 비유다. 이 비유는 개념들의 아름다움과 그것들의 취약한 책략을 동시에 부각시킨다. 에밀리 디킨슨에게 홈스테드의 토지는 인간의 상상력이라는 미적분학이 늘 조금은 엉성하다는 점을 일깨우는, 그런 존재였다.

료안지의 카레산스이 정원에서 사색하며 카잔차키스가 인식한 이상이란 바로 '쉼 없는 혁신'이었다. 얼핏 불합리해 보일 수 있다. 죽은 돌에서 원시적 활력을 보다니. 하지만 카잔차키스에게는 소박한 풍경들이야말로, 가장 생기 있는, 생기를 불어넣는 생각들이 탄생하는, 그런 장소였다.

Nikos Kazanzakis

니코스 카잔차키스:
흙을 고르며

"우리의 임무는 무엇인가? 한 송이 작은 꽃이 피어날 수 있도록 힘겹게 싸워나가는 것……."

—니코스 카잔차키스, 『고행: 신의 구원자들』에서

여윈 체격에 강단 있어 뵈는 중년의 남자가 가늘게 뜬 눈으로 돌들을 바라보며 서 있다. 실용적인 회색 슬랙스에 땀으로 얼룩진 셔츠와 재킷을 걸친 그는 니코스 카잔차키스Nikos Kazanzakis다. 차림새만 보면 영락없이 일본으로 휴가 온 회계사지만, 사실 그는 현지 답사차 일본에 들른 그리스의 시인이자 소설가이자 극작가다. 『그리스인 조르바Βίος και Πολιτεία του Αλέξη Ζορμπά』라는 (훗날 영화로도 제작되어 앤서니 퀸이 동명의 주인공 역을 맡은) 걸출한 소설의 저자이기도 한 그는 수년 동안 방방곡곡—파리, 베를린, 이탈리아, 스페인, 러시아—을 돌아다녔다. 그의 서사시『오디세이아Οδύσειά』의 주인공처럼. "비록 삶은 텅 빈 그림자일지라도 나는 그것을 땅과 공기로, 선함과 즐거움과 씁쓸함으로 가득 채우리라!" 오디세우스는 그렇게 외쳤다. 지금은 1935년의 봄날, 카잔차키스는 여전히 삶으로, 딸깍거리는 나막신과 16세기의 병풍, 석등이 있는 골목들로, 스스로를 가득 채우는 중이다. "일본을 통째로 들어다 당신 어깨에 기모노처럼 두를 수만 있다면." 그리스 집에 두고 온 아내 엘레니에게 보낼 편지에 카잔차키스는 그렇게 쓴다.

하지만 니코스 카잔차키스는 집으로 향하는 배에 오르지 않는다. 교토의 사찰 료안지龍安寺의 한 지점에 붙박인 듯 서서 *카레산스이*枯山水, 즉 바위 정원을 응시한다. 소박하고 벽으로 둘러싸인, 겨우 폭 10미터에 길이 25미터짜리 직사각형 안에 불규칙한 형상의 바위 열다섯 개가 몇몇 덩어리로 뭉친 채, 이끼의 '섬들' 위에 비대칭적으로 놓여 있다. 위로 갈수록 얇아지는 벽들은 공간을 더 넓어 보이게 만든다. 정원으로 쓰이는 벽 안쪽 공간도 마찬가지다. 작은 직사각형이지만 보기에는 널찍하다. 벽 너머의 경치를 빌려오기는 했지만—일본어로 *샷케*借景라고 알려진 조원造園 기법이다—정원에서 눈에 띄는 생명체라고는 이끼가 전부다. 그 외에는 오직 생명 없고 건조한 돌뿐이다. 매혹된 카잔차키스가 펜을 든다. "이 정원을 돌아다니자니, 희미한 욕망이 단단한 중심 주위로 결정체를 형성하며 나를 둘러싼 채 점차 그 빛을 더해간다."

카잔차키스는 정원의 소박성에서 아름다움을 발견한다. 간결한 선, 이끼와 바위의 대비, 돌들의 온화한 물결무늬. 하지만 그가 감동하는 이유는 그뿐만이 아니다. 카레산스이의 돌들 속에서 그는 자신의 이상적인 초상화를 본다. “만약 나의 심장을 정원의 형태로 만들어야 한다면, 그 바위 정원처럼 빚으리라.” 『일본 중국 기행Ταξιδεύοντας: Ιαπωνία–Κίνα』에 그는 그렇게 썼다.

여행으로 지칠 대로 지친 가운데서도 카잔차키스는 정신의 죽음을, 그러니까 자신이 탈진이나 지각마비로 무력해져 있다는 기색을 굳이 내비치지 않는다. 오히려 그 반대였다. 바위 정원은 그의 기운을 북돋웠다. 카레산스이에서 그가 인식한 것은 *엘랑 비탈élan vital*이라 불리는 형이상학적 원리가 아니었다. 엘랑 비탈은 ‘생명의 약동’이라는 뜻으로, 카잔차키스는 그 개념을 파리에서 함께 공부한 철학자 앙리 베르그송에게서 주로 취해왔다.

『창조적 진화L'Évolution créatrice』에서 베르그송은 엘랑 비탈을 포탄이 산산조각으로 터지고 그 터진 조각들이 다시 산산조각으로 터지는 과정을 영원히 반복하는 모습에 비유했다. 그러한 감정의 폭발에는 목표도 목적도 계획도 없다. 엘랑 비탈은 쉼 없고 창의적인 변화의 원리이다. 베르그송의 철학은 이른바 '과정'의 철학으로, 프리드리히 니체나 앨프리드 노스 화이트헤드 같은 현대의 석학과 고대 그리스의 사상가 헤라클레이토스("그 누구도 같은 강에 발을 두 번 담글 수는 없다")나 크라틸로스가 속한, 전통적 철학의 한 갈래였다. 과정철학자들에게 형이상학의 기본적 카테고리는 존재being가 아니라 생성becoming, 그러니까 활동과 활력과 움직임이었다.

니코스 카산차키스는 이 기본 원리를 취해다가 하나의 철학적이고 예술적인—그가 바위 정원에서 사색하던 중에 떠올린 그 "심장의 형태"에서 비롯된—신조로 만들어냈다. 자신의 문학 작품들 속에서 그는 삶을 가장 원시적인 물질이나 본능으로 시작해 자유와 죽음으로 끝나는—그랬다가 또다시 시작하는—연속적인 변증법적 움직임으로 그려냈다. 가령 카잔차키스가 정신 수양에 관한 자신의 저서『고행: 신의 구원자들Ασκητική』에서 인류의 진보에 대해 묘사한 바에 따르면 인간은 어린애 같은 에고티즘에서 출발해 가족과 인종, 인간성에 대한 인식을 거친 뒤, 급기야는 인간성을 넘어 모든 생명과 우주 전체로까지 인식의 지평을 넓히기에 이른다. 이 단계에서 "우주는 온화하고 사랑스럽고 친숙하여, 흡사 나의 채취와도 같은 냄새를 풍긴다"라고 카잔차키스는 적었다. 무언의 충동에서 출발해 명상적인 결합을 향해 가는 이 이동의 과정은 카잔차키스의 대표작이고 그가 사람들에게 기억되기를 바랐던 책, 현대판 『오디세이아』에 착실하게 그려져 있다. 그 서사시 속에서 오디세우스는 야수적인 폭력과 육욕에서 출발해, 고매한 군국주의와 지적인 성찰, 금욕적인 평정을 거쳐, 죽음을 따뜻하게 맞이하는 현인 같은 마음 자세로, 차례차례 옮겨간다. 카잔차키스처럼 유럽에서 중동으로, 그러곤 다시 아프리카로 떠돌아다니던 오디세우스는 남극 대륙의 황량한 눈밭에서 기꺼이 죽음을 맞이한다. 카잔차키스는 오디세우스의 죽어가는 정신을 불꽃으로 묘사한다. 불꽃은 물질성 없는 순수한 의식에 대한 은유로, 이 불꽃 속에서 오디세우스의 모든 추억은 순간이나마 더 길게 명맥을 이어간다.

> 은은한 등의 불꽃이 마지막 화염 속에서 타닥거리다
> 오그라든 심지 위로 도약해 높이 오른 다음,
> 빛을 가득 머금은 채, 눈부신 환희와 더불어 죽음을 향해 솟구치듯,
> 그의 거친 영혼도 대기 속으로 사라지기 전에 도약했다.
> 추억의 불길이 활활 타오르며 불꽃의 긴 혀를 내밀자,
> 각 불꽃은 얼굴이 되어 저마다의 음성으로 부르짖었다
> 모든 생명이 그의 목 안으로 모여들어

죽음을 밀어낼 때까지;

이런 식으로 오디세우스는 카잔차키스의 형이상학적 사다리에서 또 한 단을 올라, 세계와 결합한다. 불꽃처럼 그는 모든 사물을 자신에게 통합시킴으로써, 자기와 타인, 주체와 객체는 물론, 여타 상식적인 대조 관계를 뛰어넘는 발전을 이루었다(『오디세이아』의 대단원은 이 철학적인 클라이맥스에 온전히 바쳐졌다).

하지만 니코스 카잔차키스의 철학적 발전은 이 깨달음에서 멈추지 않는다. 오디세우스처럼, 카잔차키스가 그리는 현인은 만물이 하나임을 인식하지만, 거기서 더 나아가 "심지어 그 하나조차 존재하지 않는다!"는 것을 깨닫는다.

이 허무주의적 관념을 카잔차키스는 선종禪宗에서 취해왔는데, 료안지가 사찰인 것도 따지고 보면 우연은 아니었다. 불교 신자에게 그 비위 정원은 감각적 기쁨을 위해서가 아니라, 이행적 현실에 관해 사색하고 인식하기 위해서 설계된 곳이었다. 선종 신자들은 다른 무엇보다 세상의 덧없음을 깨닫는 일에 주력하는 한편, 불교 신자들이 진여眞如[사물의 있는 그대로의 모습이라는 뜻으로, 우주 만유의 본체인 평등하고 차별이 없는 절대의 진리를 이르는 말—옮긴이] 혹은 본질이라고 일컫는, 만물의 순전한 고통을 음미했다. 이런 맥락에서 카레산스이는, 세속적인 열망의 덧없음을 상기시킴으로써 카잔차키스의 영혼을 단련시키는 또 하나의 명상적 장치였다.

이렇듯 무無의 시각에서 영감을 얻었다고는 하나 카잔차키스는 한가한 명상이나 탈속적인 무심으로 만족하지 않았다. 에밀 후르무지오스에게 보낸 편지에서 그는 "사람은 공포로부터 용기를 얻는다"고 말했다. 『고행: 신의 구원자들』의 결말이 정적주의자적 수도 생활이 아니라 '행동'인 이유가 바로 여기에 있다. 요컨대, "세대에서 세대로 불똥이 튀는 모습을 수동적으로 바라볼 것이 아니라, 그 불똥과 함께 튀고, 또 타오르라!"고 그는 주문했다. 여기에서 '불똥'은 당연하게도, 엘랑 비탈의 또 다른 은유이다.

이렇듯 카잔차키스의 철학에는 다른 무엇보다 훈육적인 신조가 담겨 있다. 그는 지속적인 노력을 강조하는 한편, 타인이 노력으로 맺은 결실을 탐하지 말라는 불교의 가르침을 따라야 한다고 힘주어 말했다. 카잔차키스는 안락과 오만, 관습에 복종하는 삶을 경계했다. 그런 삶은 야망과 노력을 약화시킨다는 것이다. "가장 크나큰 죄악은 만족"이라고 그는 첫 번째 아내 갈라테아에게 보낸 편지에 썼다. 그에게 엘랑 비탈은 우주론적이고 생물학적인 원칙인 동시에 세속적인 혁신의 정당한 사유였다. 그는 자신을 현실—그 자신의 현실을 포함해서—의 형태를 빚고 다듬어나가는 지속적인 싸움의 일원으로 보았다. 고로 그는 끈기와 충돌을 찬양(했고, 때로는 신격화)했다. "하느님을 찾고 있소? 여기 신이 있소! 신은 행동이오. 실수와 모색, 끈기, 싸움으로 무장한 행동. 신은 영원한 조화를 찾아낸 힘이 아니라, 모든 조화를 부수는 힘, 언제나 보다 높은 것을 찾아다니는 힘이라오." 『향연Συμπόσιον』에 카잔차키스는 그렇게 썼다.

신의 완벽성을 훼손했다며 그리스 정교회와 로마 가톨릭교회는 그의 글을 공격했지만 카잔차키스는 주눅 들지 않았다. 『고행: 신의 구원자들』에 그는 이렇게 썼다. “만약 당신이 학자라면 두개골 속에서 싸우라. 생각들을 죽이고 새로운 생각들을 창조하라.” 이 지침을 그는 자신의 일과 삶에 그대로 적용했다. 카잔차키스는 자신의 생각과 심상을 문학으로 녹여내기 위해, 그리고 다음 시나 소설, 희곡에서 바로 그 생각과 심상을 극복해내기 위해, 끊임없이 노력했다. 그에게 그 작업은 어찌 보면 타성과의 전쟁이었다. 유럽과 중동 여행기 『여정들Ταξιδεύοντας: Ιταλία–Αίγυπτος–Σινά–Ιερουσαλήμ–Κύπρος–Ο Μοριάς』의 서문에서 카잔차키스는 이렇게 부르짖는다. “낱말! 낱말들! 세상에 다른 구원은 없어라! 내 힘으로 가질 수 있는 건 24인의 작은 선병들[그리스어 알파벳은 24자로 구성돼 있다—옮긴이]뿐. 나는 동원되리라. 그리고 군대를 일으키리라.” 그리고 이 병사들은 다른 병사들에 의해 차례로 파괴되거나 버려졌고, 그러다 다시 새롭게 변형되었다. “다시, 오르막이다.” 『고행: 신의 구원자들』에 그는 그렇게 썼다.

이렇듯 카잔차키스는 매일같이 자기만의 문학적이고도 철학적인 여정에 나섰고, 엘랑 비탈은 그러한 여정의 형이상학적인 버전이었다. 1957년, 그러니까 사망하기 3년 전에 그는 “잠시 쉬고 싶다. 하지만 어떻게? 시간이 많지 않다. 내 안의 어떤 목소리가 무자비하게 나를 재촉한다”라고 썼다. 그 문장 안에는 카잔차키스의 세계관이, 싸움과 희생과 순간적인 변형을 추구하는 가치관이 고스란히 담겨 있다.

자기만의 시나이

료안지의 돌들에 관해 사색하며 카잔차키스가 인식한 이상이란 바로 '쉼 없는 혁신'이었다. 이는 얼핏 불합리해 보일 수 있다. 죽은 돌에서 원시적 활력을 보다니. 하지만 카잔차키스에게는 소박한 풍경들이야말로, 가장 생기 있는, 생기를 불어넣는 생각들이 탄생하는 장소였다. 그리고 소박성은 엘랑 비탈이 제 역할을 해낼 수 있는 절호의 기회이기도 했다.

부분적으로 이는 돌들이 카잔차키스의 머릿속에서 세계를 생성하는 역할을 어느 정도 담당했기 때문이다. 『고행: 신의 구원자들』의 한 구절을 빌리자면, "만약 우리가 진창에서 돌을 들어내 그 돌로 집을 짓거나, 그 위에 영혼을 조각한다면, 그 돌은 구원을 받은 것이다." 카잔차키스는 돌들이 글자 그대로, 그러니까 기독교적 의미로 속죄되었다고는 믿지 않았다. 그는 낭비에 대한 경멸을, 물질을 변형시키지 않고 원형대로 남겨두는 행위에 대한 경멸을, 시적으로 표현하고 있었다. 발전을 위해 인류는 세상과 함께 끊임없이 수고하여, 물질을 새로운 형태로 '성변화聖變化'시키는 작업에 착수해야 했다. "모든 인간에게는 나무와 동물, 인간, 생각으로 구성된 자신만의 동아리가 있다. 그리고 각 사람에게는 자신의 그 동아리를 구원할 의무가 있다. 자신의 동아리를 구원하지 않는 사람은 구원받을 자격이 없다." 카잔차키스는 그렇게 말했다.

이런 이유로 작가는 가장 황량한 장소들이 예술적 영감을 준다고 믿었다. 그러한 장소들은 위에서처럼 생존을 위해 창조와 파괴를 거듭하도록 사람들을 *밀어붙였다*. 1927년 시나이를 여행하던 시절에 카잔차키스는 낙타 등 위에서 몇 시간이고 이리저리 흔들리면서 히브리인의 운명을 고찰했는가 하면, "인간을 경멸하고 그를 물리치는, 삭막하고 메마르고 적대적인 산들"을 대면했다. 그러한 사막을 견뎌내는 동안 이스라엘인들은 더욱 거칠고 잔인해졌다. 그들이 변해가는 동안 그들의 하느님도 변해갔다. "신은 더 이상, 이름도 집도 없이 공기 중에 쏟아져 나온 보이지 않는 영혼들의 집합체가 아니었다." 『여정들』에 따르면, "신은 야훼가 되었다. 매정한 하느님, 보복하는 하느님, 피에 굶주린 하느님이 되었으며, 오직 한 민족의 하느님, 히브리인의 하느님이 되었다." 이러한 하느님은 유대인들을 차례차례 전쟁으로 몰아넣었고, 그들의 도덕적·정치적 율법을 정당화했다. 히브리인에게 이상적인 하느님은 황량한 기후에서 피어난 존재, 그들의 생존 의지가 영화靈化된 존재였다. 카잔차키스는 고향 크레타 섬에서도 이런 식의 변형을 발견했다. 여행지 스페인에서도 마찬가지였다. 카스티야 지방의 "사람이 살 수 없는 야생의 산들"은 현실과 꿈의 경계를 모호하게 만들어버렸다고—그것은 잔인하고 서사시적인 풍경이었다고—카잔차키스는 주장했다. 『스페인 기행Ταξιδεύοντας: Ισπανία』에 그는 "머릿속이 소란하다. 의지와 원기로 충만한 영혼에게 쉽지 않은 일이란 없을 테다"라고 썼다. 소박한 어린 시절을 보낸 그는 척박함이 활기를 되살린다고 믿었다. 그 외의 대안은 죽음과 소멸뿐이다.

다른 곳에서 카잔차키스는 정확히 같은 주장을, 정반대의 예를 통해 제기했다. 그의 책들은, 인간에게서 노력하고자 하는 충동을 앗아가는 사랑스럽고 비옥한 풍경에 대한 언급으로 곳곳이 채워져 있다. 크레타 섬이 점령당하자 그의 가족은 그리스의 낙소스 섬으로 도망쳤는데, 그곳에서 카잔차키스는 더욱 풍요로운 삶을 발견했다. 『영혼의 자서전 Αναφορά στον Γκρέκο』에서 그가 회상한 바에 따르면, "고요한 바다로 둘러싸인 그 섬 어디를 가든 멜론과 복숭아, 무화과 열매가 산더미처럼 쌓여 있었다." 낙소스는 안락하고 평온한 섬이었지만, 카잔차키스에게 그 섬은 자기만족으로 이어지는 불안한 길목이었다.

니코스 카잔차키스는 분명 극단적인 인물이었다. 이상주의적인 동시에 육욕적이었고, 서정적인 동시에 단호했다. 그의 죽음으로부터 반세기가 지난 지금도 그 강렬함은 그의 산문 속에서 심심찮게 발견된다. 그의 친구 판델리스 프레벨라키스의 적절한 묘사에 따르면, 그의 산문은 "성급하고 간결하며 종종 흥분을 드러낸다." 타협을 모르는 카잔차키스의 성향은 그의 건조한 묘비명에서도 고스란히 드러난다. "그 무엇도 바라지 않는다. 그 무엇도 두렵지 않다. 나는 자유롭다." 카잔차키스처럼 강박적인 노동관을 모든 사람이 갖고 있지는 않을 것이다. 또한 그처럼 평범한 것과 형이상학적인 것의 조합을 모든 사람이 즐길 리도 없다. "나의 내면에서는, 가장 형이상학적인 문제조차 따뜻한 육체를 지닌 채, 바다와 토양, 인간의 땀 냄새를 풍긴다." 『영혼의 자서전』에 그는 그렇게 썼다.

그럼에도, 일본의 카레산스이를 대하는 카잔차키스의 반응에는, 실존과 예술에 관한 보다 평범한 야망이 인상적으로 드러나 있다. 그 바위 정원은 자신과 세계를 꾸준히 변형시키라고 그를 다그치면서도, 한편으로는 그 힘겨운 싸움이 결국엔 부질없다고 속삭인다.

3년 전 여름에 나는 그런 삶의 전형적인 본보기를, 정원 가꾸기에 열성적이었고 지금은 고인이 된 내 이웃에게서 보았다. 몇 주에 걸쳐 그는 에드워드 7세 시대풍의 우아한 정원에서 갈퀴로 돌을 골라냈다. 나는 그를 똑똑히 기억한다. 뇌졸중으로 약해진 그는 종종 균형을 잃곤 했다—똑바로 서 있으려면 보행 보조기가 필요할 정도였다. 하지만 그는 길 위에서 갈퀴질을 하며 자갈과 자갈을 골라냈다. 얼핏 무의미해 보이는 행동이었다. 매일같이 열심히 해봐야—현관으로 뛰어드는 내 아이들과, 쿵쾅거리며 돌아다니는 개, 대문에서 후진하는 자동차들 때문에—금세 엉망이 되기 일쑤였으니까. 확실히 그의 에너지는 괜찮은 요양 기관에 들어가 건강을 회복하는 데 쓰이는 편이 나을 듯싶었다. 하지만 그는 묵묵히 그 일을 해나갔다. 다루기 힘든 석영을 상대로 자기만의 조용한 전쟁을 벌여나간 것이다. 그 주에도, 그다음 주에도, 그리고 그다음 주에도—갈퀴를 집어 드는 건 고사하고, 부축을 받지 않고는 더 이상 서 있을 수 없을 때까지.

그의 일화는 나에게 카잔차키스의 철학을 통렬하게 보여준다. 내 이웃의 돌들은 결코 싹을 틔우지도 꽃을 피우지도 않았을 테지만, 그것들은 그가, 그 어떤 완성의 기약도 없이 자신의 길을 끊임없이 변형시키고,

나이와 병으로 불편을 겪는 와중에도 *묵묵히 일을 해나가게* 하는 자극제였다. 엘랑 비탈이란 바로 그런 것이다. 창조와 파괴를 향한 열망. 설령 쓸모없어 보일지라도 제작과 재제작, 발명과 폐기를 갈망하는 것. 죽은 자갈들은 더욱 충만한 삶 속으로 들어오라고 우리에게 손짓한다. 비록 지금의 삶이 충만할지라도.

사르트르는 르아브르의 시립공원에 있는 벤치에 앉아 20분 동안 밤나무를 응시했다. 머릿속으로 그 나무를 이렇게 저렇게 묘사해보았다. '그 나무를 원래와 다른 무언가로 바꿀 수' 있다고 생각되었을 때, 만족감을 느끼며 자리에서 일어섰다.

Jean-Paul Sartre

장폴 사르트르: 밤나무와 무無

그는……산책을 가자는 내 제안을 번번이 거절했다. 엽록소라면 질색인 데다 온통 초록색 풀로 뒤덮인 너른 들판에 나가면 진이 다 빠진다는 것이다. 그가 그런 들판을 참아내는 유일한 방법이란, 그것을 아예 잊고 지내는 것이었다.

—시몬 드 보부아르, 『세월의 힘』에서

장폴 사르트르Jean-Paul Sartre는 패배자였다. 아니 스스로 그렇게 생각했다. 29세에 이미 그는 전도양양한 청년이 아니었다. 외할아버지의 특별한 사랑을 받는 손자도 이제 아니었다. 사르트르는 소르본 대학에서 손꼽히는 우등생이었고, 명문인 파리 대학에서도 두각을 나타냈다. 그렇지만

1934년 그는 노르망디의 전통적인 항구도시 르아브르Le Havre에서 철학을 가르쳤다. 르아브르를 싫어하지는 않았다. 르아브르의 곳곳은 그림처럼 아름다웠다. 그러나 사르트르에게 그 도시는 자신의 실패에 대한 표상이었다.

그는 강의 분위기를 띄우기 위해 최선을 다했다. 입에 파이프 담배를 물고 강의록도 없이 신나게 떠들었다. 학생들과 탁구도 쳤고, 웃통까지 벗어젖혀가며 복싱도 했다. 그 자그마한 체구의 사팔뜨기 철학자에 대해 한 학생은 '열정적이고, 지적 호기심을 자극하며, 재미있으면서도 진지한 사람'이라고 기록했다. 그러나 사르트르는 한편으로 근심이 가득했다. 서른이 다 되어가는데 주목받을 만한 성과는 하나도 거두지 못했다고 느끼고 있었기 때문이다. 소설도 한 권 쓰지 못했고, 대표작이랄 것도 없었고, 하다못해 잡지에라도 단편소설 하나 실어보지 못했다. 사르트르는 친구이자 연인인 시몬 드 보부아르Simon de Beauvoir와 해변의 카페에서 와인을 나누며 자신의 답답한 인생을 돌아보았다. 『전쟁일지Carnets de la drôle de guerre』에 그는 자신의 인생을 '설익어서 망쳐버린 빵' 같다고 썼다. 직업은 안정기에 접어들었다. 친구들은 언제나 같았다. 아무리 둘러봐도 새로운 것이라고는 보이지 않았고, 보부아르도 같은 생각을 하고 있었다. 보부아르는 『세월의 힘La Force de l'âge』에서 "우리 둘은 아직 서른 살도 되지 않았다. 그러나 우리에게 새로운 일이라곤 하나도 일어나지 않았다!"라고 적었다. 사르트르의 르아브르는 위대함에 사형을 선고했다. 사형의 도구는 권태였다.

더러워! 더러워!

그때까지 사르트르는 1937년에 출간된 자신의 처녀작 『구토La Nausée』에 등장하는 유명한 두 캐릭터가 르아브르 덕분에 창조되었다는 사실을 깨닫지 못했다. 첫 번째 캐릭터는 『구토』의 주인공 앙투안 로캉탱이었다. 사람을 혐오하는 그는 권태와 잃어버린 사랑, 실존적 불안에 맞서 힘겹게 싸워나간다. 두 번째 캐릭터는 음울한 항구도시 부빌의 시립공원에서 있는 밤나무였다. 부빌의 모델이 된 도시는 주로 르아브르였다. 1931년 10월, 사르트르는 르아브르의 시립공원에 있는 벤치에 앉아 문제의 밤나무를 20분 동안 응시하며 머릿속으로 이렇게 저렇게 묘사해보았다. 그러고는 만족감을 느끼며 자리를 떴다. 그가 보부아르에게 보낸 편지에서 버지니아 울프의 표현을 살짝 수정해 쓴 구절에 따르면, 사르트르는 '그 나무를 원래와 다른 무언가로 바꿔 놓으려는' 참이었다. 사르트르가 보부아르처럼 낭만적인 기질을 소유했더라면, 나무를 소재로 몽상의 날개를 펼쳤을지도 모른다. 가령 파리 교외에 위치한 생클루의 강과 숲 곁에서 보부아르는, 훗날 그녀가 쓴 글에서 옮기자면, '한껏 들떠' 있었다. 하지만 사르트르는 달랐다. "비버[시몬 드 보부아르의 별명 중 하나—옮긴이] 좀 봐. 또 완전히 홀렸군!"이라며 놀려댔다. 『구토』에서 사르트르는 밤나무를 극도로 혐오스럽게 묘사했다. 그 밤나무가 얼마나 '아름다운지'는 안중에도 없었다.

사르트르의 이야기 속에서 로캉탱이 공원을 찾은 그날은 철학적인 축일이나 마찬가지였다. 즐거웠다는 뜻이 아니라 깨달음을 얻었다는 뜻이다. 공원을 찾기 전 몇 주 동안 로캉탱은 이른바 '구역질' 증세에 시달려오던 중이었다. 컵이나 음식, 손 같은 평범한 것들을 보면 속이 매슥거리며 현기증이 일었다. 로캉탱은 사람들을 멀리했고, 그들이 아무렇지도 않은 듯 편안하게 사는 모습에 분개했다. 그러다 부빌의 공원에서 마침내 자신이 가진 문제의 근원을 (정확하게 또 비유적으로) 알아냈다. 실존이 욕지기를 유발했던 것이다! 어떤 식의 실존인지는 중요하지 않았다. 존재 자체, 모든 것의 근본적인 실존이 문제였다. 그리고 로캉탱이(즉, 사르트르가) 보기에 밤나무는 실존을 가장 효과적으로 상징하는 도구였다. 『구토』의 다음 구절을 자세히 읽어보자.

> 나의 시선이 닿는 곳마다 온통 포화 상태였다. 나뭇가지 끝마다 너무도 많은 실존들이, 계속해서 새롭게 변화하지만 결코 태어나지는 않는 실존들이, 매달려 있었다.……나는 벤치에 털썩 주저앉아 멍하니, 근원을 알 수 없는 그 수많은 존재들을 바라보며 망연자실했다. 한창이었다. 여기저기에서 만발하고 있었다. 귓가에서 실존이 와글거렸다. 나는 욱신거리는 몸을 펼쳐 그 생장하는 우주 속으로 나를 내던지고 있었다. 기분이 역겨웠다.

사르트르는 밤나무에서 욕지기를 느낀다. 그 밤나무는 존재할 이유가 없기 때문이다. 그저 존재한다. 그런데 이처럼 '그저 존재한다는 것'

안에는 일종의 어리석은 속성이 내포돼 있다. 아무 계획도 목적도 없이 그저 존재하기만 하는 게 아니라 한술 더 떠 그 존재를 계속 이어나가는 것이다. 자라고 꽃을 피우고 열매를 맺고 번식을 한 뒤에 똑같은 과정을 새롭게 반복한다. 밤나무가 살고 싶어 해서가 아니다. *사는 것을 멈출 수 없기* 때문이다. 로캉탱은 "모든 존재는 아무 이유 없이 태어난다. 목숨을 이어가며 쇠잔해지다가 우연히 죽음을 맞는다"라고 말한다. 공원에서 어디를 둘러보든지 이 터무니없는 존재들, 합당한 이유도 없이 계속 늘어만 가는 생명들이 있다. 그리고 존재들에게 씌워진 모든 의미—미, 덕, 마음 깊숙한 곳에 자리한 노스탤지어—는 피상적인 가면에 지나지 않는다. 그 가면 안에 있는 몸서리쳐지는 존재는 서로 아무 차이도 없으며, 지긋지긋하게 넘쳐나기만 한다. 질척거리고 울퉁불퉁한 점토 덩어리처럼. 로캉탱에게 그 공원은 소름 끼치는 것들의 소굴이다. "더러워! 더러워!" 그는 소리친다.

구토와 무

확실히 『구토』는 사르트르가 르아브르에서 겪었던 삶을 있는 그대로 옮겨놓은 것이 아니며, 로캉탱 역시 단순히 사르트르를 허구화한 인물이라고 보기에는 무리가 있다. 그러나 깊이 들여다보면 둘은 동일인물이다. 사르트르는 『전쟁일지』에, 작가 자신에게서 '생명력 있는 본질', 그러니까 자부심과 열정, 야망만을 제거한 인물이 바로 로캉탱이라고 적었다. 로캉탱의 우수와 비통과 공포는 전부 사르트르가 느끼던 것이었다. 르아브르에서 사르트르는 깊은 우울감에 빠져 마약에 손을 대기도 했다. 글을 쓸 때는 각성제를, 잠을 잘 때는 진정제를, 진기한 경험을 해보고 싶을 때는 환각제를 남용했다. 메스칼린을 섭취하면 우산이 독수리로 변했고, 신발은 해골이 되었다. 곁눈으로 바라본 삶은 꿈틀댔다. 질척거렸다. "매독과 용종과 눈살을 찌푸리게 하는 것들!" 시몬 드 보부아르는『세월의 힘』에서 그렇게 회고했다. 사르트르는 침울했고, 지칠 대로 지쳐 있었다.

사르트르의 욕지기 증상은 수년 동안 지속되었다. '자연의' 음식과 풍경에 반감을 느꼈고, 메스꺼운 기분을 글 속에서 고스란히 드러냈다. 6년 후 실존주의적 작품을 쓰기 시작할 무렵에는 욕지기를 토대로 고유의 사상을 쌓아나갔다.『존재와 무L'Être et le Néant』에서 사르트르는 욕지기를 몸의 '미각'이라고 말했다. 여기에는 해설이 좀 필요한데, 그도 그럴 것이 이 책은 모호하기로(어느 정도는 독일의 유행어 때문이고, 어느 정도는 사르트르가 남용한 암페타민 때문이다) 악명이 자자하기 때문이다. 사르트르가 말한 '몸'은 글자 그대로 뼈와 살을 의미하지 않았다. 그보다는 의식을 통해 경험하는 체화를 의미했다. 우리가 구성하는 몸은, 의식의 일부로서의 몸이다. 나머지 만물의 경우에도 마찬가지다. 원초적인 실존, 사르트르가 '존재'라고 일컬은 그것은 결코 보이지도, 만져지지도, 냄새가 나지도 않는다. 사르트르는 실재가 없다고는 생각하지 않았다. 다만

우리가 경험하는 실재는 순수한 의식이다. "존재를 이해하고 싶다……이제 더 이상은 아무것도, 나 자신 말고는 아무것도 모르겠다." 사르트르는 그렇게 적었다. 존재는 양을 측정할 수도 성질을 파악할 수도 없다. 그 모든 작업은 오직 의식 속에서만 이루어진다. 존재는 그저 *있다*. 이것이 존재에 대하여 말할 수 있는 모든 것이다. 존재는 우연의 산물이다. 불필요하고, 임의적이고, 무의미하다. 우리는 이러한 우연성을 '부정'함으로써 존재한다. 바로 이 점이 사르트르가 20세기 사상에 기여한 부분이다. 의식이란 순수 존재에 대한 '부정'이다. 의식은 의식 자체에 대해서도 '부정'한다. 즉, 의식은 자신의 순수한 존재를 부정한다. 그러므로 의식은 분열한다. 우리는 우리의 의식을 '여기'와 '저기', '지금'과 '그때'라는 부분들로 분리한다. 이렇게 쪼개진 각각의 조각은 정신 속에 있는 자그마한 '무無'이다(그래서 이 장의 표제로 쓰였다).

이런 맥락에서, 사르트르가 바라보는 의식은 끊임없이 창조되고 파괴되는 듯하다. 의식은 자신과 자신의 세계를 만들어낸 다음, 그 둘을 '부정'했다가는, 언제 그랬냐는 듯 다시 만들어내기를 끊임없이 반복한다. 사르트르가 보기에 이것은 자유이다. 우리는 우리의 물성을 초월하고, 의식 속에서 그리고 의식으로서 지속적으로 우리 자신을 창조한다. 그렇지만 사르트르는 여전히 우리가 물질적 존재들이며, 다른 물질적 존재들 틈에 섞여 있다고 생각한다. 자, 다시 몸 이야기로 돌아가 보자. 몸은 바로 이 물질성에 대한 의식, 존재에 속해 있다는 의식이다. 몸은 *이* 시간과 장소에, *이* 키와 몸무게와 인종으로 존재한다는 느낌에서 결코 헤어날 수 없다. 사르트르가 묘사한 욕지기는 바로 이 무의미한 우연성을, 잃어버린 자유의 맛을 일깨우는 장치였다. 구역질을 유발하는 모든 것—피, 내장, 썩은 고기—은 우리가 몸 안에 갇혀 있다는 사실을 떠올리게 한다. 고로 로캉탱은 밤나무에게서 욕지기를 느꼈다. 밤나무를 응시하다가 뜻밖에 철학적 공리를 발견한 것이다. 순수한 자유에 미치지 못하는 것은 무엇이든 권태롭고, 죽은 존재이며, 그 존재의 이유를 찾아낼 수도, 정당화할 수도 없다. 그리고 우리는 언제나 그러한 존재들 사이에 던져져 있다.

『구토』에서 사르트르는 컵과 의자에서 우연성을 발견했다. 하지만 그의 상상력을 사로잡은 것은 밤나무였다. 여기에는 그럴 만한 이유가 있었다. 사르트르는 '자연'에 이렇다 할 관심이 없었고, 자연을 무시해도 될 만한 것으로 간주했다. 걷기 여행도 좋아하지 않아서, 시몬 드 보부아르나 친구들이 이리 저리 거니는 동안 사르트르는 그림 같은 주변 경관에는 눈길도 주지 않은 채 앉아서 글을 썼다. 신선한 음식보다는 통조림을 더 좋아했고, 도시의 고층 아파트에서 가장 행복해했다. 제2차 세계대전 이후 『하퍼스 바자Harper's Bazaar』와 가진 인터뷰에서 시몬 드 보부아르는 프랑스 철학자 사르트르를 다음과 같이 묘사했다.

> 그는 시골을 싫어해요. 무리 지어 다니는 곤충들과 우거진 나무들을 혐오하죠. 혐오라고 말해도 지나친 표현이 아니에요. 기껏해야 잔잔한 바다와 황량한 모래사막, 알프스 산맥 꼭대기의 차가운 광천수

정도만 그럭저럭 참아내는 정도니까요. 오직 도시에서만 편안함을 느끼는 사람이죠.

확실히 철학서보다는 잡지 기사에 어울리는 인터뷰였다. 보부아르는 사르트르를 놀리고 있었다. 그리고 이 인터뷰는 당시 실존주의가 누리던 대중적인 인기를 반영했다. 언젠가부터 실존주의는 카페에서 이야기를 나누거나 검은 터틀넥을 입거나 재즈를 듣는 것처럼 세련된 문화를 상징하고 있었다. 인터뷰에서 사르트르는 평생 연구에 몰두한 학자라기보다는 카리스마 있는 권위자로 그려졌다. 하지만 보부아르의 묘사는 정확했다. 사르트르는 이른바 '자연'과 자연 경관을 정말로 싫어했으니까. 또한 밤나무에 질색했다는 사실에서 알 수 있듯이, 공원과 정원 역시 경멸했다.『구토』에 그는 바닷가 울타리에서 자라는 '생식기능이 없는 재배작물'의 통통하고 하얀 잎들이 '연골'을 연상시킨다고 썼다—부빌에서는 비 때문에 모든 것이 기름지고 하얬다. 그는 포위당한 기분이었고, 그래서 도시를 떠나기가 두려웠다. '초목Végétation'(초목의 첫 알파벳을 대문자로 쓴 것에 주목하라)은 모든 것을 타고 뻗어나가 그 초록색 줄기로 여기저기를 꽉 움켜잡았다. 이렇듯 사르트르는 나무와 풀에게, 마치 공상과학영화에나 나올 법한 괴물의 이미지를 덧씌웠다.

철학자 사르트르에게 초목은 존재를 상징했다. 그리고 존재는 우연적으로 생겨나는 것, 즉 자유로운 의식이 없는 순수한 실존이었다. 사르트르의 견해를 독특하게 만든 것은 이런 상징에서 느끼는 불쾌한 기분, 즉 욕지기였다. 욕지기는 내장에 일어나는 반응이었고 그가 존경하는 철학자들은 그런 불쾌감을 느끼지 않았다. 가령 사르트르에게 심대한 영향을 끼친 독일 철학자 마르틴 하이데거의 경우를 살펴보자. 사르트르는 1930년대에 하이데거의 『존재와 시간Sein und Zeit』을 처음으로 읽었고, 그 후 제2차 세계대전 중 포로수용소에서 포로로 있을 때 더 깊이 파고들었다고 말했다(하이데거의 글을 읽는 사람은 누구나 빠져들 수밖에 없다). 하이데거는 다른 어떤 현대 철학자들보다도 인간성을 가장 매력적이고 체계적으로 그려냈는데, 그에 따르면 인간성은 '의미 없는 세계에서 순간적으로 타오르는 의미의 불꽃'이었다. 그러나 하이데거는 우리 인간이 져야 할 책임을 걱정하면서도 존재, 즉 실존이라는 적나라한 사실을 피하려 들지 않았다. 하이데거는 특히 자신의 후기 저작에서 존재란 역겨운 것이 아니라 숭배할 만한 것이라며 커다란 경외감을 표현했다. 가령 1955년의 '기념비적 강연' 원고에 그는 우리가 존재에서 한 걸음 뒤로 물러나 있다고 적었다—뒷걸음질 치는 것이 아니라 경관을 감상하려고 잠시 멈춰 서서 경탄하는 것처럼. 그리고 우연치 않게, 독일의 석학 하이데거는 사르트르가 혐오했던 바로 그 시골 특유의 경관—나무가 우거진 숲, 개울, 허름한 농촌 가옥들—에 몰두했다. 사르트르는 보부아르나 친구들과 함께 시골길 걷기를 특히 싫어했던 반면에, 하이데거는 종종 자연 속에서 거닐기 위해 잠시 글 쓰는 일을 접어두곤 했다. 심지어 슈바르츠발트Schwarzwald, 일명 '검은 숲'에 허술하게나마 오두막을 지어놓았을 정도다. 그러므로 사르트르가 느낀 기이한 역겨움은 철학의 근본 원리에서 영향을 받은 것은 아니었다. 하이데거의 철학을 좇아 존재에서 인간성으로 도약하는 과정에서 사르트르의 인식에 의해 생겨난 것이었다. 사르트르의 메스꺼움은 이 프랑스 철학자만의 독특한 특성이었다.

사르트르는 타인이 느끼는 신체적 불쾌감에 무심하기로 유명했다. 그리스에서 보트 여행을 할 때였다. 보부아르가 파도치는 바다 위에 구토를 했다. 보부아르는 『세월의 힘』에서 "내가 발작적으로 구역질을 하는데도 사르트르는 눈 하나 깜짝하지 않았다. 오히려 일부러 밉살스럽게 군다며 내게 핀잔을 줬다"라고 적었다. 사르트르는 배가 불뚝했고, 마약을 남용한 데다 병을 달고 살았지만, 체격만은 정말이지 탄탄했다. 그러나 철학적으로 사르트르는 하이데거보다, 그리고 어쩌면 보부아르보다도 허약했다. 존재 전반에 대해, 특히 수액을 분비하며 뻗어나가는 식물에 대해 사르트르는 매슥거림을 느꼈다.

작은 못난이

사르트르의 욕지기는 어린 시절에 시작되었다. 그의 초기 작품들은 의식의 철저한 자유를 강조했다. 그의 주장에 따르면, 자유는 의식의 불안정한 기원이었다. 그러나 훗날 철학자 사르트르는 프로이트식 분석에 많은 관심을 갖기 시작하더니, 어린 시절의 트라우마가 마음에 남긴 상처의 흔적을 추적했다. 그는 자신을 포함해 이런저런 사람들—귀스타브 플로베르와 장 주네Jean Genet—을 분석하면서 자신의 심리적 발달 과정에 대한 윤곽을 그려나갔다. 그의 결론이 언제나 설득력 있는 건 아니지만, 후대의 전기 작가들은 그 안에서 요점들을 정확히 짚어낸다.

자서전 『말Les Mots』에서 사르트르는 자신이 여성적인 유아기를 보냈다고 회고한다. 여자아이처럼 옷을 입었고, 과잉보호를 받았으며, 예쁘게 보이려고 금발 곱슬머리를 길게 늘어뜨렸다. 남자로서 멋지게 보이는 방법에 대해서는 배워본 적이 없었다. 그는 귀여웠고 명랑하게 재잘댔으며, 그래서 사랑을 받았다. 하지만 집안의 가장 큰 어른인 외할아버지 샤를 슈베제르가 그의 곱슬머리를 자르고 나서는 상황이 돌변했다. 어른들의 눈에도 사르트르의 눈에도 그는 별로 귀엽지 않았다. 사랑을 한 몸에 받던 아이는 온데간데없이 사라지고 보잘것없는 체구에다 오른쪽 눈동자를 이리저리 굴려대는 사팔뜨기 '못난이'가 나타났다. 사르트르의 자기 환멸은 점점 커져만 가다가 파리의 뤽상부르 정원에 놀러갔을 때 극한에 다다랐다. 아무도 그와 놀아주지 않았다. 다른 아이들에게 그는 예쁘지도, 강하지도, 용감하지도 않았다. 그가 좋아하는 모험 이야기 속 영웅들과 그는 달라도 너무 달랐다. 사르트르는 그저 작고 못생기고 별 볼일 없는 소년이었다. 다른 아이들은 그를 놀리거나 싫어하지도 않았다. 그것보다 더했다. 그를 없는 사람으로 취급했다. "나는 나를 제대로 평가하는 사람들을 만났고, 그들의 무관심은 나에게 유죄를 선고했다. 그들은 나의 가면을 벗겼고 나는 그 충격에서 헤어나지 못했다. 나는 경탄할 만한 아이도 아니었고 의지 박약아도 아니었다. 아무도 신경 쓰지 않는 하찮은 꼬마일 뿐이었다"라고 그는 적었다. 사르트르가 마음대로 할 수 없는 것들—자신의 몸, 얼굴, 신체적 특징—은 모두 그를 의기소침하게 만들었고, 그는 그런 것들이 싫었다. 그의 『전쟁일지』에는 사람들이 그를 '음란한 호색한'으로 여겼다고 적혀 있다. 자연은 그를 저버렸다.

치유책을 내놓은 사람은 이런 위기를 야기한 장본인인 외할아버지였다고 사르트르는 이야기한다. 그 치유책이란 바로 문화였다. 샤를 슈베제르는 학식 있는 사람이었다. 독일어 교사이면서 프랑스어를 사랑하는 교과서 저자였다. 그는 외손자에게 책—프랑스어와 독일어 고전 소설, 백과사전, 쥘 베른의 소설—을 읽으라고 권했고, 더 중요하게는, 글을 쓰라고 권유했다. 그래서 사르트르는 글을 썼다. 시를 썼고, 수필을 썼고, 소설을 썼다. 작가로서 그는 다작했고, 죽을 때까지 하루에 20쪽을 어렵지 않게 써내려갔다. 사르트르의 학교 성적은 기분과 가정형편에 따라 오르락내리락했지만, 그는 분명 지적 능력을 타고났고 언어적인 면에서 예리한 재치와 열정을 겸비하고 있었다. 외할아버지와 어머니는 그를 진심으로 칭찬했고, 한 가지 짚고 넘어가자면, 그 칭찬은 그가 셜리 템플Shirley Temple[1930년대에 할리우드에서 가장 유명했던 아역 배우—옮긴이]처럼 깜찍해서가 아니라 좋은 글을 썼기 때문에 주어진 것이었다. 그 후 10대가 된 사르트르는 자신이 글로써 학교 친구들과 소녀들에게도 감동을 줄 수 있다는 사실을 깨달았다. 전기 작가 로널드 헤이먼Ronald Hayman의 글에 따르면, "글쓰기는 유혹의 한 형태였고, 그 목표는 사물들의 신비를 벗겨내 여자아이들 눈에 아주 근사해 보이도록 만드는 것이었다." 동시에 사르트르는 자신을 위한 글을 쓰기 시작했다. 이 또한 퍼포먼스였지만, 사르트르 자신이 지켜보고 평가할 수 있는 퍼포먼스였다. "글쓰기를 통해 나는 존재했고, 어른들로부터 벗어났다. 하지만 오직 글을 쓰기 위해서만 존재했다. 내가 '나'라고 말한다면 그 나는 글을 쓰고 있는 나를 의미했다."『말』에 사르트르는 그렇게 썼다. 뤽상부르 정원에 놀러 갔을 때 사르트르는 낙오자였다. 아웃사이더, '못생기고 작은 얼간이'였다! 라로셸의 꽃 거리에 사는 리제트의 눈에 띄려고 애를 썼을 때 소년 사르트르는 '다른 사람에게 시시한 말이나 늘어놓는 외눈박이 게으름뱅이'였다. 그러나 서재, 도서관, 교실, 카페에 있을 때 사르트르는 단연 두드러지는 존재였다. 자연이 실패한 곳에서 문명은 꽃을 피웠다. 그런 이유로 그는 자연을 증오했다.

여기서 짚고 넘어가야 할 것은, 그러한 과정을 하나의 인과관계로는 설명할 수 없다는 점이다. 뤽상부르 정원에서 거부당한 기억 때문에 정원에 안 좋은 인상이 입혀지면서 모든 정원들을 싫어하게 되었다는 설명은 지나치게 단순하다. 오히려 그 에피소드는 그가 사랑받고 존중받기 위해 지속적으로 노력했다는 사실을 단적으로 드러낸다. 사르트르가 설명한 것처럼, 그 사건으로 인해 그의 내면세계는, 그가 자랑스러워했던 모든 것—밝은 마음, 익살스러운 행동, 문학적 재능—과 그를 창피하게 만들거나 고통스럽게 했던 모든 것—체격과 몸놀림—사이에서 엄청난 분열을 일으켰다. 그는 자신의 목소리와 생각과 유머 감각에 상당한 자신감을 갖고 있었다. 그런 것들로 많은 미인들의 환심을 샀고 그녀들 사이에 둘러싸여 있기를 좋아했다. 그러나 사르트르는 섹스를 즐기지는 않았다. 정확한 이유는, 섹스가 육체 중심이기 때문이었다. 『존재와 무』에 나오는, 점액에 관한 정말이지 기괴한 구절에서 그는, 원기와 정액과 섹스에 대한 혐오감을 싸잡아서 드러냈는가 하면, 점액에 대해서는 '메스꺼울 정도로 달콤한 여성적 보복'이라고 적었다. 그는 확실히 섹스가 신경 쓰였고, 애인이 *그의* 몸에서 아무런 즐거움을 느끼지 못하리라고 생각하기도 했다. 그는 흥분을 나타내는 반응들이 불편했고 자신을 '성교보다는 자위행위 하기를 좋아하는 사람'이라고 말했다. 하지만 무엇보다 그는, 그 모든 이야기를 상세하게 글로 적어 보부아르에게 편지로 보내는 쪽을 좋아했다. 사르트르가 처음으로 여자를 정복했던 경험에 대해 철학자 베르나르앙리 레비Bernard-Henry Lévy가 쓴 글에 따르면, "사르트르는 비앙카와 성관계를 가졌지만, 절정은 보부아르와 함께 맛보았다."

그런 점에서 사르트르는 절대주의자였다. 철학에서처럼 삶에서도 그러했다. 그가 『존재와 무』에서 주장한 것처럼, 그의 자유는 절대적이었다. 그가 좋다고 생각한 것들은 모두 무한했다. 남학생들이 초인적인 힘을 꿈꾸는 것도 이와 비슷한데, 다른 점이라면 사르트르가 추구한 힘은 근력이 아니라 인지력이라는 것이다. 아울러 그를 억압한 모든 것도 다른 의미에서 절대적이었다. 그는 자신의 혐오스러운 부분들을 빼내서 완전히 먼 곳으로 떠나보냈다. 그것들은 순수한 존재가 되었다.

멍청하고, 부당하고, 역겨운 것들! "그 추함은, 존재의 질서와 조화 속에서 그것이 야기하는 그 절대적인 재앙은, 사물의 완강한 어둠을, 세상과 타협하는 것이 불가능하다는 결론을 그에게 확인시켰다"라고 레비는 적었다. 이것이 사르트르가 르아브르 공원에서 역겨움을 느끼고 그 욕지기를 자신의 철학을 확립하는 데 굳건한 토대로 삼은 이유이다. 밤나무는 자연의 일부였다. 그래서 그는 자기 안에서 자연을 빼내어 존재론의 반대편 심연에 내려놓았다. 하이데거는 존재와 자연을 숭배했다. 하이데거의 제자 중에 가장 유명한 프랑스인인 사르트르는 그 둘을 모두 비판했다.

불편함과 어색함, 창피함으로부터 뒷걸음질 쳤다는 점에서, 사르트르의 철학은 자유로운 정신을 세련되게 정리한 이론이라기보다는 자신을 보호하는 유기체처럼 보인다. 간단히 말하자면, 그의 철학은 순수한 의식의 작용이 아니다. 사르트르의 의식은 인지적이면서도 생물학적인 본능과 충동 따위로 포화 상태였다. 특히 그는 자신의 몸과 자연 전체로부터 달아나면서 그 둘의 불가피한 영향력을 설명했다. 대부분의 철학자들을 위선자로 만든 아이러니들 중 하나로서, 사르트르가 밤나무에게서 느낀 욕지기는 자기 기만을 보여주는 대표적인 사례였다.

어른이 되어서

시몬 드 보부아르는 사르트르와 완전히 상반된 경험을 했다. 보부아르의 자서전들을 보면, 그녀는 리무쟁Limousin의 자연 경관 속에서 누린 크나큰 기쁨을 자유로운 필치로 묘사하는 가운데, 아이처럼 소박한 몽상을 그려냈다("가시 많은 울타리 아래와 숲의 한가운데에 보물이 숨겨져 있다"라고 그녀는 『착한 딸의 회고록Mémoires d'une jeune fille rangée』에 적었다). 자연에 대한 그녀의 사랑은 그녀가 나이가 들어가고 성숙한 사랑과 전쟁, 가난, 상실을 경험하면서 그만큼 더 깊어졌다. 제2차 세계대전 이후, 시몬 드 보부아르는 인디애나 주 게리Gary에서 사르트르에게 편지를 썼다. 그곳에서 그녀는 연인인 미국 작가 넬슨 올그런Nelson Algren과 함께 지내면서 사르트르와는 공유할 수 없었던 즐거움을 실컷 맛보고 있었다. 하이킹을 하는가 하면, 매일 오후 침대에서 열정적인 시간을 보냈다. 일상적인 수다를 떨고 정치적인 한탄을 하던 중에 그녀는 '발밑에 작은 연못이 있는 정원에서 느꼈던' 단순한 행복에 대해 깊은 생각에 잠겼다.

보부아르는 육체중심주의를 받아들일 용기가 있었다. 자신의 것이든 세상 전체의 것이든. 그렇다고 그녀가 사르트르의 실존주의에서 영향을 받지 않았다는 뜻은 아니다. 보부아르는 페미니스트 문학 역사에 한 획을 그은 자신의 걸작 『제2의 성Le Deuxième Sexe』에서 몸을 여성이라는 존재의 전체로 보지 않고 "우리의 계획을 제한하는 요인"이라는 말로 표현했다. "몸만으로는 그녀를 여성이라고 정의하는 데 한계가 있다. 진정 살아 있는 실재는 사회의 한가운데에서 활동하는 의식적인 개인에 의해서만 드러나는 법이다"라고 적었다. 이것은 전형적인 사르트르의 생각이었다. 여성이 경제적으로나 직업적으로 동등한 대우를 받지 못하는 이유는 출산 때문이 아니라, 매우 특별한 사회학적·심리학적 조건 때문이었다. 또한 보부아르는 분비물을 내고, 경련을 일으키고, 피를 흘리는("피비린내 나는 평결") 여성의 신체를 목록으로 정리했다—점액에 대한 사르트르의 문장들과 약간 비슷하다. 그러나 사르트르와 달리 그녀는 인간의 몸이 정신과 엄연히 얽혀 있다고 보았다. 순수한 자유의 영역은 없었다. 몸이 충돌했다. 보부아르는 자신의 의식이 잡종이며 사르트르가 말하는 순종이 아니라는 걸 알고 있었다. 『세월의 힘』에서 보부아르는 사르트르에 대해 이렇게 적었다. "그가 말했다……내가 눈물이나 신경증, 뱃멀미에 무너진다면, 그건 단지 내가 약하기 때문이라고. 나는……위와 눈물길은, 사실은 머리까지도 가끔은 저항할 수 없는 힘의 지배를 받는다고 반박했다." 보부아르는 자신의 정신이 르아브르 공원처럼, 앞을 볼 수 없고 어렴풋하고 사려 깊지 못한 과정들과 원칙들—사르트르가 말하는 '존재'—을 품고 있다는 점을 인정했다. 그리고 '수양버들, 목련, 칠레삼나무'를 보며 소녀처럼 좋아할 때 보부아르는 존재라는, 사르트르가 혐오해마지않는 그것을 마음껏 즐기고 있었다.

사르트르는 두려움과 혐오감에도 불구하고, 충실한 삶을 영위했고 많은 사람에게 뜨거운 사랑을 받았다. 한 인간으로서 사르트르라는 철학자는 기이하고, 심금을 울리며, 아주 흥미로울 수 있다. 그는 이야기하기를 좋아하고, 지적이며, 정력이 넘치는 사람이었다. 여자들을 이용하고 기만했지만, 관대하고 충실한 사람이기도 했다. 수십 년 동안 자신의 몸을 부정하다가 결국 사르트르는 어지럽고 절룩거리고 눈멀고 음란한 사람이 되었다. 그러나 보부아르는 그의 여성편력은 물론이고 온갖 약물과 알코올에 의존하는 습성까지 의연하게 견뎌냈다. 25년이 넘도록, 그녀의 편지는 흠모하는 마음을 고백하고 있었다. '백 번의 키스'라고 썼던 1930년부터 '강한 포옹과 키스'라고 썼던 1950년까지 보부아르는 자신이 '사랑하는 사람'에게 충실한 친구였다. 사르트르가 프랑스와 외국에서 예쁜 여자들과 놀아났을 때, 그의 책임 회피와 배신을 보부아르는 참아냈다. 훗날 보부아르의 동반자가 된 클로드 란즈만Claude Lanzmann에게 사르트르가 썼듯이, 설령 그가 '작은 무덤'이 된다 해도 그의 사랑 보부아르는 죽음이 내뿜는 악취에 메스꺼움을 느끼지 않을 것이었다.

사르트르는 작가로서 보기 드문 영향력을 가진 소설가였고 대담한 기자였다. 생애 전반에 걸쳐 그는 글쓰기에 전념했고, 독자들을 등한히 했을 때도 마찬가지였다. 사르트르가 가장 독창적이고 영향력이 있는 학자는 아니었을지 몰라도 세기의 가장 유명한 철학자였던 것만큼은 분명하다. 그는 전형적인 사회참여 지식인이었다! 5만 명의 팬들이 그의 장례식에 모여들었고, 그의 이름은 1950년대를 대표하는 실존주의자 대열의 선봉에 섰다. 그의 명성에 가려 간신히 이름만 남긴 인사가 어디 한둘인가! 사르트르의 철학이 한쪽으로 치우쳤다고 해서 그가 응당 받아야 할 성공과 명성을 누리지 못한 건 아니었다. 그가 철학에서, 또 생활에서 드러낸 결점들도 그의 성취를 방해하진 않았다. 요컨대, 장폴 사르트르는 현대적이고 도시적인 철학자의 전형이었고, 그의 정원은 혐오스러움과 아둔함 사이의 중간 어디쯤에 있었다. 그리고 그는 자신이 잃은 것을 아쉬워하지 않았다.

Voltaire

볼테르:
최고의 땅

인생은 고통으로 가득하다네. 그리고 내가 아는 치료법은 단 하나, 우리의 정원을 가꾸는 것일세.

—볼테르, 1769년 10월,
피에르조제프 드 부아제르멩Pierre-Joseph de Boisjermain에게 보내는 편지에서

자네의 포도나무를 돌보게, 그리고 공포를 으스러뜨리게나.

—볼테르, 1764년 2월, 장 달랑베르Jean d'Alembert에게 보내는 편지에서

볼테르Voltaire는 두꺼운 모피 코트를 입고, 실크 모자 다섯 개에 모직 모자 하나를 겹쳐 쓴 채, 자신만의 '작은 공간'에 앉아 있었다. 고급스러운 서재도 아니고 신고전주의 양식으로 지은 저택의 사실私室도 아니었

페르네가 볼테르에게 존재 가능한 최고의 세계가 되었다면, 이것은 신의 사랑이나 왕이 베푼 은혜 덕이 아니었다. 볼테르가 캉디드처럼 정원을 가꾸었기 때문이고, 그의 정원이 그를 가꾸었기 때문이다. 정원은 자연의 복잡하고 장엄한 광경을 그에게 보여주며 그것을 가능하게 했다.

다. 오래된 피나무 아래에 놓인 벤치였다. 오후의 햇볕이 공기를 따뜻하게 데워놓았지만, 제임스 보즈웰이 '프랑스 문학의 군주'라고 일컬은 그는 여전히 몸을 조금 떨고 있었다. 70대 중반인 그 위대한 계몽주의 작가—수필가, 극작가, 시인, 풍자작가—는 피골이 상접했다(풍자만화에서처럼 코의 모양도 두드러졌다). 글을 쓰는 동안 그는 앉은 자리에서 끊임없이 자세를 바꾸었다. 그로부터 7년 후, 그러니까 1778년에 그를 죽음으로 몰아넣은 전립선암은 그때부터 이미 진행 중이었다. 하지만 그는 글쓰기를 멈추지 않았다. 페르네Ferney에 있는 자신의 대지 내 자갈과 잔디가 깔린 산책로 바로 건너편에 있는 퍼걸러pergola[뜰이나 편평한 지붕 위에 나무를 가로와 세로로 얹어놓고 등나무 따위의 덩굴성 식물을 올려 만든 서양식 정자나 길. 장식과 차양의 역할을 한다—옮긴이] 안에 몸을 숨긴 그는 정원사 23명에게 전달할 지시사항들을 적거나 수익성 있는 대출 업무를 처리하는, 중산층의 은퇴자처럼 보였다. 하지만 그 부유한 70대 노인이 침실이 16개나 되는 대저택 밖으로 나온 이유는 집안 관리나 상업 활동 때문이 아니었다. 정원 안에 있는 자신만의 작은 공간에서 볼테르는 프리드리히 대왕의 원조를 받아 프로이센에서 살던 시절 가슴에 새긴 좌우명을 그대로 실천하고 있었다. "파렴치한 것을 으스러뜨려라écrasez l'infâme!"

볼테르는 시대를 막론하고 자유를 파괴하거나 사상의 발전을 저해하는 행위를 *파렴치한 것*이라고 불렀다. 그가 살던 시대의 파렴치한 것은 광적인 국가 종교와 프랑스 전제주의 간의 유착이었다. 그러한 관계는 볼테르의 도덕 원칙에 위배되었고 그에게 공적으로나 사적으로나 많은 고뇌를 안겼다. 18세기 내내 프랑스는 공식적으로 로마 가톨릭 국가였다. 교회의 의식, 교리, 미신적 관습에는 사법 권력의 손길이 거의 미치지 않은 데다, 법 자체도 법조문 면에서든 적용 면에서든 편파적이었다. 오랜 세월을 사는 동안 볼테르는 무고한 프랑스 시민들이 억압받는 현실에 점점 더 분노하게 되었다. 일례로 그의 친구이자 애인 아드리엔 르쿠브뢰르Adrienne Lecouvreur에게는 기독교식 장례식이 허락되지 않았다. 그녀는 배우였고, 그러므로 죄인이었다. 군주와 귀족들이 떳떳하게 볼테르의 연극을 관람했던 반면에, 르쿠브뢰르처럼 재능 있는 배우들은 목사나 귀족, 프랑스 시민들로부터 매춘부나 다름없는 사람으로 매도당했다. 르쿠브뢰르는 겨우 37세의 나이에, 볼테르의 광적인 로비 활동에도 불구하고, 파리 변두리 미개발지역에 위치한 극빈자 묘지에 내던져졌다. 반면 그녀의 영국인 동료 배우 앤 올드필드는 그로부터 고작 수개월 후인 1730년 10월 웨스트민스터 사원에 묻혔다. 볼테르가 보기에 이런 부당한 비극이야말로 *파렴치한 것*이었다. 바로 그 교회와 국가 연합은 전대의 신교도 헨리 4세를 찬양하는 볼테르의 서사시 『라 앙리아드La Henriade』의 정식 간행을 중단시켰다. *파렴치한 것*이 또다시 볼테르를 위협하고 있었다. 그는 재판을 받거나 귀족들의 의견을 듣는 과정도 거치지 못한 채 바스티유 감옥에 투옥되었다. 죄목은 『라 앙리아드』를 은밀하게 출간했다는 것이었다. 그는 더 급진적인 개신교 국가 네덜란드에서 『라 앙리아드』를 출간한 다음, 가구를 운반하는 수레와 짐을 운반하는 말에 실어 파리로 밀반입했었다. 볼테르가 보기에 18세기 프랑스에서는 최악의 종교적 미신—성찬식, 청원請願기도, 성전聖戰, 원죄와 같은 믿음—이 어리석은 왕들, 사악한 성직자, 부패한 법원과 하나의 고리로 연결되어 있었다.

볼테르—세례명 프랑수아마리 아루에François-Marie Arouet—는 파렴치한 것과 싸우기 위해 완강한 개혁가, 독지가, 선동가가 되었다. 목표는 상당히 단순했다. '미신이 줄어들수록 광신주의가 줄어든다. 광신주의가 줄어들수록, 비참한 불행이 줄어든다.' 그는 하느님을 위대한 창조주라고 믿으면서도 교회를 맹공격했다. 볼테르가 보기에 교회는 타락의 결정체였다. 그는 군주를 조롱했고, 박해받는 개신교도들을 옹호했으며, 지역 사업과 사회기반시설에 상당한 거금을 투자했다. 열정적으로 독자들을 초대하여 함께 웃으며 이야기했고, 기회만 있으면 성직자들을 비웃곤 했다. 1764년 미국 의사 존 모건은 볼테르를 보러 페르네에 갔다가 그 덕망 높은 인사가 프랑스 교회에 대하여 격분하는 모습에 그만 아연실색했다. 볼테르는 "대중들이여, 위선을 혐오하라. 특히 성직자들을 혐오하라"라며 씩씩거렸다. 제임스 보즈웰은 볼테르가 성직자에 대해 이야기하며 '고대 로마의 웅변가처럼' 점점 심하게 열을 내더니 급기야 거의 실신할 뻔했다고 진술했다. 심지어 그는 자신의 극작품마저도 종교적인 편협함을 공격하는 수단으로 사용했다—프랑스 법원의 비위를 맞추기 위한 극작품들은 예외였지만. 볼테르는 아무리 잔인하기 그지없는 열성분자라 할지라도 자신들이 벌인 죄악을 무대를 통해 보게 된다면 눈물을 흘리리라고 생각했다. 그가 『철학사전Dictionnaire philosophique』에 써넣은 명언에 따르면, "눈물은 소리 없는 슬픔의 언어"였다. 그러나 볼테르가 은밀히 준비한 장치는 멜로드라마에 국한되지 않았다. 논객 같기도 하고 스탠드업 코미디언 같기도 한 어중간한 위치에서 그는 풍자와 재담으로 귀족들을 날카롭게 비판하기도 했다. 장자크 루소도 조롱의 대상이었다. "인간을 짐승으로 만들어버리는 일에 선생처럼 성심껏 기지를 발휘하는 사람은 결단코 없을 겁니다. 선생의 책을 읽으면 네 발로 걷고 싶어지니까요"라며 그는 장자크 루소를 비웃었다.

볼테르는 대중을 상대로 숱한 논쟁을 벌였지만 학문적인 세심함을 지향하지는 않았다("모든 철학자들은 비지성적이다"라며 그는 빈정댔다). 볼테르는 변화를 불러일으키고 싶었다. 사람들의 생각 속에, 그리고 더 나아가 프랑스의 법과 기술, 행동에 변화가 생기길 기대했다. "어느 수준을 넘어서면 연구는 그저 호기심밖에는 만족시키지 못한다. 그러한 진실은 절묘하지만 정작 쓸모는 없어서 마치 우리에게서 너무 멀리 떨어져 있어 빛을 전달해주지 못하는 별과도 같다"라고 볼테르는 『철학편지Lettres philosophiques』에 적었다. 1729년 비교적 진보적이고 개방적인 영국에서 돌아온 후에 완성한 그 책에서 볼테르는 현대적인 의미에서의 철학자가 아니었다. 진리 자체를 위하여 사심 없이 진리를 추구하는 논리 정연한 이론가와는 거리가 멀었다. 그는 소크라테스나 스토아학파 같은 고대 그리스 철학자들에 가까웠다. 과학과 실재의 본질에 관심을 가지되, 자신과 사회를 발전시키기 위해 이성을 사용하는 일에 더 큰 관심을 기울인 볼테르는, 18세기 프랑스에서 필로조프philosophe라고 불리던 철학자,

다시 말해 계몽사상가였다. 볼테르는 기독교 철학자이자 수학자인 블레즈 파스칼Blaise Pascal에 반대하며 "인간은 행동하기 위해 태어났다. 불꽃이 위를 향해 날아오르듯……. 인간에게 활력이 없는 것은 존재하지 않는 것이나 매한가지다"라고 적었다. 그리고 볼테르는 유독 거센 불꽃을 품은 인간이었다.

'우리의 정원을 가꾸자'

볼테르에게 페르네의 정원은 '행동'의 상징이었다. 자신이 속한 땅을 타인을 위해 보다 나은 땅으로 가꾸며 그는 완고한 보수주의에 맞서고 있었다. 이 대담한 발상을 그는 페르네에 정착한 직후인 1759년에 출간한 『캉디드Candide』에 고스란히 담아냈다. 책 속에서 그가 줄기차게 조소하는 대상은, 고트프리트 라이프니츠, 그리고 볼테르보다 더 젊은 세대인 장자크 루소를 비롯한 여러 다른 철학자들의 입장을 대변하는 등장인물 팡글로스 박사가 표명하는, 일종의 형이상학적 낙관주의였다. 팡글로스 박사는 우주의 관점으로 볼 때 이 세상은 '가능한 모든 세계 중 최선인 세계'라고, 그 안에서는 '모든 것이 최선'이라고 생각한다. 강간, 고통, 가난, 기아는 잔인하거나 무능한 신의 작품으로 보일 수도 있지만, 그런 것들은 장대한 전체 세계의 부분에 지나지 않는다('형이상학적으로 부수적인 피해'랄까). 온 세상에 불평등과 부당성이 혼재되어 있을 때 팡글로스식 철학은 깊이 뿌리박힌 보수적 메시지를 던진다—이 세상 모든 것은 최선의 세계를 만들어주기 위해 존재하므로 세상의 무자비함을 개의치 말라! 볼테르의 영웅 캉디드는 이런 진부한 이야기를 순진하게 받아들이지만, 얼마 후 그 이야기의 부조리함을 직면한다. 일련의 참사를 목격하고 스스로 고통을 당한 후에 캉디드는 '형이상학적이고 신학적이고 우주론적인 허튼소리'로부터 등을 돌리고 물러나 조용하게 사는 편이 낫다고 생각한다. 그리고 책의 마지막에 가서는, 이제 알 만한 사람은 다 아는 이 말로 팡글로스 박사에게 응수한다. "우리의 정원을 가꿔야지요."

언뜻 보기에는 맥 빠진 항변처럼 느껴진다. 고통에 맞서기 위해 속세로부터 이탈하라니, 문학적 투사로서 그가 고이 간직해온 명성과는 어쩐지 어울리지 않으니까. 하지만 실제로 볼테르는 왕의 궁정과 *고등법원*에서 멀리 떨어진 페르네에서 『캉디드』의 대부분을 썼다. 일찍이 바스티유 감옥에 투옥된 경험과 파리 시에서 추방당한 경험을 바탕으로 볼테르는 프랑스 당국을 피하기로 결심했다. 페르네가 위치한 페 드 제Pays de Gey는 파리와 베르사유의 권좌에서 멀리 떨어진 데다 국경과도 가까워, 여차하면 스위스로 넘어가거나 프로이센 보호령인 뇌샤텔로 도망치기에 안성맞춤이었다. 볼테르는 청년기와 중년기 내내 후원자들의 집을 전전하며 지방 영주들과 귀족들에게 휘둘리며 살았던 탓에, 물리적인 거리가 문학적인 자유의 보호 장치가 될 수 있다는 사실을 익히 알고 있었다. 언젠가 프로이센의 프리드리히 대왕은 계몽사상가 볼테르를 오렌지라고 일컬었다. 재미 삼아 짜낼 대로 짜낸 다음 던져버린다는 의미였다. 볼테르는 '그 버려진 오렌지 껍질을 안전한 곳에 보관하기'로 결심했다. 레 델리스Les Délices[볼테르 저택의 이름으로 '즐거움'을 뜻한다—옮긴이]를 구입했을 때, 그는 이런 이해관계에 솔직했다. 레 델리스에 살면서 그는 "나는 내가 생각하는 것을 말한다. 그리고 내 의지대로 행동한다"라고 적었다. 프랑스 국경 바로 안쪽에 자리한 페르네에서 볼테르는 브리오슈 빵을 손수 만들어 먹었다. 스위스 옆에서 안전을 확보하면서 조국의 땅을 밟고 있었던 것이다.

또한 볼테르는 자신의 부동산을 유명세를 피하는 데 활용했다. 페르네를 구입하던 60대 시절에 볼테르는 유명인사 정도가 아니라 문학의 신에 가까웠다. 그는 고급스러운 마차를 타고 페르네와 투르네Tourney에 도착했다. 흰 모피 장식이 있는 진홍색 벨벳 옷을 입은 그를 사람들은 꽃다발과 오렌지 상자, 축포 소리로 환영했다. 그해 내내 볼테르는 궁정의 왕처럼 방문객들을 맞았다. 방문객들 중에는 유럽 대륙 순회여행 중인 영국인과 스코틀랜드인이 특히 많았다(볼테르 전기 작가 로저 피어슨의 말에 의하면 10년 동안 150명의 영국인이 그를 찾아왔다고 한다). 1768년 볼테르는 "14년 동안 나는 유럽의 여관 주인이었다"라고 적었다. 유명했기 때문에, 그리고 지주이자 자선가로서 해야 할 일이 있었기 때문에, 볼테르 개인의 삶은 방해받기 일쑤였다. 페르네 산책로와 수목들은 그의 저택에 머물고 있는 많은 손님들로부터 안락한 피난처를 제공했다. 볼테르는 '상록수 울타리'에 가려진 자신의 벤치에 앉아, 명성 때문에 잃어버렸던 고독과 고요를 되찾았다.

하지만 볼테르에게 정원은 수도자의 정적주의를 상징하지는 않았다. 오히려 정반대였다. 물론 정원은 그가 공격을 당하거나 방해를 받지 않도록 보호해주었다. 하지만 그와 동시에 동정심과 책임감, 실용주의(내 주변 환경을 개선하겠다는 소명감)를 뚜렷하게 은유했다. 세상은 비참함과 잔인함으로 파괴되었으며, 이 엉망진창인 상황을 깔끔하게 정리할 자애롭고 전지전능한 신은 없다고 볼테르는 주장했다. 원대한 계획도, 신의 섭리도 없었다. 왕들과 귀족만이 갖는 신성한 권한도 없는 것이 분명했다. 그렇지만 볼테르는 냉소주의자가 되거나 체념할 필요는 없다고 생각했다. 자연은 인류에게 이성과 희망을 주었고, 우리의 운명을 개선하는 문제는 우리에게 달린 일이었다. 거대한 철학적 체계를 들추어대거나 권력에 열을 내기보다는, 우리의 영향이 미치는 영역 안에서부터 시작해야 했다. 우리의 결혼, 아이들, 마을, 그리고 소박한 뒷마당에서부터! 그래서 볼테르는 자신의 땅에 전념했다. 페르네 땅에서 밀이 스스로 자라나는 기적은 없었다. 식탁에 빵을 올려놓으려면 매해 들판에 밀을 심고 수확해야 했다. 경험 많은 농부가 쉬지 않고 땀 흘려 일해야 했다. 국가의 제도 역시 마찬가지였다. 페르네는 프랑스 전체를 상징했고, 그의 땅처럼 프랑스도 현명하고 자애롭고 관대하게 다스려져야 했다. 요컨대, 볼테르가 보기에 캉디드의 정원에는 신중하고 사려 깊은 관리인이, 땅뿐만 아니라 공동체까지도 보살필 책임감 있는 관리인이 필요했다.

이는 그저 『캉디드』에 나오는 문학적 수사修辭가 아니다. 원예학은 볼테르의 서신에 지속적으로 등장하는 주제였고, 특히 개혁을 촉구할 때는 더 자주 언급되었다. 예를 들어 볼테르는 수학자이자 백과사전 편집자인 장 달랑베르Jean d'Alembert에게 편지를 쓰면서 종교와 학정虐政이라는 '거인을 넘어뜨릴' 최적의 시기가 바로 지금이라고 주장했다. 1764년 볼테르는 달랑베르에게 "자네의 포도나무를 돌보게, 그리고 공포를 으스러뜨리게나"라고 말했다. 달랑베르에게 편지를 쓸 때 볼테르는 위와 같은 은유적 표현을 자주 사용했고, 과일과 꽃, '곡식을 심는' 그림을 함께 곁들였다. 볼테르가 생각하기에 정원을 가꾸는 것과 계몽주의적 개혁은 공히 자유와 기회의 평등을 증진하기 위해 타고난 지성을 이용하자는 프로젝트의 일환이었다. '우리의 정원을 가꾸자'는 것은 바로 지금 여기에서 *이* 세상을 조금 더 낫게 만들자는 의미였다.

볼테르 대저택의 정원이, 자신에게 주어진 영역부터 점진적으로 개혁해 나가자는 『캉디드』의 메시지를 보여주는 실제 사례였다는 사실은 의미심장하다. 정원은 단지 계몽주의의 상징으로만 머무르지 않았다. 정원이 *바로* 계몽주의였다. 1735년 페르네 땅을 구입하기 전에 볼테르는 시레Cirey에 집을 지은 적이 있었다. 당시 그의 연인이었고 수학자이자 과학자이기도 했던 에밀리 뒤 샤틀레가 살 시골 저택이었다. 두 사람은 땅을 어떻게 활용할지를 함께 구상하며 알콩달콩 사랑싸움을 했다. 1734년 볼테르는 뇌빌의 백작부인에게 이렇게 투덜거렸다. "제가 느릅나무를 심으려던 자리에 에밀리는 보리수나무들을 심었습니다. 제가 만든 채소밭은 화단으로 바꾸어버렸고요." 정원은 자신만의 힘으로 가꾸는 장소인 동시에, 타인을 위해 더 나은 세상을 만들어가는 장소였다. 에밀리가 비극적으로 요절한 뒤에도 정원은 볼테르 곁에 머물렀다. 1755년 볼테르와 새 동반자 드니 부인(그의 사촌)은 제네바의 레 델리스로 이사했다. 이사하자마자 그들은 정원을 가꿀 준비를 했다. 꽃과 허브를 주문하고, 온실에서 아스파라거스와 아티초크를 기르는가 하면, 사과나무와 복숭아나무, 배나무를 심었다. 땅주인의 입장에서 그 모든 수고는 그냥 재미삼아 하는 일이 아니었다. 자신과 타인들을 책임지는 방법이었다. 볼테르가 머릿속으로 그리는 자신의 모습은 단순히 자유로운 작가나 권위 있는 왕이 아니라 관대한 손윗사람을 닮아 있었다. 1755년 봄에 쓴 글에서는 "이곳에서 나는 마침내 원로patriarche 같은 생활을 영위하고 있다"며 기독교를 비꼬았다[불어로 원로를 뜻하는 단어 'patriarche'에는 가톨릭교회의 로마 교황 또는 총대주교라는 뜻도 있다. 노년 시절의 볼테르는 'patriarche de Ferney', 즉 페르네의 원로라고 불리었다—옮긴이]. 심지어 장자크 루소에게는, 그러니까 볼테르가 호되게 풍자했던 그 루소에게는, 레 델리스의 편의 시설—자유, 부드러운 풀밭, '갓 짜낸 우유'—을 권하기도 했다(모르긴 해도 루소는 위축되었으리라).

페르네와 투르네(약 5킬로미터 떨어져 있음)에서 볼테르는 더욱 열심히 일했다. 계속 일에 전념하며 소택지의 물을 말리고, 들판에 비료를 주고 씨를 뿌리고, 포도나무를 심었다. 그의 땅에서 나온 농산물의 대부분이 그를 찾아온 손님들을 위해 풍성하게 차린 식탁 위에 올라갔다. 1763년 방문객 에드워드 기번Edward Gibbon은 "일흔이 넘은 유명 시인이 자신이 창

작한 연극에서 연기를 하고, 백 명의 사람들과 저녁 식사를 즐긴 뒤 무도회로 하루를 마무리하다니, 정말이지 세상 어디서도, 아니 이야기 속에서도 보기 힘든 광경이다. 특히나 무도회는 예상 수준을 훌쩍 뛰어넘는다"라고 적었다(『로마제국 쇠망사The Decline and Fall of the Roman Empire』의 저자인 기번은 연회라면 일가견이 있었다). 심지어 볼테르는 페르네 대저택 근처에 작은 토지를 매입해 손수 일구기도 했다. 사람들은 그곳을 '볼테르 선생의 밭'이라고 불렀다. 참나무와 보리수, 버드나무가 심긴 대정원 옆에 정연하게 배치된 정원들에도 고심의 흔적이 역력했다. 땅주인의 사적인 공간인 퍼걸러도 있었고, 멀지 않은 곳에서는 누에를 길렀다(땅주인의 모자를 제작하는 원료였을까?).

사법 개혁 및 인권 운동과 더불어 페르네와 투르네는 *파렴치한 것*에 대항하는 볼테르의 투쟁에서 중요한 부분을 차지했다. 볼테르는 자신이 알고 있는 프랑스를 보다 나은 곳으로 만들고자 했다. 루이 15세와 프리드리히 왕이 제국의 전쟁 도발과 착취에 열중하느라 그들의 영토를 개선시키는 일에 소홀할지라도 볼테르는, 적어도 자신의 토지만큼은 더 나은 곳으로 만들 의지가 있었다.

자연의 목소리

이와 같이 정원은 볼테르의 윤리적인 프로젝트의 상징이자 본보기였다. 또한 정원은 그가 자신의 프로젝트에 꾸준히 몰두할 수 있도록 영감을 불어넣었다. 정원은 자연의 복잡하고 장엄한 광경을 그에게 보여주었다. 이신론자 볼테르는 이런 멋진 우주는 우연의 산물이 아니라는 목적론적 증명을 확신했다. "세상은 분명 감탄할 만한 기계이다. 그러므로 세상에는 감탄할 만한 지성이 있다"라고 그는 『철학사전』에 적었다. 페르네의 일출과 들판에서 볼테르는 보다 심오한 양식을 보았다. 가톨릭 교회의 교리나 왕의 신성한 권리가 아닌, 경건한 아름다움과 지성이 모습을 드러냈다. 이러한 인식은 결국, 신성하지만 불완전하고 예상 불가능한 우주에 대하여 선의와 책임감을 가져야 한다는 메시지를 담고 있었다. 이 우주는 가능한 모든 세계 중에서 최선은 아니었다. '모든 면에서 좋은' 세계는 아니라는 뜻이다. 하지만 설계가 워낙 잘 되어 있어서 어설픈 손길로도 고칠 수 있었다. 지력을 모으고, 피땀 흘려 일하고, 선의만 있다면 세상은 더 좋아질 수 있었다. 볼테르는 1763년에 쓴 「관용에 대한 논문Traité sur la tolérance」에서 이러한 철학을 요약하면서, 자연의 입을 빌려 자신의 신조를 밝혔다.

> 나는 너희에게 땅을 경작할 힘과, 너희를 인도할 미약하게나마 빛나는 이성을 주었고, 그 이성을 너희 가슴에 뿌리내리게 하여 너희가 서로 도와가며 살게 하였다.

볼테르는 이와 같은 방식으로 자연을 명상하면서 자신의 개혁을 추진해나갔다. 시력과 치아와 소화 능력이 최고인 시절은 이미 지나갔지만, 육체적인 노동을 게을리하지 않았다. 대지는 신에게 은총을 빌라거나 비정통적 형이상학을 주장하는 이단자들을 화형에 처하라고 말하지 않았다("우주의 주권자를 경배하고 그의 영원한 질서에 진심으로 복종하는 것 이상을 요구하는 것들은 대부분 미신이다"라고 그는 적었다). 페르네의 들판과 린덴 나무들은 보다 혁신적인 메시지를 전하고 있었다. 프랑수아마리, 어서 당신의 포도나무를 돌보세요.

고로 볼테르에게 안정과 평화는 현명한 진보, 이성적인 진보에 대한 보다 근본적인 헌신을 담당하는 한 축이자, 그 진보를 살찌우고 북돋아준 자연의 산물이었다. 페르네가 철학자에게 존재 가능한 최선의 세계로 자리매김했다면, 이는 신의 사랑이나 왕이 베푼 은혜 덕분이 아니었다. 볼테르가 캉디드처럼 정원을 가꾸었기 때문이었다. 그리고 그의 정원들은 볼테르를 가꾸었다.

문밖에 처음으로 나선 철학자

공기의 상쾌함이 가장 반갑고 즐겁지 아니한가……. 가장 편안하게 머리를 누이기에 충분할 만큼 풀이 수북이 자란 완만한 비탈, 그 초원이 주는 더없는 기쁨이란!

—소크라테스, 플라톤의 『파이드로스』에서

소크라테스는 독미나리를 유난히 좋아했다. 그렇지만 그가 식물학에 관심을 가졌다는 사실은 별로 알려져 있지 않다. “나의 스승은 도시에 사는 사람들이라네. 나무나 시골이 아니야”라고 그는 친구 파이드로스에게 말했다. 물론 소크라테스는 문밖에서 행복을 느꼈다. 겨울에도 가벼운 겉옷만 걸친 채 아테네를 돌아다닐 정도였으니까. 하지만 그의 공공연한 사명은 인간의 유익을 도모하는 데 있었다. 생물학이나 물리학보다는 도덕이 우선이었다. '너 자신을 알라.' 소크라테스가 남긴 수수께끼 같은 명언이다. 생각을 가다듬기 위해 소크라테스는 동료 시민들과 대화를 나누거나 논쟁을 벌이고 싶어 했지, 들판을 거닐고 싶어 하지는 않았다. 그렇다 보니 소크라테스는 도시의 성벽 밖으로 나가는 일이 드물었다. 리케이온이나 아카데메이아를 설립하지도 않았다. 그의 주된 교실은 아테네의 시장, *아고라*였다.

그런데 플라톤이 남긴 흥미로운 대화편 『파이드로스Φαιδρος』에는 소크라테스가 정원을 찬미하는 대목이 나온다. 그가 어느 신성하고 작은 숲에 바친 이 짧고도 유희성 짙은 찬가는 정원의 지적 가치를 드러내는 놀라운 증거다.

소크라테스, 정원에 마음을 빼앗기다

플라톤의 이야기에 따르면, 소크라테스의 친구 파이드로스는 학자 리시아스가 새로 집필한 에세이를 큰 소리로 읽어주겠노라는 말로 그를 살살 달래 시골로 데려갔다. 파이드로스는 의사의 지시에 따라, 소크라테스는 호기심에 이끌려 산책을 하고 있었다. 그들은 아테네 성벽 바로 바깥쪽에 위치한 일리소스 강둑을 따라 신성하고 작은 숲을 향해 거닐었다. 크리스토퍼 새커Christopher Thacker의 저서 『정원의 역사History of Gardens』에 따르면, 작은 숲들은 고대 그리스·로마식 정원의 모태였다. 그런 숲에는 시원적이고도 성스러운 기운이 있었다. 도시와 뚜렷이 구분되었을 뿐만 아니라, 종종 제단과 조각상으로 장식되어 있어, 황무지와도 확실히 달라보였다.

숲이나 삼림지대에 좀처럼 관심을 드러내지 않던 소크라테스는 일리소스 강 옆에 앉아 기이한 서정성에 압도당했다. "확실히 즐거운 휴식처로군! 사방으로 팔을 벌린 커다란 플라타너스하며, 높은 가지를 뻗어 사랑스런 그늘을 드리우는 *아그노스*하며. 이제 꽃까지 만발했으니, 조만간 아찔하리만치 향기로워지겠어"라고 그는 어안이 벙벙해진 파이드로스에게 말했다. 대화 내내 소크라테스는 숲의 정령들과 교감하는 체했다. 연설을 잘하도록 도와달라고 학예의 신 무사Μουσα에게 요청했는가 하면, '신이 임재'하여 자신에게 영감을 불어넣고 있다고도 했다. 한번은 자신의 표현법이 '주신酒神 찬가'를 연상시킨다고 말했는데, 예로부터 종종 신성한 숲에서 디오니소스에게 영감을 얻어 탄생한 시들을 떠올리게 한다는 것이 그 이유였다.

소크라테스 특유의 반어법에도 불구하고, 대화의 분위기는 서정적이다. 예의 그 냉철한 논리와 건조한 위트는 온데간데없다. 『파이드로스』는 플라톤 자신에게도 변화였다. 그는 육체중심주의와 신체적 감각을 경계했다. 예컨대 『파이돈Φαίδων』에서 그는 육체가 영혼을 "잘못된 방향으로 이끌어간다"고 주장했다. 진정한 철학자라면 가급적 몸을 극복해야 했다. 그런데 일리소스 강둑 옆에서 소크라테스는 '신성한 광기'에 사로잡힌 채, 플라톤이 업신여기는 물질적 세계에, 산들바람과 매미 울음

소리와 풀 '베개'에 찬사를 보내고 있었다. 자연에 압도당한 소크라테스는 시상詩想이 "다정하고 순결한 영혼을 붙잡고 자극해 황홀하고 열정적인 표현을 쏟아내게 한다"고 설명했다. 연인의 아름다움처럼 시골길의 정령들도 시인이 궁극적인 실재를, 평범한 삶이 주는 환상이 아니라 플라톤의 신성한 이데아를 일별하도록 도와줄 수 있었다. 소크라테스가 자신의 말마따나 서정시인처럼 변화해갔는지 아닌지는 그리 중요하지 않다. 이 늙은 잔소리꾼과 그의 학생에게 그 작은 숲이 시장이나 연무장演武場에서는 찾아볼 수 없는 초월적인 광경을 선사했다는 사실이 중요하다. 숲의 신성한 분위기에 취해 소크라테스는 본능적으로 깊은 생각에 잠겼다. 그는 광기와 아름다움, 진실 사이의 연관성에 대해 생각했다. 아니, 생각에만 그치지 않았다. 그것들의 연관성을 피부로 느끼고 있었다. 마치 누군가의 손길이 그의 몸을 어루만지는 것처럼.

소크라테스가 어떤 과정을 거쳐 그런 직관에 이르렀는지는 중요하지 않다. 플라톤의 설명은 과학적이라기보다 종종 신화적이며, 많은 현대 철학자의 심기를 건드리는 초자연주의를 담고 있다. 하지만 『파이드로스』에 기록된 정원의 철학적 잠재력은 누가 뭐래도 인상적이다. 소크라테스에게 작은 숲의 아름다움은 몽상과 묵상으로 이끄는 심미적 미끼였다. 파이드로스는 소크라테스가 마치 성문을 통과하며 아테네를 처음으로 바라보는 '이방인' 같았다고 말했다. 작은 숲의 울타리가 마음을 변화시킨 것이다. 소크라테스가 할 일이라고는 숲에서 얻은 그 특별한 감수성과 감각을 발휘해 *새로운 시선으로 바라보는 것*뿐이었다.

바로 저 너머에는……

소크라테스가 숲에 마음을 빼앗긴 그 사건은 플라톤에게 실질적인 영향을 미쳤다. 약 30년 후에 플라톤이 아테네 성벽 바로 옆에 자리한 영웅 아카데모스의 신원神苑 근처에 자신의 학교 아카데메이아를 설립한 것이다. 플라톤이 죽고 약 10년이 지난 후에는 그의 제자 아리스토텔레스가 일리소스 강에서 그리 멀지 않은 곳에 리케이온을 세웠다. 앞서 살펴본 바와 같이, 그러한 전통은 고대 그리스·로마 시대 이래로 여러 위대한 철학자와 소설가, 시인 들에게로 이어졌다. 그들은 서식스의 거실이나 바젤 대학 강당, 파리의 아파트 같은 장소에서는 구할 수 없는 무언가를 찾아다녔다. 정원은 그들의 지적·예술적 협력자였다. 이를테면 익명의 동업자랄까.

레너드 울프나 조지 오웰, 에밀리 디킨슨, 제인 오스틴, 볼테르 같은 이들은 손톱 밑이 자주 더러워졌다. 마르셀 프루스트나 노령의 콜레트 같은 이들은 소외감을 상상력으로 보상받았다. 니코스 카잔차키스, 장자크 루소, 프리드리히 니체 같은 이들은 주로 관찰하고 묵상하기를 좋아했다. 플라톤을 비롯해 그들의 공통점은 정신적인 삶에 전념했다는 것, 또한 그 삶을 보다 공고하고 풍요롭게 일구는 데 기여한 정원의 역할을 인지했다는 것이다. 2000여 년 동안 정원은 누군가에게는 이신론적 경외감으로, 누군가에게는 무신론적 혼돈으로 위안를 건넸다. 정원은 마음을 안정시켰고, 용기를 북돋웠으며, 의식을 고양시켰다.

그렇다고 심오한 생각을 하려면 분재, 사과나무 과수원, 긁어모은 돌들이 있어야 한다는 뜻은 아니다. 수목을 재배하는 사람은 누구나 아리스토텔레스라는 뜻이다. 사르트르가 자연을 거부했다는 사실에서 알 수 있듯이, 철학이나 지적으로 자유로운 삶에 정원이 반드시 필요하지는 않다. 정원은 단지 독특한 명상과 사색의 기회를 제공할 뿐이다. 정원이 크거나 이국적일 필요도 없다. '위대한 땅들'에 대해 장황하게 늘어놓기는 했지만, 사실 정원의 평범함은 미덕이다. 신비는 대개 멀리 있지 않다. 정원이라는 철학적 동반자는 여전히 우리를 기다린다. 소크라테스에게 그랬던 것처럼, 바로 문밖에서.

책장을 넘기며

마르셀 프루스트는 『읽기에 관하여On Reading』(Souvenir Press, 1972)에서 자신을 미로처럼 얽힌 울타리 안에서 책 읽을 곳을 찾는 아이로 그린다. 그는 '아스파라거스 화단, 딸기밭 가장자리, 연못' 근처에서 부모님(이나 하인들)에게 발견되거나 방해받지 않고 조용히 책을 읽을 수 있었다.

누가 프루스트 아니랄까봐 문장이 장황하긴 하지만 아주 재미있기도 한 이 에세이에서 그가 말하고자 하는 여러 가지 중 하나는, 책들이 잃어버린 정원들에 얽힌 추억을 종종 불러일으킨다는 점이다. 언제나 꼭 그런 것은 아니지만, 책을 읽을 때 우리는 해를 가려주던 나무들, 책장을 넘길 때마다 올라오던 겨풀 냄새를 떠올리게 된다. 책 속의 구절들과 자연 경관이 반씩 뒤섞여 잔상으로 남아 있는 것이다.

이러한 연상작용은 한 방향으로만 이루어지지 않는다. 책이 자연 경관의 축소판을 담고 있다면, 정원은 우리가 책을 읽는 동안 그 자연 경관을 수정해서 다시 채색한다. 책이 담백하게 이야기한다면 정원은 더 풍부한 감동을 전달하고 더 많은 공감을 불러일으킨다. 내 서재 창문을 타고 올라가는 담쟁이덩굴은 레너드 울프의 실론을 떠오르게 하고, 팬지는 프루스트의 노스탤지어를 생각나게 한다(팬지의 프랑스어 이름 팡세 pensée에는 생각이라는 뜻도 있으니까). 나는 그 어떤 신도 믿지 않지만, 지금 내 앞마당에서 계절에 맞춰 어김없이 피어난 동백꽃들은 볼테르의 이신론을 떠오르게 한다. 내 책상 곁에 엽란인 척 놓여 있는 스파티필럼에서는 조지 오웰의 색채가 느껴진다.

간단히 말해서 책과 정원은 서로에게 영향을 주면서 서로를 한층 돋보이게 한다. 정원은 책 읽기 좋은 공간이다. 이러한 사실을 바탕으로, 나는 이 책의 기초를 이루거나 이 책을 써나가도록 영감을 준 문헌과 나만의 관점에 대하여 몇 가지 적어보았다.

정원에서 철학이 꽃피었다지만, 정원에 *관한* 훌륭한 현대 철학은 전무하다시피 하다. 하지만 데이비드 쿠퍼David E. Cooper의 『정원에 관한 철학A Philosophy of Gardens』(Oxford, 2006)은 그 명료성과 세심함이 두드러진다. 특히 쿠퍼는 '실제 사례'를 제시함으로써 정원의 특별한 의미, 즉 자연과 인간의 상호 의존성을 구체적으로 설명한다. 또한 정원이 북돋우는 이런저런 미덕을 이해시킨다. 그가 책 표지에 예쁘게 옮겨놓은 세잔의 그림은 특히 시사하는 바가 크다.

톰 터너Tom Turner의 『정원의 역사, 기원전 2000년에서 기원후 2000년까지의 정원과 디자인에 관하여Garden History: Philosphy and Design 2000BC—2000AD』(Spon Press, 2005)에는 정원의 역사와 사상사, 세부적인 디자인에 대한 통찰이 잘 어우러져 있다. 이 책에 실린 정원의 도해는 일반적인 설계도와 그것에서 변형된 다양한 설계도를 포함하고 있어 특별히 이해를 돕는다. 비싸지만 만듦새가 아름다운 신간이다.

크리스토퍼 새커Christopher Thacker의 『정원의 역사The History of Gardens』(Reed, 1979)는 수려한 문장과 문학적인 필치, 적절한 삽화들이 눈길을 사로잡는다. 이 책은 중고서적으로도 쉽게 구입할 수 있다. 같은 이유로 나는 로널드 킹Ronald King의 『천국을 찾아서The Quest for Paradise』(Mayflower Books, 1979)도 재미있게 읽었다. 윌리엄 하워드 애덤스William Howard Adams의 『완성된 자연Nature Perfected』(Abbeville Press, 1991)은 내용으로 보나 삽화로 보나 정원의 최근 역사를 포괄적으로 담고 있다. 제인 브라운Jane Brown의 『낙원을 찾아서The Pursuit of Paradise』(HarperCollins, 2000)가 설명하는 정원의 사회사도 흥미진진하다. 특히 군대 시절과 어린 시절의 정원을 다루는 장이 시선을 사로잡는다.

잉글랜드의 원예 역사와 관련해 새커는 『정원의 천재The Genius of the Garden』(Weidenfeld & Nicolson, 1994)라는 책을 집필하기도 했다. 이 책에는 정원 설계와 나무 심기의 세세한 기술과 더불어 철학적이고 문학적인 경향들이 짜임새 있게 담겨 있다. 새커의 문장은 언제나처럼 훌륭하다. 현직 조경사 겸 정원 설계사인 제인 펀리휘팅스톨Jane Fearnley-Whittingstall이 쓴 『정원, 영국인의 사랑The Garden: An English Love Affair』(Weidenfeld &

Nicolson, 2002)은 서술이 상세하(고도 우아하)다. 존 딕슨 헌트John Dixon Hunt와 피터 윌리스Peter Willis가 펴낸 『장소의 천재The Genius of Place』(MIT Press, 1988)는 삽화가 그렇게 뛰어나지는 않지만, 알렉산더 포프와 제인 오스틴을 비롯한 저명한 영국 작가들이 정원에 대해 남긴 역사적인 기록들을 한데 엮어놓은 환상적인 모음집이다.

철학은 문밖에서

아리스토텔레스의 어린 시절에 대한 이야기의 출처는 디오게네스 라에르티오스의 『뛰어난 석학들의 삶Lives of Eminent Philosophers』(Harvard University Press, 2006)이다. 롭 클래시컬 라이브러리Loeb Classical Library 시리즈 판은 영어 번역문과 고대 그리스어 원문을 동시에 담고 있다. 하지만 더 저렴한 영역판을 새 책과 헌책으로 어디서나 구입할 수 있다. 아리스토텔레스의 작품의 경우도 마찬가지다. 나는 조너선 반스Jonathan Barnes가 펴낸 볼링겐Bollingen 시리즈 중 『아리스토텔레스 전집Complete Works of Aristotle』(Princeton University Press, 1994) 두 권을 참고하는 편이다. 번역이 잘되어 있고 한 곳에서 모든 작품을 만나볼 수 있다는 게 장점이다. 그러나 옥스퍼드 출판사와 펭귄 출판사에서 출간한 책들은 값이 싸고 주석이 달려 있는 데다 번역까지 훌륭하다.

'자연의 일시적 법칙들'에 대하여 앨프리드 노스 화이트헤드가 언급한 부분은 루시엔 프라이스Lucien Price가 엮은 『앨프리드 노스 화이트헤드의 대화Dialogues of Alfred North Whitehead』(Max Reinhardt, 1954)를 참고했다. 화이트헤드의 철학적 저작은 가끔 난해할 수 있지만—그가 애매하게 설명해서가 아니라 저작의 주제 때문에—그의 대화는 세련된 듣기와 말하기 기술을 보여주는 탁월한 본보기다.

마르틴 하이데거는 자신의 에세이 「예술 작품의 기원Der Ursprung des Kuntswerkes」에서 *피시스Physis*를 가장 명쾌하게 설명한다. 그 에세이는 데이비드 패럴 크럴David Farrell Krell이 편찬한 『마르틴 하이데거: 기초적 글쓰기Martin Heidegger: Basic Writings』(Routledge, 1993)에 실려 있는데, 같은 책에서 하이데거는 세잔에 대해서도 논하고 있다. 하이데거의 사상은 데이비드 쿠퍼의 책에도 실려 있다. R. G. 콜링우드R. G. Collingwood의 『자연이라는 개념The Idea of Nature』(Oxford, 1960)은 고대 그리스의 피시스를 역사적으로 명쾌하게 개관한다. 위 두 책은 비교적 쉽게 새 책과 헌책으로 구입할 수 있다.

로베르토 칼라소Roberto Calasso의 『카드모스와 하르모니아의 결혼The Marriage of Cadmus and Harmony』(Vintage, 1994)은 신화와 현실, 현상과 외관, 그리고 (다른 무엇보다도) 예술의 본질에 대한 탁월하고 깊은 생각을 담고 있다.

초턴 코티지, 작은 시골집의 위로

제인 오스틴의 일상생활과 관련된 이야기들의 출처는 제인의 조카 제임스 오스틴리James Austen-Leigh가 쓴 『제인 오스틴 회고록A Memoir of Jane Austen』(Wordsworth, 2007)과 디어드리 르 페이Deirdre le Faye가 제인 오스틴의 편지

글을 모아 편집한 『제인 오스틴의 편지들Jane Austen's Letters』(Oxford, 1996), 제인 오스틴의 전기들이다. 이 전기들 중에서 나는 존 스펜스Jon Spence의 『제인 오스틴 되기Becoming Jane Austen』(Hambledon & London, 2003)와 클레어 토멀린Claire Tomalin의 『제인 오스틴 일대기Jane Austen: A Life』(Penguin, 2000)에서 가장 많은 도움을 얻었다. 스펜스는 오스틴의 낭만적인 일생을 섬세하게 따라가면서, 그녀가 애교 있는 젊은 아가씨에서 성숙한 작가로 성장해가는 과정을 감동적인 이야기로 매우 그럴싸하게 풀어나간다. 토멀린은 오스틴의 생애와 그녀가 살았던 시대에 대한 큰 그림을 그리면서도 세밀한 묘사를 더해 상당한 공감을 불러일으킨다. 데이비드 세실David Cecil의 『제인 오스틴에 관한 초상Portrait of Jane Austen』(BAC, 1978)은 제인 오스틴이라는 인물의 성격과 일생에 대해 스케치한다.

제인 오스틴의 소설은 하도 여기저기서 출판하다보니 살아 있는 동안 다 읽어내기가 불가능할 정도다. 나는 2003년 컬렉터스 라이브러리Collector's Library에서 출간한 전집을 가지고 있다. 휴 톰슨Hugh Thomson이 그려 넣은 삽화가 대단히 아름다울 뿐더러 책이 작고 가벼우며 단단하다. 들고 다니거나 잠자기 전에 침대에서 읽기에 안성맞춤이다. 하지만 오스틴의 작품들은 여러 다양한 크기와 판본들로 구입할 수 있고 가격대도 다양하다.

제인 오스틴에 대한 세간의 평판을 다룬 『제인 오스틴: 비판적 유산Jane Austen: The Critical Heritage』(Routledge & Kegan Paul, 1987)은 브라이언 사우섬Brian Southam이 엮었는데, 내용이 철저한 대신 군데군데 심하게 지루한 부분이 포함돼 있다. 오스틴에 대한 길버트 라일Gilbert Ryle의 독창적인 에세이 『제인 오스틴에 관한 비평적 에세이Critical Essays on Jane Austen』(Routledge & Kegan Paul, 1978) 역시 사우섬이 편집했다.

알렉산더 포프의 시는 양장본과 문고본으로 온라인과 오프라인 서점에서 쉽게 구입할 수 있다. 에브리맨Everyman 출판사(1969)는 그의 시 모음집을 특유의 튼튼한 양장본으로 만들었는데, 보나미 도브레Bonamy Dobrée가 편집하고 기획한 이 책을 나는 저렴한 킨들 판으로도 소장하고 있다. 포프의 호메로스 번역은 심지어 요즘 읽어도 굉장히 인상적이다. 메이너드 맥Maynard Mack이 쓴 『알렉산더 포프 일대기Alexander Pope: A Life』(W.W. Norton, 1986)는 포프의 인생과 일, 시대를 전체적으로 포괄하는데, 특히 영국의 종교적 배경에 대한 묘사를 읽다보면 절로 고개가 끄덕여진다. 조지 프레이저George Fraser의 『알렉산더 포프Alexander Pope』(Routledge & Kegan Paul, 1978)는 도덕주의자로서 포프의 위상에 대해 간결하게 논하고 있다. 또한 저자로서 포프의 위상은 존 바너드John Barnard가 엮은 『포프: 비판적 유산Pope: The Critical Heritage』(Routledge & Kegan Paul, 1973)을 통해서도 확인할 수 있다.

분재가 있는 침실

프루스트의 집과 습관에 대한 세부사항들은 대부분 『프루스트 씨Monsieur Proust』(Collins & Harvill, 1976)에 나오는 가정부 셀레스트 알바레의 증언을 토대로 알게 된 것이다. 알바레는 고용주에게 충직했고 주인의 성생활에 관해서는 살짝 순진했던 것 같다. 그러나 프루스트의 방들과 일상에 관해서만큼은 귀중한 정보를 들려주었다.

장이브 타디에Jean-Yve Tadié의 『마르셀 프루스트 일대기Marcel Proust: A Life』(Viking, 2000)는 주목해야 할 전기로, 프루스트와 그의 시대에 대한 개관을 보여준다. 조지 페인터의 『마르셀 프루스트Marcel Proust』(Penguin, 1977) 두 권에는 타디에 식의 최신 지견이 빠져 있지만 대담하고 극적인 묘사가 일품이다. 리처드 바커Richard Barker의 『마르셀 프루스트Marcel Proust』(1958)는 명쾌하고 상세하지만 타디에 식의 사실에 입각한 설명이나 페인터 식의 심리학적인 감각이 부족하다. 젊은 프루스트와 마리 노르랭제 사이의 관계를 다룬 프레스트위치P. F. Prestwich의 『추억에 대한 번역The Translation of Memory』(Peter Owen, 1999)도 대단히 흥미로운 책이다.

프루스트의 인생과 일을 다룬 가장 짧고도 훌륭한 책은 에드먼드 화이트가 쓴 『프루스트Proust』(Weidenfeld & Nicolson, 1999)이다. 이 책이 속한 Lives 시리즈는 제인 오스틴과 아우구스티누스를 비롯해 여러 사람들의 이야기를 다루고 있다. 여러 위인들을 멋지게 소개하는 시리즈라 할 만하다.

그런가 하면 마르셀 프루스트가 직접 쓴 소설 『잃어버린 시간을 찾아서A la Recherche du Temps Perdu』는—전기와 허구, 심리학, 철학이 독특하게 조합된—현대의 고전으로 남아 있다. 우리 집에는 카토 앤 윈두스Catto & Windus(1982)에서 출간한 책이 세 권 있다. 멋지지만 무겁다. 더 작고 가벼운 펭귄 출판사 판은 더 저렴하고 구하기가 쉽다. 프루스트의 서신은 『마르셀 프루스트의 편지Letters of Marcel Proust』(Helen Marx Books, 2006)를 참고했다. 프루스트의 『생트뵈브에 반대하여Contre Sainte-Beuve』에 실린 에세이를 비롯해 프루스트의 논픽션은 『마르셀 프루스트의 예술과 문학Marcel Proust on Art and Literature: 1896–1919』(Meridian Books, 1958)에서 볼 수 있다.

몽크스 하우스의 사과나무

레너드 울프의 금욕적이고도 긴 인생에 관련된 디테일과 인용문은 대개 그의 회고록에서 따왔다. 호가스 프레스Hogarth Press에서 출간한 그의 회고록은 『파종Sowing』(1961), 『성장Growing』(1964), 『새로운 시작Beginning Again』(1965), 『내리막에서Downhill All the Way』(1967), 『도착이 중요치 않은 여정The Journey Not the Arrival Matters』(1969)의 총 5권으로 구성돼 있다. 울프의 서신으로는 프레더릭 스포츠Frederick Spotts가 엮은 『레너드 울프의 편지The Letters of Leonard Woolf』(Harcourt Brace Jovanovich, 1989)가 있는데, 이 역시 그의 삶과 시대를 멋지게 기록하고 있다. 울프의 삶을 간단하게 조망한 『레너드 울프 자서전Leonard Woolf: A Biography』(McClelland & Stewart, 2006)은 빅토리아 글렌디닝Victoria Glendinning이 썼다.

레너드 울프의 첫 번째 소설 『정글 속 마을The Village in the Jungle』(The Hogarth Press, 1971)은 새 책으로든 중고서적으로든 구하기 어렵지만, 나는 영국에서 온라인으로 상태가 양호한 책을 구입했다.

버지니아 울프와 레너드 울프의 결혼 이야기를 다룬 조지 스페이터

George Spater와 이언 파슨Ian Parson의 『진정한 지성들의 결혼A Marriage of True Minds』(Jonathan Cape & The Hogarth Press, 1977)은 그 이례적인 관계에 아낌없이 찬사를 바치고 있다. 가족사진도 많이 실려 있다. 1977년부터 1984년까지 앤 올리버 벨Anne Oliver Bell이 편집하고 펭귄 출판사에서 출간한 5권짜리 버지니아의 일기에는 내밀한 일상이 그려져 있고 저작권은 울프 부부가 가지고 있다. 이와 비슷하게 버지니아의 재기발랄한 편지는 나이절 니컬슨Nigel Nicolson이 6권으로 엮어 1975년부터 1982년까지 하코트 브레이스 조바노비치Harcourt Brace Jovanovich에서 출간했다. 허마이오니 리Hermione Lee가 쓴 버지니아 울프 전기 『버지니아 울프Virginia Woolf』(Chatto & Windus, 1996)는 레너드의 매우 개인적인 설명에 균형감을 더한다.

생각의 나무

니체의 *생각 나무Gedankenbaum*에 관한 언급은 커티스 케이트Curtis Cate가 쓴 『프리드리히 니체 전기Friedrich Nietzsche: A Biography』(Pimlico, 2003)를 참고한 것이다. 잘 쓰인 이 글에서 케이트는 철학자 니체의 사상과 그의 학문이 발달해가는 과정을 명확히 짚어나간다. 그것도 아주 길게. 뤼딩거 사프란스키Rüdinger Safranski가 집필한 전기 『니체: 철학적 전기Nietzche: A Philosophical Biography』(Granta, 2003)는 냉철할 뿐 아니라 지적으로도 깨우침을 준다. 유명한 니체 번역가 R. J. 홀링데일R. J. Hollingdale은 『니체라는 인간과 그의 업적Nietzche: The Man and His Work』(Routledge & Kegan Paul, 1965)을 썼는데 이 책은 (니체에 관한 다른 작품들이 대개 모호하거나 입에 발린 찬사로 일관하는 것과는 달리) 수월하게 읽히면서도 공감을 불러일으킨다.

현재 시장에서 가장 가치 있는 니체 문학은 월터 카우프만Walter Kaufman의 『니체: 철학자, 심리학자, 적그리스도Nietzche: Philosopher, Psychologist, Antichrist』(Princeton University Press, 1974)다. 이 책은 지금도 처음 출간되었을 때 못지않은 깨달음을 주고 흥미를 돋운다.

니체의 책과 에세이는 모두 펭귄 출판사에서 널리 저렴한 가격에 출간했고 종종 홀링데일의 영역본도 만나볼 수 있다. 케임브리지Cambridge 대학 출판부 역시 그의 작품들을 출간한다. 케임브리지 철학사 교과서 시리즈로 출간하며, 종종 도움이 되는 주석과 논평이 곁들여 있다. 니체의 작품들 중에서 가장 호기심을 불러일으키고 재미있는 것은 그가 직접 쓴 메모들인데, 월터 카우프만이 편집하여 『권력에 대한 의지The Will to Power』(Vintage, 1968)라는 제목으로 출간되었다. 내가 가진 책은 거의 너덜너덜하다. 제본이 잘못 되어서가 아니라 너무 많이 읽었기 때문이다. 카우프만이 영역한 『즐거운 학문Gay Science』(Vintage, 1974) 역시 탁월하다.

니체의 서신을 보면 한 장에서는 자신감에 차 있다가 바로 다음 장으로 가면 기가 죽어 있다. 하지만 언제나 매력적이다. 『프리드리히 니체 서간 선집Selected Letters of Friedrich Nietzsche』(University of Chicago Press, 1969)은 크리스토퍼 미들턴Christopher Middleton이 편집하고 번역까지 맡았다. 내가 가진 책은 중고도서 광고를 통해 미국 작곡가 데이비드 다이아몬드David Diamond에게서 구입한 것으로, 그 책의 여백에는 기막히게 좋은 글들이 쓰여 있다(토리노에서 마부가 말을 때리는 장면을 본 니체가 쓰러지는 대목

옆에 다이아몬드는 "마부의 입과 코를 갈겼어야지!"라는 메모를 남겨놓았다).

섹스와 장미

콜레트의 삶(과 욕구)에 대해서는 주디스 서먼Judith Thurman이 『육체의 비밀: 콜레트의 삶Secrets of the Flesh: A Life of Colette』(Bloomsbury, 2000)에 탁월하게 그려냈다. 서먼은 콜레트를 음란하거나 냉담하게 변명하는 사람으로 그리지 않으면서도 콜레트의 악명을 생생하게 표현한다. 허버트 로트먼Herbert Lottman의 『콜레트 일대기Colette: A Life』(Minerva, 1991)는 짧고 더 극적이며 확실히 더 재미있다. 1986년 6월 1일 뉴욕타임스에 실린 저메인 그리어Germaine Greer의 「꽃피는 사랑Love of Blooms」은 "싹이 트고 빛이 바래는" 콜레트의 사랑을 훌륭하게 그려냈다.

콜레트의 어린 시절에 대한 회고록 『내 어머니의 집My Mother's House』과 『시도Sido』는 모두 펭귄 출판사(1966)에서 출간했다.

『이른 낙원Early Paradise』(Farrar, Straus & Giroux, 1966)은 편집자 로버트 펠프스Robert Phelps가 콜레트의 자전적 에세이와 저널리스트적 에세이에서 인용문들을 모아 만들었다. 이 책은 전기로서 한계가 있지만, 콜레트의 글과 생각을 아주 잘 소개하고 있다. 꽃과 허브와 정원에 대한 콜레트의 글은 펠프스가 『꽃과 과일Flowers and Fruit』(Farrar, Straus & Giroux, 1986)에 잘 모아두었다.

콜레트의 전집은 『학교에서의 클로딘Claudine at School』(1956)과 『지지/고양이Gigi/The Cat』(1958)를 포함하여 세트(Secker & Warburg)로 출간

되었다.

쇼펜하우어의 『의지와 표상으로서의 세계World as Will and Idea』는 여러 버전이 있지만, 데이비드 버먼David Berman이 편집하고 에브리맨 출판사(1995)에서 출간된 책이 읽기 쉽고 구하기도 쉽다.

식물학적인 고백

2세기 동안 루소의 『고백Confessions』(Penguin, 1984)은 줄곧 놀라운 책의 지위를 유지해왔다. 저자의 자아도취증과 망상은 특유의 천진난만함 때문에 묘하게 매력적이다. 그의 글은 아름답다. 단순하고 대담한 글 속에서 일화를 재미있게 살려내는 방법을 그는 알고 있다. 『고독한 산책자의 몽상Reveries of the Solitary Walker』(Penguin, 2004)은 피해망상적이지만, 서정적이고, 호흡이 짧다.

루소의 주된 철학적, 정치적 작품들은 대부분 펭귄 출판사에서 출간했다. 하지만 나는 에브리맨 출판사에서 양장본으로 나온 『사회계약론The Social Contract/Discourses』(1966)과 『에밀Emile』(1966)의 레이아웃과 조판을 더 좋아한다. 이 책들에서 나는 여러 구절을 인용했다. 각종 논문과 에세이 역시 케임브리지 정치사상사 교과서로 출간되었다. 논평과 주석과 루소 당대의 사람들에 보내는 답장들이 들어 있다.

에티엔 델레세르 부인에게 보내는 편지를 모아놓은 책 『식물학: 순수한 호기심에 관한 연구Botany: A Study of Pure Curiosity』(Michael Joseph, 1979)에서 루소는 가장 냉정하고, 끈기 있고, 계몽적이다. 이 책에는 빼어나게 아름다운 그림도 들어 있다. 마리 앙투아네트를 전담한 벨기에 출신 궁정 화가 피에르 조제프 르두테Pierre-Josef Redouté의 작품이다. 모리스 크랜스턴Maurice Cranston 출판사에서 출간한 루소의 전기 세 권 『장자크Jean-Jacques』(1982)와 『고귀한 야만인The Noble Savage』(1991), 『고독한 자아The Solitary Self』(1997)는 자세하고 내용이 풍부해 돋보인다. 하위징아Huizinga가 쓴 『루소: 스스로 만들어낸 성인Rousseau: The Self-Made Saint』(Grossman Publishers, 1976)은 약간 무례한 전기이지만 루소 특유의 자만심에는 좋은 치료약이다.

나에겐 잘 드는 낫 한 자루뿐

조지 오웰의 일상생활에 대한 상세한 내용들은 피터 데이비드슨Peter Davidson이 엮은 『오웰: 일기들Orwell: Diaries』(Harvill Secker, 2009)에 그대로 담겨 있다. 사회적·정치적·경제적 관찰 정보들과 더불어, 오웰이 주라 섬에서 주기적으로 기록한 원예에 대한 기재 사항들은 대체로 실제적이다(1947년 10월 9일: "후크시아 그루터기를 완전히 뽑아냈다"). 또한 그 기록들은 섬에서 그가 시도한 생존 방식(과 실험)을 멋있게 그려내고 있다.

오웰의 생활에 대해 제프리 마이어스Jeffrey Meyers가 쓴 『오웰: 한 세대의 차가운 양심Orwell: Wintry Conscience of a Generation』(W.W. Norton & Company, 2000)은 오웰에게 관대하지만 그의 파괴적인 본능에 대해서는 적절한 비판을 가하고 있다. 데이비드 레버도프David Lebedoff의 『같은 사람The Same Man』(Scribe, 2008)은 오웰과 에벌린 워Evelyn Waugh 두 사람을 모두 다룬 독특한 전기로, 멋진 문장에 대한 집중적인 연구와 문학적 연민, 개인적 진술에 대한 날카로운 시각을 적절하게 조화시켰다.

조지 오웰의 저널리즘과 논평은 버지니아 울프의 작품과 더불어 20세기 최고 걸작으로 꼽힌다. 그의 작품은 현대적인 에세이 형식의 전형적인 예가 되었다. 그런 글들은 오웰의 편지와 함께 묶어 펭귄 출판사(1970)에서 4권으로 출간했다. 편집자는 소니아 오웰Sonia Orwell과 이언 앵거스Ian Angus이다. 『파리와 런던의 밑바닥 생활Down and Out in Paris and London』(1970)과 『버마 시절Burmese Days』(1978) 역시 펭귄 출판사에서 문고판으로 출간했다. 『엽란이 계속 날게 하라Keep the Aspidistra Flying』(Penguin, 2010)를 비롯한 오웰의 소설과 더불어 이 모든 책들은 새 책과 중고서적으로 쉽게 구할 수 있다.

내가 가지고 있는 『1984』(Chancellor Press, 1984)는 『동물농장Animal Farm』과 함께 출간되었다. 그러나 오웰의 (뒤늦은) 인기 때문에 생긴 장점 중의 하나는 매우 다양한 무게와 가격, 레이아웃을 장착한 책들이 존재한다는 것이다. 헌책방은 오웰의 불평처럼, 춥고 더럽고 먼지투성이일지 모르지만, 거기에는 고상한 가격표를 단 그의 훌륭한 글들이 가득하다.

상상을 품은 땅

에밀리 디킨슨은 특히 미국에서 유명했기 때문에, 그의 시는 많은 책방에서 헌책과 새 책으로 구할 수 있다. 전자책으로도 쉽고 빠르게 구입할 수 있다. 그러나 표준판이 더 믿을 만하고 완벽하다. 가장 최근의 표준 전집은 『에밀리 디킨슨 시집The Poems of Emily Dickson: Reading Edition』(The Belknap Press, 2005)이다. R. W. 프랭클린R. W. Franklin이 엮은 이 책은 자료들이 첨부된 이전 판—이것 역시 프랭클린이 엮었다—보다 짧다. 이 시집에는 디킨슨의 시가 모두 들어 있으며, 디킨슨이 쓴 대로 똑같이 구성하고 구두점을 찍어놓았다. 더 오래되고 권위 있는 전집은 토머스 존슨Thomas Johnson(Faber & Faber, 1976)이 편찬했다.

디킨슨의 편지들—종종 시인은 자신이 기른 꽃들을 그 편지에, 글자 그대로 함께 묶어 보냈다—을 묶어 정식으로 발간한 책은 두 권이다. 『에밀리 디킨슨의 편지들Letters of Emily Dickinson』(The Belknap Press, 1958)은 존슨 워드Johnson Ward와 시어도라 워드Theodora Ward가 편집했다. 메이블 루미스 토드Mabel Loomis Todd가 편집한 더 저렴하고 믿음이 덜 가는 전집은 도버Dover(2003) 출판사에서 출간했다. 편집자의 말에 따르면, 이 책도 디킨슨의 삶과 사상을 훑어보는 데 유용한 읽을거리라고 한다.

앨프리드 허베거Alfred Habegger가 쓴 『책 속에 묻힌 전쟁: 에밀리 디킨슨의 일생Wars Are Laid Away in Books: The Life of Emily Dickinson』(The Modern Library, 2001)은 뛰어난 전기다. 디킨슨의 심리를 꿰뚫는 묘사로 눈을 뗄 수 없게 만든다. 린들 고든Lyndall Gordon의 『장전된 총처럼 살다Lives Like Loaded Guns』(Virago Press, 2011)는 가족 간의 지속적 갈등이 디킨슨의 문학적 유산과 공적인 명성을 어떻게 바꿔놓았는지를 보여준다. 디킨슨과 정원에 관한 책으로는 주디스 파Judith Farr의 『에밀리 디킨슨의 정원The Gardens of Emily Dickinson』(Harvard University Press, 2004)을 추천한다. 그 훌륭한 책에는 에밀리 디킨슨의 원예 방식뿐 아니라, 그것과 그녀의 시의 관계, 사회생활과 사상을 전부 포괄하는 내용이 담겨 있다.

흙을 고르며

니코스 카잔차키스는 열정적이고 호기심 많은 여행가였고, 집에 있는 두 번째 아내 엘레니 사미오스에게 여행에 대한 감상을 틈틈이 적어 보냈다. 엘레니는 그런 글들을 모았고, 그 글에 자신의 설명을 덧붙여 『니코스 카잔차키스: 편지로 본 일대기Nikos Kazantzakis: A Biography Based on his Letters』(Cassirer, 1968)라는 책으로 출간했다. 카잔차키스 또한 자신의 여행에 대하여 많은 양의 글을 써서 『일본 중국 기행Japan China』(Simon & Schuster, 1963), 『영국 기행England』(Cassirer, 1965), 『스페인 기행Spain』(Simon & Schuster, 1963), 『여정들Journeying』(Little, Brown & Co., 1975) 등의 책으로 발표했다. 그가 일본과 중국에서 보낸 시간은 『바위 정원에서The Rock Garden』(Simon & Schuster, 1963)라는 소설로 재탄생하기도 했다. 이들 중 대다수는 새 책으로 구하기 어렵지만 온라인 중고서점에서 찾을 수 있다.

『오디세이아Odyssey: A Modern Sequel』(Secker & Warburg, 1959)는 그의 과정철학을 시적으로 옮겨놓은 것이다. 키먼 프라이어Kimon Friar가 호소력 있게 영역하여 카잔차키스의 생각이 온전히 표현되어 있다. 사이먼 앤드 슈스터Simon & Schuster 출판사가 1958년에 제작한 문고판은 저렴하고, 쉽게 구할 수 있다. 카잔차키스의 친구이자 크레타 섬의 작가 판델리스 프레벨라키스Pandelis Prevelakis는 그의 시에 대해 비판적이지만 공감 가는 연구서 『니코스 카잔차키스와 그의 오디세이아Nikos Kazantzakis and The Odyssey』(Simon & Schuster, 1961)를 집필했다.

또한 카잔차키스는 『고행: 신의 구원자들The Saviors of God: Spiritual Exercises』(Simon & Schuster, 1960)과 회고록 『영혼의 자서전Report to Greco』(Simon & Schuster, 1965)에서 그의 철학을 대략적으로 설명했다. 소설화된 그의 회고록은 루소의 『고백』 같은 고전과 어깨를 나란히 하는 걸작이다.

피터 바이언Peter Bien의 두 권짜리 저서 『영혼의 정치Politics of the Spirit』(Princeton University Press, 1989 & 2007)는 카잔차키스의 삶과 일을 이해하는 데 엄청난 도움을 주었다. 카잔차키스의 생각과 정치, 예술, 그것들의 관계에 대하여 수십 년간 연구한 바이언은 『영혼의 정치』를 통해 카잔차키스의 모습을 분명하게 보여준다. 쉽게 읽을 수 있는 책은 아니지만 주목하지 않을 수 없다.

밤나무와 무無

사르트르의 『구토Nausea』(Penguin, 1965)는 체계적인 논문은 아니지만, 『존재와 무Being and Nothingness』(Philosophical Library, 1956)에 비해 실존주의를 더 잘 소개하고 있다. 그렇다고 사르트르의 작품에 담긴 철학이 나쁘다는 뜻은 아니다. 전혀 그렇지 않다. 중요한 점은 그 책의 설명이 불친절하고, 독자들을 실존주의에서 바라보는 달라진 세계관으로 이끌고 가지 못한다는 것이다. 그런 관점에서 보면, 『존재와 무』는 점액에 관련된 구절들만으로도 책값은 충분히 하고도 남는다. 저자가 자유로운 양심을 방어하고 있다는 것은 말할 것도 없다.

「실존주의라는 휴머니즘The Humanism of existentialism」은 웨이드 배스킨Wade Baskin이 엮은 책 『실존주의 에세이들Essays in Existentialism』(Citadel Press, 1974)에 수록돼 있다. 그 외의 짧은 에세이들과 발췌문도 배스킨이 편집했는데, 조각가 알베르토 자코메티Alberto Giacometti에 대한 사르트르의 에세이는 그의 조각상들이 '보장하는 것', 즉 최고의 견고함을 묘사한 부분이 특히 인상적이다.

로널드 헤이먼Ronald Hayman의 『저항하는 글쓰기: 사르트르 전기Writing Against: A Biography of Sartre』(Weidenfeld & Nicolson, 1986)는 철학적인 사르트르와 정치적인 사르트르, 사적인 사르트르를 능수능란하게 묶어, 사르트르라는 한 인간을 폭넓게 조명하고 있다. 사르트르의 회고록 『말Words』(Hamish Hamilton, 1964)은 한쪽으로 치우친 면이 있지만 그럼에도 여전히 상당히 흥미롭다. 베르나르앙리 레비Bernard-Henry Lévy의 위트 있는 저서 『사르트르: 20세기의 철학자Sartre: The Philosopher of the Twentieth Century』(Polity, 2003)는 사르트르의 삶과 일과 시대를 이해하는 데 도움을 준다. 레비는 특히 자유를 방어하면서도 정작 자신에게서는 달아나고 싶어 했던 사르트르의 마음을 잘 보여주고 있다.

제2차 세계대전 동안 쓴 사르트르의 일기는 그가 30대에 권태, 계급정치, 터무니없는 전쟁과 싸우고 있었다는 것을 보여준다. 또한 그 일기들은 하이데거, 진실성, 역사에 대한 메모 등을 포함하여 『존재와 무』에 이르기까지 사르트르 철학의 발달 단계를 보여준다. 그 메모들은 그의 양녀 아를레트 엘카임사르트르Arlette Elkaïm-Sartre가 엮은 『장폴 사르트르의 전쟁일지: 1939년 11월에서 1940년 3월까지의 기록The War Diaries of Jean-Paul Sartre: November 1939—March 1940』(Pantheon Books, 1984)에 모아져 있다.

사르트르의 편지 중 일부는 그의 소설만큼이나 극적이고 예리하며 재미있다. 특히 훌륭한 편지들은 보부아르가 엮은 『나의 추방의 목격자: 장폴 사르트르가 시몬 드 보부아르에게 보낸 편지들Witness to My Exile: The Letters of Jean-Paul Sartre to Simone de Beauvoir 1926—1939』(Chalres Scribner's Sons, 1993)에 선별되어 담겨 있다. 보부아르의 답장은 『시몬 드 보부아르: 사르트르에게 보내는 편지Simone de Beauvoir: Letters to Sartre』(Vintage, 1992)에 들어 있으며, 편집은 퀸턴 호어Quinton Hoare가 맡았다. 사르트르가 르아브르에 머물렀던 때를 비롯해, 두 사람이 사랑하고 친구로 지내던 초기 몇 년의 기록은 보부아르의 『세월의 힘The Prime of Life』(Penguin, 1981)에 담겨 있다. 고인이 된 헤이즐 롤리Hazel Rowley가 최근 그 커플을 묘사한 『단둘이서Tête-à-Tête』(Chatto & Windus, 2006)는 사르트르와 보부아르의 일에 대해서는 가볍게 다룬 반면 두 사람의 잔혹한 연애사는 무겁게 다루었다. 보부아르는 사르트르에게 충실했고, 사르트르는 보부아르의 충실함을 절대적으로 원했다는 것도 그 책을 보면 알 수 있다.

최고의 땅

이 장은 2005년 3월 7일 자 『뉴요커New Yorker』에 실린 애덤 고프닉Adam

Gopnik의 우아한 에세이 「볼테르의 정원Voltaire's Garden」에서 처음으로 제안했다.

존 피어슨John Pearson의 『전능하신 볼테르: 자유를 추구하는 삶Voltaire Almighty: A Life in Pursuit of Freedom』(Bloomsbury, 2005)은 볼테르의 시대와 성격, 사상을 완벽하게 묘사하고 있다. 피어슨은 위대한 작가의 단점과 인간관계를 비난하거나 가십거리로 삼지 않고 균형감 있게 드러내고 있다. 리처드 올딩턴Richard Aldington의 『볼테르Voltaire』(Chatto & Windus, 1935)에는 피어슨의 책만큼의 깊이와 넓이는 없지만 지적이고 종종 함축적이다.

『볼테르Voltaire』(Weidenfeld & Nicolson, 1986)에서 A. J. 에이어A. J. Ayer는 볼테르의 철학적 사상과 논의를 날카롭게 분석하고 볼테르의 작품을 평가하는 것을 두려워하지 않는다("볼테르의 비극은 멜로드라마이고 너무 익혀서 퍼져버린 수플레 같다").

볼테르의 문학과 철학적 작품들은 프랑스어와 영어판으로, 종이책과 전자책으로 쉽게 구할 수 있다. 에브리맨 출판사에서 1962년에 『캉디드Candide』 및 다른 이야기들이 담긴 걸출한 전집을 출간했고, 1930년 스리 사이렌스Three Sirens 출판사에서 출간한 멋진 단행본은 멀론 블레인Mahlon Blaine이 삽화를 담당했다. 『포켓용 철학사전A Pocket Philosophical Dictionary』(Oxford, 2011)은 레이아웃이 읽기 편하게 돼 있고 볼테르의 당시 초상화도 두 점 들어 있다. 나는 무료 전자책도 가지고 있다. 서문과 부록이 빠져 있지만 읽기 쉬운 번역이고 쉽게 검색할 수 있다. 내가 가지고 있는 볼테르의 『철학편지Philosophical Letters』(Hackett, 2007) 역시 전자책이지만, 펭귄 출판사에서 『영국에 관한 편지Letters on England』(1980)라는 제목으로 출간한 종이책도 쉽게 구할 수 있다.

문밖에 처음으로 나선 철학자

플라톤의 대화편은 다양한 형태로, 그것도 훌륭하게 출간되어 있다. 나는 이디스 해밀턴Edith Hamilton과 헌팅턴 케언스Huntington Cairns가 편집한 『대화집Collected Dialogues』(Princeton University Press, 1996)을 가지고 있는데, 편지와 근사한 색인이 들어 있다. 또한 플라톤의 작품들은 저렴한 문고판을 새 책과 헌책으로 구입할 수 있고, 전자책으로도 쉽게 구할 수 있다. 내 경우 집에서 멀리 떨어져 있어 서재를 이용할 수 없었던 때에 플라톤과 아리스토텔레스의 전집을 전자책으로 구입했는데, 책값은 내가 그때 마시고 있던 커피 값보다도 쌌다.

감사의 글

이 책을 의뢰해주고 너그러운 마음으로 편집을 도와준 엘리사 버그에게 다시 한 번 깊은 감사를 전한다. 그토록 세심하게 봐주면서도 '이어지는 문장은 장황하기만 하다'는 지적은 단 한 번도 하지 않았다. 조언을 해준 샐리 히스와 교정을 맡아준 세라 베일리, 편집을 지휘해준 페넬로페 화이트, 예쁘게 커버 디자인을 해준 트리샤 가너에게도 감사의 마음을 전한다.

예술성과 지성에 암바 기술까지 겸비한 보기 드문 삽화가 댄 키팅에게 함께 일하여 정말 즐거웠다고 말하고 싶다.

자이트가이스트 미디어의 베니션 올드필드와 이언 브리튼, 크리스토퍼 로렌스, 마거릿 코널리에게도 시기적절한 조언과 피드백에 감사를 표한다. 용기를 북돋워준 글린 데이비스에게도 감사한다. 샌드라 프라이스에게도 고맙다. 그녀가 제안해준 덕분에 콜레트에 대한 장을 쓸 수 있었다.

재정 지원을 해준 아츠 빅토리아와 멜버른 대학 소속 학자와 연구자를 위한 글쓰기 센터에도 깊은 감사를 전한다. 끊임없는 지원을 아끼지 않은 사이먼 클루스에게도 고마울 따름이다.

호주와 멜버른의 제인 오스틴 소사이어티에서는 제인 오스틴에 관한 장을 고맙게도 기꺼이 읽어주었다. 특히 수재나 풀러턴과 앤드리아 리처드, 그리고 지금은 고인이 된 신사이자 학자 존 스펜스에게 깊은 감사를 표한다.

빅트랙의 칼 켈슨과 마이크 블랙번, 멜버른 대학 재산 및 캠퍼스 서비스(자산 서비스) 부서의 앤드루 게이, 화이트호스 시의회 수목 재배가 그레그 미첼은 전문적인 정보를 아낌없이 제공해준 분들이다. 세인트제임스 공원의 인상을 설명해준 에마 다윈에게도 감사한다.

미니애폴리스 미술관의 장식 미술 큐레이터 아이케 슈미트는 야콥 비에른스탈의 글을 번역해주었고, 크리스 앤드루스 박사는 프루스트의 노아유 서평 번역본을 전달해주었다. 두 사람에게 감사를 전한다. 섀프츠베리를 이해하도록 도움을 준 데이비드 레더버로 교수에게도 감사한다. 그리고 카잔차키스의 사진들을 제공해준 크레타 섬의 니코스 카잔차키스 박물관에 고마움을 전한다.

데이비드 레버도프는 이 철학적이고도 문학적인 여정을 함께한 좋은 친구였다. 언제 날 잡아서 직접 한번 만나야겠다.

내가 카페에서 글을 쓰는 동안 아이들을 돌봐주신 부모님과 장모님께도 감사드린다. 정말이지 고맙지 않은 시간이 없었다.

니코스와 소피아는 내가 이 원고를 마무리하느라 몇 주 동안 집을 떠나 있었는데도 잘 견뎌주었다. 얘들아, 아빠 곧 돌아간다. 이제 학교에서도 유치원에서도 아빠만 믿어. 그리고 사랑하는 루스, 나를 사랑해주고 믿어주고 장학금까지 주어 고마워. 잔디 깎아준 것도.